Domine • lo
Básico

INGLES

Master the Basics of English for Spanish Speakers

by Jean Yates

BARRON'S

All inquiries should be addressed to:
Barron's Educational Series, Inc.
250 Wireless Boulevard
Hauppauge, NY 11788

Library of Congress Catalog Card No. 97-21433
International Standard Book No. 0-7641-0121-8

Library of Congress Cataloging-in-Publication Data

Yates, Jean.
    Domine lo básico—inglés = Master the basics of English for
 . Spanish speakers / Jean Yates.
        p.   cm.
    Includes index.
    ISBN 0-7641-0121-8
    1. English language—Textbooks for foreign speakers—Spanish.
    2. English language—Grammar—Problems, exercises, etc.   I. Title.
    II. Title: Master the basics of English for Spanish speakers.
    PE1129.S8Y35   1997
    428.2'461—DC21   97-21433
                                                                CIP

Printed in the United States of America

9 8 7 6 5

Contenido

Prefacio

Este libro, preparado especialmente para las personas de habla española, es parte de una serie de guías de gramática, *Master the Basics*, publicadas por Barron's Educational Series, Inc. Este volumen presenta lo esencial de la gramática de inglés en forma fácil de leer, y con numerosos ejemplos de cada aspecto de la estructura de inglés. Lo básico—desde la formulación de la oración y las reglas del uso de las mayúsculas y las marcas de puntuación, hasta las normas de los sustantivos, pronombres, adjetivos, verbos, preposiciones, adverbios, y conjunciones— se explica aquí en forma clara y sencilla. Para mayor facilidad, todas las explicaciones están escritas en español y todos los ejemplos están representados por una traducción al español. Se destacan las áreas de la gramática, del orden de palabras y del uso de las estructuras y el vocabulario que generalmente presentan mayor dificultad para la persona que habla español.

Al principio del libro hay una prueba preliminar que le servirá para determinar qué gramática usted ya domina, y para identificar las partes que le harán falta estudiar más. Además, las diversas pruebas le ayudarán a practicar lo que acaba de estudiar y a reforzar las partes que ya ha aprendido.

Utilización de Este Libro

Primero, revise el libro para familiarizarse con el contenido y el sistema de numeración de los tópicos. Este sistema—el símbolo § + un número + un número decimal—sirve para que usted pueda encontrar fácilmente el tópico que busque y también para relacionar cada tópico con las pruebas indicadas y con el índice. Usted verá que cada sección de mayor importancia se identifica por su número § en el Contenido. Todas las referencias a este tópico en el libro tienen el mismo número en la prueba preliminar, en el capítulo del texto que explica el tópico, en las otras secciones que explican tópicos relacionados, en la sección de pruebas y en el índice.

Los ejemplos de las palabras y las oraciones en inglés se encuentran en una columna al lado izquierdo de cada página, con una traducción al español escrita en la columna a la derecha. De esta manera usted podrá aprender fácilmente y practicar antes de hacer las pruebas finales de cada capítulo.

Segundo, escriba la Prueba Preliminar, compruebe sus respuestas, y llene la tabla del análisis. De este modo Ud. puede identificar lo que sabe y lo que no sabe de la gramática inglesa.

Tercero, haga los siguientes ejercicios en las secciones que usted necesita estudiar.

(1) Con una tarjeta, o con una hoja de papel, cubra las palabras o las frases en español y trate de traducirlas del inglés al español, bajando el papel después de cada línea, para asegurarse de la respuesta correcta.

(2) Cubra las palabras en inglés y traduzca del español al inglés, bajando la hoja de papel y corrigiéndose de la misma manera.

Para las páginas que tienen preguntas y respuestas, hay dos ejercicios más.

(3) Cubriendo las respuestas, conteste cada pregunta.

(4) Cubriendo las preguntas de la misma forma, trate de formar la pregunta correcta para cada respuesta.

Después de hacer estos ejercicios silenciosamente, hágalos en voz alta. Así podrá memorizar las formas correctas. Finalmente, trate de escribir las oraciones y preguntas presentadas. Una vez realizados estos ejercicios, usted estará preparado para las pruebas correspondientes a cada capítulo.

Empiece en cualquier parte del libro que usted quiera. Podría, por ejemplo, empezar con la primera sección y seguir hasta el final; o podría empezar con lo que ya sabe bien, como repaso; o podría empezar con cualquier tópico que usted necesite aprender.

Usted también debe decidir cuándo quiere hacer las pruebas. Quizás quisiera hacer cada una después de estudiar la sección que le corresponde, o tal vez prefiere esperar hasta que termine con toda la gramática y hacer todas las pruebas de una vez. Si usted hace las pruebas más que una vez, ¡va a lograr mejores resultados!

Averigüe Cuánto Sabe

Prueba Preliminar

§2. Escriba las mayúsculas necesarias:

1. *miss smith moved to new york on wednesday, december the twelfth.*

§3. Escriba los signos de puntuación y las mayúsculas necesarias:

2. *becky my sister who studied in california is now staying in nancys apartment*

§4. Identifique las partes de la oración siguiente:

My friend gave us three tickets.

3. El sujeto es _____.

4. El predicado es _____.

5. El complemento directo es _____.

6. El complemento indirecto es _____.

§5. Escriba el plural de los sustantivos siguientes:

7. *man* _____

8. *lady* _____

9. *boy* _____

10. *girl* _____

11. *child* _____

Indique el sustantivo correcto de cada grupo:

12. *There is one* __child__ *in that family.*
   people   child   children

13. *We have too much* __Friends__ .
   work   friends   noises

14. *I need a new* __ComPuTer__
   information   computer   discs

§6. Escriba los pronombres que corresponden a los sustantivos subrayados:

15. *Sue and Carolyn took Bob's car home.*

_____

16. *Tony and I wanted to take the flowers to my mother.*

_____

§7. Escoja los adjetivos correctos:

17. *She has_____ information.*
   a few   a little   many

18. *He has a job at a _____ store.*
   shoes   shoe   men

19. *I am* __interested__ *in this book; it looks very* __interesting__
   interested   interesting

20. *That show is not suitable for a* __three-years-old__ *child.*
   three-years-old   three-year-old   three years

21. *We have* __too many__ *bills.*
   too many   too much   a little

§9. Llene los espacios con la forma correcta de cada verbo:

22. *John (need) _____ an apartment now.*

23. *No, he (not/have) _____ a place to live.*

24. *Right now he (watch) _____ television.*

25. *He always (watch)* _____ *television at night.*

26. *No, he (not/have to/work)* _____ *at night.*

27. *He (work)* _____ *as a salesman for two years.*

28–33. Escriba seis preguntas que pidan como respuestas las declaraciones anteriores (22–27).

28. _____
29. _____
30. _____
31. _____
32. _____
33. _____

§10. Llene los espacios con la forma correcta de cada verbo:

34. *I (finish)* _____ *my report a week ago.*

35. *No, he (not/go)* _____ *to Greece last year.*

36. *We (should/study)* _____ *yesterday.*

37. *She was hungry at lunchtime because she (not/eat)* _____ *breakfast.*

38. *While I (drive)* _____ *to the city, I ran out of gas.*

39–43. Escriba una pregunta para cada una de las declaraciones anteriores (34–38).

39. _____
40. _____
41. _____
42. _____
43. _____

§11. Exprese el futuro en forma diferente en las frases siguientes:

44. *I plan to work tomorrow.*

_____

45. *There is a fifty percent possibility that John will move to California next month.*

_____

46. *I promise to call you soon.*

_____

47. *My friend refuses to go.*

_____

§12. Llene los espacios con la forma correcta del verbo— el gerundio o el infinitivo:

48. *You promised (call)* ___to call___ *me.*

49. *He enjoys (play)* ___to play___ *the piano.*

50. *She is used to (wear)* _____ *glasses.*

51. *He used (wear)* ___to wear___ *glasses.*

Cambie a discurso indirecto las palabras textuales:

52. *"She is beautiful," said my brother.*

_____

53. *"Do you want to meet her?" I asked him.*

_____

Use palabras textuales para cambiar la oración siguiente:

54. *Joe said he had been there before.*

_____

Cambie cada pregunta a una declaración, empezando con "*I don't know...*"

55. *Who is she?*
___I don't know who___

56. *What does she want?*

_____

§13. Escriba la forma correcta del verbo para completar las frases:

57. *Will you* _____ *me five dollars?*
    borrow   lend

58. *Please* _____ *Patricia to help you.*
    ask   ask for

59. *Are you* _coming_ *to my party?*
    coming   going

60. *Yes, I am* _____ *to your party.*
    coming   going

61. *Please don't* _say_ *anything to his sister.*
    say   tell

62. *She always* _tells_ *her friends.*
    says   tells

§14. Cambie las oraciones siguientes de la voz activa a la voz pasiva:

63. *They made this blouse in China.*
    _____

64. *Somebody wrote this letter a long time ago.*
    _____

§15. Escriba el mandato:

65. *Tell Karen to call you.*
    _____

66. *Tell Wayne not to be late.*
    _____

67. *Suggest to the children that you play a game.*
    _____

§16. Llene los espacios para expresar lo siguiente:

68. *I don't have a car, but I want one.*
    I wish I _____ *a car.*

69. *I am sorry they didn't call me.*
    I wish they _____ *me.*

Llene los espacios para expresar lo siguiente:

70. *I want to visit you, but I don't have time.*
    If I _____ *time, I*
    _____ *you.*

71. *I wanted to visit you, but I didn't have time.*
    If I _____ *time, I*
    _____ *you.*

§17. Escriba las preposiciones correctas:

72. *My house is* _____ *Columbus.*

73. *It is* _____ *Maple Avenue.*

74. *It is* _____ *number 702.*

75. *We go to work* _____ *bus.*

76. *This desk is made* _____ *wood.*

77. *He has been absent* _____ *school three times.*

78. *We aren't prepared* _____ *the test.*

79. *He is always thinking* _____ *his girlfriend.*

80. *Are you afraid* _____ *the dark?*

81. *She is married* _____ *my cousin.*

82. *The picnic was called* _____ *because of rain.*

83. *He has to get* _____ *his anger.*

84. *I am content* _____ *that.*

85. *Her dress is similar* _____ *mine.*

86. *Is he qualified _____ this job?*

§18. Escriba un adverbio en el lugar de las palabras entre paréntesis:

87. *I saw her three years (before now)*
_____.

88. *She called me (the week before this week)*
_____.

Escriba la forma correcta del adverbio:

89. *Steve runs (fast) _____ than Jim.*

90. *Helen paints (carefully) _____ than Suzanne.*

91. *Charles works (well) _____ of all.*

§19. Llene cada espacio con la conjunción correcta:

92. *Katherine likes swimming _____ not diving.*

93. *Andrew brought a hammer _____ nails.*

94. *Robin got up early _____ she would get to class on time.*

95. *I got up early, too; _____, I didn't get there on time.*

96. *Terry slept until nine o'clock; _____, he didn't get to class on time either.*

§20. Escriba la cantidad de dinero como se debe decir correctamente:

97. *$48,823.92* _____

§21. Escriba el año de publicación de este libro como se debe decir:

98. *1997* _____

§22. Escriba la hora indicada en el reloj como se debe decir:

99. _____

§23. Indique la mejor respuesta:

100. *Thirty degrees F. is* _____.
     cold weather   pleasant weather   hot weather

Respuestas de la Prueba Preliminar

1. *Miss Smith moved to New York on Wednesday, December the twelfth.*
2. *Becky, my sister who studied in California, is now staying in Nancy's apartment.*
3. *My friend*
4. *gave*
5. *three tickets*
6. *us*
7. *men*
8. *ladies*
9. *boys*
10. *girls*
11. *children*
12. *child*
13. *work*
14. *computer*
15. *They   his*
16. *We   them   her*
17. *a little*
18. *shoe*
19. *interested   interesting*
20. *three-year-old*
21. *too many*
22. *needs*

23. *does not (doesn't) have*
24. *is watching*
25. *watches*
26. *does not (doesn't) have to work*
27. *has worked* **o** *has been working*
28. *What does John need?*
29. *Does he have a place to live?*
30. *What is he doing?*
31. *When does he watch television?*   **o**   *What does he do at night?*
32. *Does he have to work at night?*
33. *How long has he worked as a salesman?*   **o**   *How long has he been working as a salesman?*
34. *finished*
35. *did not go*
36. *should have studied*
37. *had not eaten*
38. *was driving*
39. *When did you finish your report?*
40. *Did he go to Greece?*
41. *What should you have done yesterday?*
42. *Why was she hungry?*
43. *When did you run out of gas?*   **o**   *What happened while you were driving to the city?*
44. *I am going to work tomorrow.*   **o**   *I am working tomorrow.*
45. *John may (might) move to California next month.*   **o**   *Maybe John will move to California next month.*
46. *I will call you soon.*
47. *My friend won't go.* **o** *My friend will not go.*
48. *to call*
49. *playing*
50. *wearing*
51. *to wear*
52. *My brother said (that) she was beautiful.*
53. *I asked him if he wanted to meet her.*
54. *Joe said, "I've been there before."*   **o**   *"I have been there before," said Joe.*
55. *I don't know who she is.*
56. *I don't know what she wants.*
57. *lend*
58. *ask*
59. *coming*
60. *coming*
61. *say*
62. *tells*

63. *This blouse was made in China.*
64. *This letter was written a long time ago.*
65. *Call me, Karen.*
66. *Don't be late, Wayne.*
67. *Let's play a game!*
68. *I wish I had a car.*
69. *I wish they had called me.*
70. *If I had time, I would visit you.*
71. *If I had had time, I would have visited you.*
72. *in*
73. *on*
74. *at*
75. *by*
76. *of*
77. *from*
78. *for*
79. *about*   o   *of*
80. *of*
81. *to*
82. *off*
83. *over*
84. *with*
85. *to*
86. *for*
87. *ago*
88. *last week*   o   *a week ago*
89. *faster*
90. *more carefully*
91. *the best*
92. *but*
93. *and*
94. *so that*
95. *however*   o   *nevertheless*
96. *therefore*
97. *forty-eight thousand, eight hundred and twenty-three dollars and ninety-two cents*
98. *nineteen ninety-seven*
99. *six - o - five*   o   *five after six*   o   *five past six*
100. *cold weather*

Análisis

Sección	Número de la Pregunta	Suma de Respuestas	
		Correctas	Incorrectas
§2. Mayúsculas	1		
§3. Puntuación	2		
§4. Oraciones	3, 4, 5, 6		
§5. Sustantivos	7, 8, 9, 10, 11, 12, 13, 14		
§6. Pronombres	15, 16		
§7. Adjetivos	17, 18, 19, 20, 21		
§9. Verbos—Tiempo Presente	22, 23, 24, 25, 26, 27, 28, 29, 30, 31, 32, 33		
§10. Verbos—Tiempo Pasado	34, 35, 36, 37, 38, 39, 40, 41, 42, 43		
§11. Verbos—Tiempo Futuro	44, 45, 46, 47		
§12. Verbos—Otros Modelos	48, 49, 50, 51, 52, 53, 54, 55, 56		
§13. Verbos—Usos Especiales	57, 58, 59, 60, 61, 62		
§14. Verbos—Voz Pasiva	63, 64		
§15. Verbos—Modo Imperativo	65, 66, 67		
§16. Verbos—Modo Subjuntivo	68, 69, 70, 71		
§17. Preposiciones	72, 73, 74, 75, 76, 77, 78 79, 80, 81, 82, 83, 84, 85 86		
§18. Adverbios	87, 88, 89, 90, 91		
§19. Conjunciones	92, 93, 94, 95, 96		
§20. Números	97		
§21. Fechas	98		
§22. La Hora	99		
§23. El Tiempo	100		
Preguntas en Total	100		

Utilice la escala siguiente para calificarse.

95–100 correctas	Excelente
89–94 correctas	Muy Bueno
83–88 correctas	Bueno
78–82 correctas	Regular
Menos que 78 correctas	Insuficiente

Lo Básico

§1.

Letras y Palabras

El alfabeto de inglés consiste de 5 letras vocales,

$$a, e, i, o, u$$

y 21 letras consonantes.

$$b, c, d, f, g, h, j, k, l, m, n, p, q, r, s, t, v, w, x, y, z$$

Cada palabra es un ejemplo de una **parte de la oración**
En general,

- los **sustantivos** nombran a personas, lugares, y cosas:
  Ejemplos
  nurse   enfermera
  town   pueblo
  books   libros

- los **pronombres** sustituyen a los sustantivos:
  Ejemplos
  I   yo
  you   usted, tú, ustedes, vosotros, vosotras
  he   él
  she   ella
  it   él, ella
  we   nosotros, nosotras
  they   ellos, ellas
  us   nos
  him   lo
  her   la
  them   los, las

- los **adjetivos** limitan o describen los sustantivos:
  Ejemplos
  these   estos, estas
  pretty   bonito, bonita, bonitos, bonitas

tall	alto, alta, altos, altas
new	nuevo, nueva, nuevos, nuevas

- los **verbos** definen los estados y las acciones:
  Ejemplos

is	es / está
are	son / somos / están / estamos
sing	cantar
have	tener
went	fui / fue / fuimos / fueron
buying	comprando
gone	ido

- las **preposiciones** demuestran la relación entre una palabra y otra información:
  Ejemplos

of	de
with	con
by	por
to	a
in	en

- los **adverbios** indican dónde, cuándo, y cómo ocurre la acción:
  Ejemplos

here	aquí
today	hoy
fast	rápido / rápidamente
correctly	correctamente

- las **conjunciones** conectan los diferentes elementos de la oración, y demuestran la relación entre ellos:
  Ejemplos

and	y
but	pero
so	conque
however	sin embargo

Abreviaturas

Una abreviatura es una forma corta de una palabra. Las abreviaturas se usan con frecuencia en la escritura informal:
Ejemplos

Mon.	*Monday*	lunes
Sept.	*September*	septiembre
ch.	*chapter*	capítulo

En la escritura formal, es mejor no utilizar las abreviaturas con la mayoría de las palabras. Los ejemplos anteriores, por ejemplo, *Monday, September*, y *chapter* deben estar escritos en su forma completa.

Sin embargo, siempre se abrevian las palabras siguientes.

Expresiones de Tiempo

A.D.	*Anno Domini*	A.C. (Año de Cristo)
B.C.	*before Christ*	los años antes de Cristo
A.M.	*ante meridiem*	de la mañana
P.M.	*post meridiem*	de la tarde, de la noche

Títulos Personales

Los títulos personales se usan con el nombre completo o con el apellido de la persona.

Mr. Señor—el título de un hombre

    Mr. John Jackson   el Sr. John Jackson
    Mr. Jackson   el Sr. Jackson

Mrs. Señora—el título de una mujer casada, usado con el apellido de su esposo

    Mrs. Margaret Barnes   la Sra. Margaret Barnes
    Mrs. Barnes   la Sra. Barnes

    (**Miss**   Señorita—el título de una mujer soltera o de una muchacha—no es, ni tiene, abreviatura)

    Miss Kathleen Stevens la Srta. Kathleen Stevens
    Miss Stevens   La Srta. Stevens

Ms. el título de una mujer, casada o soltera, usado por su propia preferencia, especialmente en el trabajo

    Ms. Janice Best   la Sra./Srta. Janice Best
    Ms. Best   la Sra./Srta. Best

Dr. el título de un hombre o de una mujer que ha ganado el título de doctorado

    Dr. Pat Reeves   el Dr. Pat Reeves/
                          la Dra. Gloria Reeves
    Dr. Reeves   el Dr. Reeves/
                          la Dra. Reeves

Rev. el título de un miembro del clero

    Rev. James Thurston   el Rev. James Thurston

Sr. *senior*—usado después del nombre de un hombre cuyo hijo tiene el mismo nombre

    Mr. John Thomas, Sr.   el Sr. John Thomas, padre

Jr. *junior*—usado después del nombre de un hombre cuyo padre tiene el mismo nombre

    Mr. John Thomas, Jr.   el Sr. John Thomas, hijo

¡OJO! No se usa, aún en situaciones informales, el título sin el apellido. No se dice, por ejemplo, "Miss Margaret."

Credenciales

Ph.D. *Doctor of Philosophy*—usado después del nombre completo de una persona que ha ganado ese título
   Sally Benson, Ph.D.
   Randy Thorne, Ph.D.

M.D. *Doctor of Medicine*—usado después del nombre completo de un doctor de medicina
   Cynthia Travis, M.D.
   Daniel Thornton, M.D.

D.D.S. *Doctor of Dental Surgery*—usado después del nombre completo de un dentista
   Rose Ann Smithson, D.D.S.
   Dennis Hamilton, D.D.S.

LL.D. *Doctor of Laws*—usado después del nombre completo de un abogado con doctorado en leyes
   Thomas Marshall, LL.D.
   Teresa O'Connor, LL.D.

¡OJO! No use dos títulos—escoja uno o el otro:
   Dr. Donald Lawrence o *Donald Lawrence, M.D.*

Abreviaturas Latinas

cf.	*confer*	comparar
e.g.	*exempli gratia*	por ejemplo
et al.	*et alii*	y otros
etc.	*et cetera*	etcétera
i.e.	*id est*	eso es
N.B.	*nota bene*	fíjese bien

En una Invitación

R.S.V.P.	*répondez s'il vous plait*	favor de responder

§2.

Uso de Mayúsculas

Cada letra del alfabeto tiene dos formas.

Minúsculas (*lower case*)	a, b, c, d, e, f, g, h, i, j, k, l, m, n, o, p, q, r, s, t, u, v, w, x, y, z
Mayúsculas (*upper case*)	A, B, C, D, E, F, G, H, I, J, K, L, M, N, O, P, Q, R, S, T, U, V, W, X, Y, Z

Las letras mayúsculas también se llaman *capitals*. Se usan para

- la letra inicial de la primera palabra de una oración
  That is our house.   Esa es nuestra casa.

- los nombres propios y sus abreviaturas
  We live in the   Vivimos en los Estados
  United States of   Unidos de América.
  America.
  We live in the USA.   Vivimos en EEUU.

- las palabras principales del título de un libro o un artículo
  Master the Basics   Domine lo Básico—Inglés
  —English

- el pronombre
  I   yo

¡OJO! los días
  Sunday   domingo
  Monday   lunes
  Tuesday   martes
  Wednesday   miércoles
  Thursday   jueves
  Friday   viernes
  Saturday   sábado

los meses
January	enero
February	febrero
March	marzo
April	abril
May	mayo
June	junio
July	julio
August	agosto
September	septiembre
October	octubre
November	noviembre
December	diciembre

las nacionalidades
Mexican	mexicano, mexicana
Colombian	colombiano, colombiana
Ecuadorian	ecuatoriano, ecuatoriana
Canadian	canadiense

los idiomas
Spanish	español
English	inglés
French	francés
German	alemán

§3.

La Puntuación

Los signos de puntuación se escriben para ayudar a aclarar el significado de una oración.

El punto (*period*) .

• se escribe al final de una declaración:
It is raining.   Está lloviendo.

• se usa con las abreviaturas:
lb.   libra
Mr.   Sr.
a.m.   de la mañana

• se usa con números, y se llama *decimal point.*
3.50   3,50
4.6   4,6
9.99   99,9

El signo de interrogación (*question mark*) ?

• se usa al final de una pregunta:
Where is Bob?   ¿Dónde está Bob?

El signo de admiración (*exclamation point*) !

• se escribe al final de una exclamación, y al final de algunos mandatos:
Here he is!   ¡Aquí está él!
Come here now!   ¡Ven ahora mismo!

La coma (*comma*) ,

• separa ciertos elementos de la frase para evitar confusión:
If you leave, Sam can rest.   Si tú sales, Sam puede descansar.

• separa las partes de una serie:
I like ice cream, cake, pie, and all other rich desserts.   Me gustan el helado, las tortas, los pasteles y todos los otros postres ricos.

7

- se usa con las fechas:

  October 2, 1977   el 2 de octubre de 1977

- se usa con los títulos:

  Janice Smith, R.N.   Janice Smith, enfermera

- se usa con los números:

  4,978   4.978
  5,325,000   5.325.000

El punto y coma (*semi-colon*) ;

- separa dos cláusulas independientes, demostrando una relación cercana:

  He is my son; I'm   El es mi hijo; lo voy a ayudar.
  going to help him.
  She is my friend;   Ella es mi amiga; además, la
  besides, I love her.   quiero.

- se usa entre las palabras de una serie, cuando ya se necesita algo más que una coma:

  I like ice cream with   Me gustan el helado con
  chocolate, cherries,   chocolate, con cerezas, y con
  and whipped cream;   crema; los bizcochos, las tortas,
  cookies, cake, pie, and los pasteles y todos los otros
  all other rich desserts. postres ricos.

Los dos puntos (*colon*) :

- se usa para señalar una explicación o una lista:

  They need the   Necesitan lo siguiente: pan,
  following: bread, milk, leche, azúcar, harina, y sal.
  sugar, flour, and salt.

El guión (*dash*) —

- se usa para dar énfasis a la información que está incluida dentro de una frase:

  Everything they need— Todo lo que necesitan—pan,
  bread, milk, sugar,   azúcar, harina, y sal—está en la
  flour, and salt—is at   tienda a la esquina.
  the corner store.

Las comillas (*quotation marks*) " "

- se usan para indicar las palabras exactas de una persona:

  Tom said, "You must   Tom dijo: ¡Estás loco!
  be crazy!"

¡OJO! Las comillas se escriben y se puntúan de manera distinta a las del español. (§12.2)

Los paréntesis (*parentheses*) ( )

• se usan para dar otra forma de la misma expresión:

The Organization of   La Organización de Estados
American States (OAS)   Americanos (OEA)

El apóstrofo (*apostrophe*) '

• se usa para indicar posesión:

Mary's book   el libro de María

• se usa para formar una contracción.

I'm (I am)   soy / estoy
haven't (have not)   no he / has / hemos / han

La división (*hyphen*) -

• se usa para conectar las partes de una palabra compuesta:

seventy-eight   setenta y ocho
make-up   maquillaje

• se usa para conectar ciertos prefijos con una palabra:

re-use   usar de nuevo
pre-approve   aprobar de antemano

§4.

Las Oraciones

La unidad básica del inglés escrito y hablado es la oración (*sentence*). Una oración es una combinación significante de palabras. La primera palabra empieza con una mayúscula, y la última palabra está seguida por un punto, un signo de interrogación, o un punto de admiración.

§4.1
LA ORACIÓN

Una oración es una cláusula independiente:
(a) tiene sujeto (*subject*)—un sustantivo y las palabras que lo modifican;
(b) tiene predicado (*predicate*)—un verbo y las palabras que lo modifican;
(c) expresa una idea completa.

4.11
El Sujeto

El sujeto es la persona, el lugar, o la cosa de que se trata la oración. Puede ser singular o plural. El sujeto generalmente se ubica al principio de la oración.

Ejemplos
  Sujetos singulares

John studies.	John estudia.
He is here.	El está aquí.
My house is over there.	Mi casa está allí.
It is fun to dance.	Es divertido bailar.
Dancing is fun.	Es divertido bailar.

  Sujetos plurales

John and Bill play baseball.	John y Bill juegan al béisbol.
They play well.	Ellos juegan bien.
My house and my car are over there.	Mi casa y mi carro están allí.
Dancing and singing are fun.	Es divertido bailar y cantar.

La palabra *It* es el sujeto de ciertas expresiones comunes
(a) del tiempo:

It is windy.	Hace viento.
It is snowing.	Está nevando.
It is hot.	Hace calor.

10

(b) de la hora:

It is ten o'clock.	Son las diez.
It is late.	Es tarde.

(c) de la distancia:

It is a long way from here.	Está lejos de aquí.

(d) con un adjetivo o sustantivo seguido por infinitivo.

It is nice to see you.	¡Qué gusto de verte!
It is sad to say good-bye.	Es triste decir adiós.
It is a shame to lose it.	Es una lástima perderlo.

§4.12 El Predicado

El predicado (*predicate*) es el verbo que indica lo que el sujeto es o lo que hace. La forma del verbo debe ser singular o plural, en concordancia con el sujeto.

Tipos de Verbos

§4.121 Copulativo (*linking*)

El verbo copulativo conecta el sujeto con un <u>atributo</u> (*complement*), una palabra que describe el sujeto. El atributo puede ser un sustantivo o un adjetivo.

Los verbos copulativos más comunes son

be	ser / estar
become	hacerse
get	hacerse / llegar a estar
appear	parecer
seem	parecer
feel	sentirse
smell	oler
sound	sonar
taste	saber (de un sabor)

Ejemplos

Sujeto	Predicado	Atributo	
John	*is*	*my brother.*	John es mi hermano.
My house	*seemed*	*empty.*	Mi casa pareció vacía.
The music	*sounds*	*good.*	La música resuena bien.
Dancing	*will be*	*fun.*	Será divertido bailar.

§4.122 Transitivo (*transitive*)

El verbo transitivo tiene un <u>complemento directo</u> (*direct object*), un sustantivo o pronombre que es la persona a quien, o la cosa que, el verbo apunta.

Ejemplos

Sujeto	Predicado	Complemento Directo	
John	likes	Susan.	John quiere a Susan.
My house	needed	a new kitchen.	Mi casa necesitaba una cocina nueva.

§4.123 Transitivo con un Complemento Indirecto (*indirect object*)

El complemento indirecto es la persona que recibe el complemento directo.

Los verbos comunes que suelen tener complementos indirectos son

give	dar
show	mostrar
tell	decir
teach	enseñar
buy	comprar
send	mandar

Ejemplos

Sujeto	Predicado	Complemento Indirecto	Complemento Directo
John	gave	Susan	a ring.
John le dio un anillo a Susan.			
She	is telling	her mother	the secret.
Ella le dice a su mamá el secreto.			
We	will send	them	presents.
Nosotros les mandaremos los regalos.			

§4.124 Intransitivos

El verbo intransitivo no tiene complemento.

Ejemplos

Sujeto	Predicado	
John	travels.	John viaja.
My car	runs.	Mi carro funciona.

§4.2 ORDEN DE PALABRAS DE LA ORACIÓN

Las normas más comunes de la oración son

(a) sujeto + verbo copulativo + atributo sustantivo:
Mary is a doctor. — Mary es médico.

(b) sujeto + verbo copulativo + atributo adjetivo:
Mary is intelligent. — Mary es inteligente.

(c) sujeto + verbo transitivo + complemento directo:
Mary helps sick people. — Mary ayuda a los enfermos.

(d) sujeto + verbo   + complemento + complemento
                 transitivo   indirecto   directo:
       Mary   *gives*   *sick people*   *medicine.*
       Mary les da medicamentos a los enfermos.

(e) sujeto + verbo
                 intransitivo:
       Mary   *works.*   Mary trabaja.

¡OJO! El orden de las palabras no varía tanto como en el
       español. En inglés, casi siempre, el sujeto va
       primero, el predicado segundo, y después, el
       atributo o el complemento.

¡OJO! La palabra *complement* en inglés significa atributo
       en español; la palabra complemento en español
       se refiere al *object* en inglés.

§4.3
TIPOS DE
ORACIÓN

§4.31
Oración
Declarativa

La oración declarativa da información o ideas. Termina con
un punto.

Ejemplo
Mary helps sick people.   Mary ayuda a los enfermos.

§4.32
Oración
Interrogativa

La oración interrogativa hace una pregunta. Termina, pero
no empieza, con un signo de interrogación.

(1) La oración interrogativa puede empezar con una palabra
    interrogativa.

Who   ¿Quién? ¿Quiénes?
           pide el nombre de la persona quien es, o de las
           personas quienes son, el sujeto de la oración
           respuesta.

Ejemplos
   Who is John?   ¿Quién es John?
   John is my brother.   John es mi hermano.

Who are John and Joe?	¿Quiénes son John y Joe?
John and Joe are my brothers.	John y Joe son mis hermanos.

Whom   ¿A quién? ¿A quiénes? ¿Con quién? ¿Para quién? pide el nombre de la persona quien es, o de las personas quienes son, el complemento de la oración respuesta.

Ejemplos

Whom did you talk to?	¿Con quién habló usted?
I talked to John.	Hablé con John.
Whom did you talk to?	¿Con quién habló usted?
I talked to John and Joe.	Hablé con John y Joe.
Whom did you buy that for?	¿Para quién compraste eso?
I bought it for Sam.	Lo compré para Sam.

Whom se usa en la escritura y en el discurso formal. En situaciones informales, *Who* se usa en el lugar de *Whom*.

Who did you talk to?	¿Con quién habló usted?
I talked to John.	Hablé con John.

Whose   ¿De quién?   ¿De quiénes? pide el nombre de la persona que tiene algo.

Ejemplos

Whose book is this?	¿De quién es este libro?
That is John's book.	Ese es el libro de John.
Whose coats are these?	¿De quiénes son estos abrigos?
They are our coats.	Son nuestros abrigos.

What   ¿Qué? pide el nombre de un lugar (o lugares), o de una cosa (o cosas).

Ejemplos

What is that?	¿Qué es eso?
It is our garden.	Es nuestro jardín.

What is this?	¿Qué es esto?
It is a book.	Es un libro.
What are Maine and Ohio?	¿Qué son Maine y Ohio?
They are states.	Son estados.
What are these?	¿Qué son estos?
They are flowers.	Son unas flores.

Which ¿Cuál? ¿Cuáles?
pide una elección entre dos o más personas o cosas.

Ejemplos

Which hat do you want?	¿Cuál de los sombreros quieres?
I want the red one.	Quiero el rojo.
Which are your bags?	¿Cuáles son sus maletas?
These bags are mine.	Estas maletas son las mías.

When ¿Cuándo?
pide la hora, el día, o la fecha.

When is the party?	¿Cuándo es la fiesta?
The party is next Saturday.	La fiesta es el sábado próximo.

Where ¿Dónde? ¿Adónde? ¿De dónde?
pide el lugar.

Where is the party?	¿Dónde es la fiesta?
The party is at my house.	La fiesta es en mi casa.
Where is Martha?	¿Dónde está Martha?
She's at home.	Está en casa.
Where are you going?	¿Adónde va Ud?
I'm going home.	Voy a casa.
Where are you from?	¿De dónde es Ud.?
I'm from Mexico.	Soy de México.

Why ¿Por qué?
pide un motivo.

Why did you buy that? ¿Por qué compró Ud. eso?
I bought it because Lo compré porque lo necesitaba.
I needed it.

What...for ¿Para qué? o ¿Por qué?
pide un motivo.

What did you buy ¿Por qué compró Ud. eso?
that for?
I bought it because Lo compré porque lo necesitaba.
I needed it.

How come ¿Por qué?
pide un motivo, informalmente.

How come you ¿Por qué compraste eso?
bought that?
I bought it because Lo compré porque lo necesitaba.
I needed it.

How ¿Cómo?
pide la manera de una acción.

How does she drive? ¿Cómo maneja ella?
She drives carefully. Maneja con cuidado.

How many ¿Cuántos?
pide un número.

How many boxes are ¿Cuántas cajas hay?
there?
There are three boxes. Hay tres cajas.

How much ¿Cuánto?
pide una cantidad.

How much money is ¿Cuánto dinero hay?
there?
There is a little money. Hay un poco de dinero.

How much does it ¿Cuánto pesa?
weigh?
It weighs ten pounds. Pesa diez libras.

How + adjective pide la intensidad del adjetivo.

How heavy is it?	¿Qué tan pesado es?
It's very heavy.	Es muy pesado.

How + adverb pide la intensidad del adverbio.

How fast does she type?	¿Con qué velocidad escribe ella a máquina?
She types very fast.	Escribe muy rápido.

(2) Una pregunta puede pedir la respuesta "sí" (*yes*) o "no" (*no*).

El orden de las palabras es

(a) una forma del verbo <u>be</u> + sujeto + atributo; (§4.12, §9.)

Are	*you*	*sick?*	¿Está usted enfermo?
Is	*she*	*your sister?*	¿Es ella tu hermana?

(b) un verbo auxiliar + sujeto + verbo principal + complemento. (§4.19, §9.)

Do	*they*	*want*	*ice cream?*	¿Quieren helado?
Does	*he*	*work?*		¿Trabaja él?

§4.33 Oración Exclamativa

Una oración exclamativa expresa sorpresa u otra emoción. Termina con un signo de admiración.

Las oraciones exclamativas empiezan a menudo con <u>*What*</u> + sustantivo:

What a beautiful dress!	¡Qué vestido más bonito!

o pueden empezar con <u>*How*</u> + adjetivo:

How pretty you look!	¡Qué bonita estás!

Una oración exclamativa puede ser una declaración hablada con énfasis especial.

I am hungry!	¡Tengo hambre!
She is a wonderful teacher!	¡Es una maestra maravillosa!
You didn't call me!	¡Tú no me llamaste!

§4.34 Oración Imperativa

Una oración imperativa es un mandato. (§15.) El sujeto es siempre _you_ (tú, usted, o ustedes) pero no se expresa. La oración imperativa termina con un punto o con un signo de admiración.

Turn right on Oak Street.	Vire Ud. a la derecha en la Calle Oak.
Open the boxes.	Abra las cajas.
Come here!	¡Vengan Uds. acá!
Drive carefully!	¡Maneja con cuidado!

Partes de la Oración

§5.

Sustantivos

Un sustantivo (*noun*) es una palabra que nombra a una o más personas, animales, cosas, o abstracciones. Una abstracción es algo que no se puede tocar.

Un sustantivo que nombra a una persona o a unas personas responde a la pregunta, *"Who?"* (¿Quién? / ¿Quiénes?)

Un sustantivo que nombra uno o más animales, lugares, o cosas, responde a la pregunta, *"What?"* (¿Qué? / ¿Cuál? / ¿Cuáles?)

§5.1 SUSTANTIVOS CONTABLES

Los sustantivos que se pueden contar tienen dos formas, la *singular* y la *plural*.

5.11 Sustantivos Singulares

El sustantivo singular nombra a <u>una</u> persona, animal, lugar, cosa, o abstracción.

Persona	Lugar	Cosa	Abstracción
girl muchacha	*town* pueblo	*house* casa	*idea* idea
boy muchacho	*airport* aeropuerto	*piano* piano	*science* ciencia
doctor médico	*área* area	*radio* radio	*problem* problema

Sustantivos Colectivos

El sustantivo colectivo es singular, y nombra a un grupo de personas que tienen un interés común.

team	equipo
class	los estudiantes de una clase
family	familia
office	las personas que trabajan en una oficina

Para usar un sustantivo en el singular,
   (a) es preciso emplear un <u>determinante</u> antes del sustantivo (§7.1), o antes del adjetivo descriptivo que lo modifique. Use uno de los determinantes siguientes.

a	un, una
an	un, una
the	el, la
one	un, una
this	este, esta
that	ese, esa, aquel, aquella
any	cualquier
each	cada
every	todos los, todas las
another	otro, otra
either	o
neither	ni
my	mi
your	tu, su (de Ud., de Uds.)
his	su (de él)
her	su (de ella)
our	nuestro, nuestra
their	su (de ellos, de ellas)
Mary's	el posesivo de un nombre propio (§5.5)

Ejemplos

*My friend has **a car**.*	Mi amigo tiene carro.
*He bought **the car** yesterday.*	Compró el carro ayer.
***His car** is big.*	Su carro es grande.
*It's **a big car**.*	Es un carro grande.

Los nombres propios son una excepción. Antes de ellos no es necesario usar un determinante. (§7.14)

Ejemplos

*I saw **Matt**.*	Yo vi a Matt.
***Saturday** is my day off.*	El sábado es mi día libre.
*My son lives on **First Street**.*	Mi hijo vive en la calle First.

(b) emplee la forma singular del verbo (la forma usada con *he / she / it*). (§8.)

Ejemplos

Determinante	Sustantivo Singular	Verbo Singular	
a	*book*	*is*	un libro es
the	*book*	*has*	el libro tiene
my	*book*	*weighs*	mi libro pesa
my	*team*	*wins*	mi equipo gana
a	*family*	*has*	una familia tiene
the	*class*	*is*	la clase está

§5.12
Sustantivos
Plurales

§5.121

El sustantivo plural nombra a <u>dos o más</u> personas, animales, lugares, cosas, o abstracciones.

Para hacer plural a un sustantivo

(1) Añada <u>s</u> a la mayoría de los sustantivos:

Personas	Lugares	Cosas	Abstracciones
girls muchachas	*towns* pueblos	*houses* casas	*ideas* ideas
boys muchachos	*airports* aeropuertos	*pianos* pianos	*sciences* ciencias
doctors médicos	*áreas* areas	*radios* radios	*problems* problemas

(2) Añada <u>*es*</u> a los sustantivos siguientes que son excepciones:

Personas	Cosas	Abstracciones
heroes héroes	*tomatoes* tomates	*tornadoes* tornados
	potatoes papas	*echoes* ecos
	mosquitoes mosquitos	

(3) Añada <u>*es*</u> a los sustantivos que terminan con <u>ch</u>, <u>sh</u>, <u>ss</u>, y <u>x</u>:

Personas	Lugares	Cosas	Abstracciones
witches brujas	*churches* iglesias	*watches* relojes	*crashes* choques
	brushes cepillos	*messes* desórdenes	
	dresses vestidos		
	boxes cajas		

(4) Con los sustantivos que terminan con *y* después de un consonante, elimine la <u>y</u>, y añada <u>*ies*</u>:

Personas	Lugares	Cosas	Abstracciones
lady	*city*	*body*	*philosophy*
ladies mujeres	*cities* ciudades	*bodies* cuerpos	*philosophies* filosofías
baby	*university*		*study*
babies niños	*universities* universidades		*studies* estudios
	factory		
	factories fábricas		

(5) Con los sustantivos que terminan con *f* o *fe*, elimine la *f(e)* , y añada ***ves***:

Personas	Cosas	Abstracciones
wife	*knife*	*life*
wives esposas	*knives* cuchillos	*lives* vidas
	leaf	
	leaves hojas	
	shelf	
	shelves estantes	

(6) Cambie la forma de algunos sustantivos comunes:

Personas	Cosas
one man un hombre	*one foot* un pie
three men tres hombres	*two feet* dos pies
one woman una mujer	*one tooth* un diente
four women cuatro mujeres	*six teeth* seis dientes
one child un hijo	*one mouse* un ratón
five children cinco hijos	*three mice* tres ratones
one person una persona	
ten people diez personas	

(7) Para formar el plural de ciertos sustantivos, use la forma singular:

Animales	Abstraccciones	
one deer un venado	*one series*	una serie
two deer dos venados	*two series*	dos series
one sheep una oveja	*one species*	una especie
two sheep dos ovejas	*two species*	dos especies
one fish un pez		
two fish dos peces		

(8) Use los plurales de latín para ciertos sustantivos latinos:

Cosas	Abstraccciones
one memorandum una memoria	*one criterion* un criterio
two memoranda dos memorias	*two criteria* dos criterios
one thesis un trabajo académico	*one phenomenon* un fenómeno
two theses dos trabajos académicos	*two phenomena* dos fenómenos
	one crisis una crisis
	two crises dos crisis
	one stimulus un estímulo
	two stimuli dos estímulos

Para usar los sustantivos en el plural,
   (a) se puede usar el sustantivo sin determinante, o
      después de uno de los determinantes siguientes:

the	los, las
zero	cero
numbers	todos los números (menos <u>uno</u>)
these	estos, estas
those	esos, esas, aquellos, aquellas
any	cualquieras
no, not any	ninguno, ninguna
either	o
neither	ni
other	otros, otras
some	unos, unas, algunos, algunas
both	ambos
few	pocos, pocas
enough	suficientes
plenty of	una abundancia de
a lot of	muchos, muchas
lots of	muchos, muchas
many	muchos, muchas
all	todos
my	mis
your	tus, sus (de Ud., de Uds.)
his	sus (de él)
her	sus (de ella)
its	sus
our	nuestros, nuestras
their	sus (de ellos, de ellas)
Mary's	el posesivo de un nombre propio (§5.5)

¡OJO! Cuando se elimina el determinante, se implica el significado de <u>todos</u>, o <u>en general</u>.

Ejemplos

—*Flowers are beautiful.*	Las flores (en general) son bonitas.
The flowers (you sent me) are beautiful.	Las flores (que me mandaste) son bonitas.
These exercises are fun.	Estos ejercicios son divertidos.
The exercises we do every day are fun.	Los ejercicios que hacemos todos los días son divertidos.
—*Exercises are fun.*	(Todos) los ejercicios son divertidos.

¡OJO! Se usa el plural después de *no* y *any* cuando el significado es <u>cero</u>.

Ejemplos

I have no clean shirts.	No tengo camisa limpia.
I don't have any clean shirts.	
She doesn't sing any Peruvian songs.	Ella no canta ninguna canción peruana.

(b) emplee la forma plural del verbo (la forma usada con *we, you, they*). (§8.)

Ejemplos

Determinante	Sustantivo Plural	Verbo Plural	
The	*girls*	*are*	*here.*
Las muchachas están aquí.			
My	*friends*	*have*	*work.*
Mis amigos tienen trabajo.			
These	*exercises*	*help.*	
Estos ejercicios ayudan.			
Her	*flowers*	*are*	*beautiful.*
Las flores de ella son bonitas.			
—	*Exercises*	*help.*	
Los ejercicios ayudan.			
—	*Flowers*	*are*	*beautiful.*
Las flores son bonitas.			

§5.2 SUSTANTIVOS NO-CONTABLES

Hay un gran número de sustantivos no-contables en inglés. El uso de ellos se complica porque tienen algunas características semejantes a los sustantivos singulares, otras semejantes a los sustantivos plurales, y otras únicas.

§5.21

El sustantivo no-contable nombra
(a) una totalidad que no se divide en partes:

Ejemplos
(1) actividades

work	el trabajo
housework	el trabajo de casa
homework	las asignaturas escolares, que se preparan en casa
swimming	el acto de nadar
driving	el acto de manejar
cooking	el acto de cocinar

baseball	el béisbol
soccer	el fútbol
tennis	el tenis
poker	el poker

Jackie has a lot of work to do.	Jackie tiene mucho trabajo que hacer.
Our teacher gave us too much homework.	Nuestro maestro nos dio demasiadas tareas.
Swimming is fun.	Es divertido nadar.
My boss loves baseball.	A mi jefe le encanta el béisbol.

(2) idiomas y otras materias de estudio

Spanish	el español
English	el inglés
psychology	la psicología
medicine	la medicina
law	las leyes
mathematics	las matemáticas
economics	la economía
agriculture	la agronomía

Spanish is a beautiful language.	El español es un idioma muy bonito.
His brother is studying medicine.	El hermano de él estudia medicina.
Are you studying law?	¿Estudia Ud. leyes?
Mathematics is interesting.	Las matemáticas son interesantes.

(3) abstracciones

information	información
news	las noticias
music	la música
truth	la verdad
luck	la suerte
advice	los consejos

Can you give me some information?	¿Me puede dar información?
Can you give me some advice?	¿Me puede dar unos consejos?
The news is good!	¡Las noticias son buenas!
I love romantic music.	Me encanta la música romántica.

(4) sentimientos

love	el amor
anger	el enfado
hate / hatred	el odio

Love is grand.	El amor es maravilloso.
We detected his anger.	Notamos su enfado.

(5) cualidades humanas

beauty	la belleza
honesty	la honradez
courage	el valor
kindness	la amabilidad
patience	la paciencia
intelligence	la inteligencia
pride	el orgullo
selfishness	el egoísmo

The boy's courage surprised everyone.	El valor del muchacho sorprendió a todo el mundo.
Patience is an important virtue.	La paciencia es una virtud importante.

(6) condiciones

health	la salud
sickness	la enfermedad
wealth	la riqueza
poverty	la pobreza

Health is more important than wealth.	La salud es más importante que la riqueza.
Poverty is a problem in every city.	La pobreza es un problema en todas las ciudades.

(7) fenómenos naturales

wind	el viento
fire	el fuego
heat	el calor
cold	el frío
humidity	la humedad
electricity	la electricidad
light	la luz
darkness	la oscuridad
rain	la lluvia
thunder	truenos
lightning	relámpagos

Our electricity went out during the storm.	Se apagó nuestra luz eléctrica durante la tormenta.
The children are afraid of thunder and lightning.	Los niños tienen miedo a los truenos y los relámpagos.

(8) colores

red	rojo
orange	anaranjado
yellow	amarillo
green	verde
blue	azul
purple	morado
black	negro
gray	gris
white	blanco

Red is my favorite color.	El rojo es mi color favorito.
Do you like blue?	¿Te gusta el azul?

(9) gases

steam	el vapor
air	el aire
smoke	el humo
oxygen	el oxígeno

There is too much smoke in this place.	Hay demasiado humo en este lugar.
Let's go outside for fresh air.	Vamos afuera para respirar aire puro.

(b) una entidad, o un grupo de cosas semejantes, que se pueden identificar o enumerar por las unidades en que se encuentren.

(1) líquidos

sustantivo	no-contable	unidad	contable
water	el agua	gota	*drop*
milk	la leche	vaso	*glass*
juice	el jugo	jarra	*pitcher*
soup	la sopa	tazón	*bowl*
coffee	el café	taza	*cup*
tea	el té	litro	*liter*
gasoline	la gasolina	galón	*gallon*

Water is good for you.	El agua le hace bien.
I need a glass of water now.	Necesito un vaso con agua ahora.
We don't need gas(oline).	No necesitamos gasolina.

| I bought ten gallons of gas yesterday. | Yo compré diez galones de gasolina ayer. |

(2) sólidos

sustantivo	no-contable		unidad contable
bread	pan	loaf	hogaza
		slice	rebanada
		piece	pedazo
meat	carne	pound	libra
		slice	rebanada
		piece	pedazo
chicken	pollo	pound	libra
		slice	rebanada
		piece	pedazo
fish	pescado	pound	libra
		slice	rebanada
		piece	pedazo
cheese	queso	pound	libra
		slice	rebanada
		piece	pedazo
cotton	algodón	wad	manojo
		yard	yarda
		piece	pedazo
wool	lana	yard	yarda
copper	cobre	piece	pedazo
glass	vidrio	piece	pedazo
rubber	goma	piece	pedazo
soap	jabón	piece	pedazo
		box	caja
		package	paquete
		bar	barra
wood	madera	piece	pedazo
paper	papel	piece	pedazo
		sheet	hoja
		stack	pila

| Chicken is a good source of protein. | El pollo es una buena fuente de proteínas. |

| For lunch I ate a sandwich with a piece of chicken, a slice of cheese, and two slices of bread. | Para el almuerzo, yo comí un sándwich con un pedazo de pollo, una rebanada de queso, y dos rebanadas de pan. |

| Wool is a good fabric for winter clothes. | La lana es buena tela para ropa de invierno. |

Janet bought two yards   Janet compró dos yardas de
of wool to make a dress. lana para hacer un vestido.

(3) una cosa compuesta de partes muy pequeñas, que
    generalmente no se cuentan

sustantivo no-contable		unidad contable		unidad que generalmente se cuenta	
hair	pelo	*hair*	pelo	*head*	cabeza
sugar	azúcar	*grain*	grano	*pound*	libra
				bag	bolsa
				cup	taza
rice	arroz	*grain*	grano	*pound*	libra
				bag	bolsa
				bowl	tazón
salt	sal	*grain*	grano	*box*	caja
sand	arena	*grain*	grano	*bag*	bolsa
coffee	café	*granule*	grano	*pound*	libra
				bag	bolsa
				can	lata
				cup	taza
tea	té	*leaf*	hoja	*pound*	libra
				bag	bolsa
				cup	taza
corn	maíz	*kernel*	grano	*ear*	mazorca
dirt	suciedad	*speck*	motita	*bag*	bolsa
dust	polvo	*speck*	motita	*inch*	pulgada
flour	harina	*particle*	partícula	*bag*	bolsa
				pound	libra
				cup	taza
grass	hierba	*blade*	hoja	*bag*	bolsa

This tea is delicious.   Este té es sabroso.
Please give me another   Dame otra taza de té, por favor.
cup of tea.
They eat a lot of rice.   Ellos comen mucho arroz.
They buy three pounds   Compran tres libras de arroz
of rice every week.   a la semana.

(4) todo un grupo de cosas semejantes

sustantivo no-contable		ejemplos contables	
furniture	muebles	chair	silla
		table	mesa
		sofa	sofá
		bed	cama
jewelry	joyas	necklace	collar
		bracelet	pulsera
		ring	anillo
		earrings	aretes, pendientes
		pin, brooch	broche
		watch	reloj
mail	correo	letter	carta
		postcard	tarjeta postal
		package	paquete
		advertisement	anuncio
medicine	medicinas	pill	píldora
		capsule	cápsula
		drop	gota
equipment	aparatos	anything necessary for a project	las cosas necesarias para llevar a cabo un proyecto
machinery	máquinas	heater	calentador
		air-conditioner	aire acondicionador
		copier	copiadora
hardware	herramientas	nails	clavos
		screws	tornillos
		hooks	ganchos
make-up	maquillaje	lipstick	lápiz de labios
		powder	polvo
		blush	rubor/colorete
		foundation	base
		eye shadow	sombras
		mascara	rimel
money, cash	dinero	dollar	dólar
		cent	centavo
change	cambio	quarter	moneda de 25 centavos
		dime	moneda de 10 centavos
		nickel	moneda de 5 centavos

		penny	moneda de un centavo
trash	basura seca	*boxes*	cajas
		paper	papel
		rags	trapos
garbage	restos de comidas	*eggshells*	cáscaras de huevos
		fruit peels	cáscaras de frutas
		bones	huesos
		spoiled food	comidas podridas
junk	cosas de poco valor	*anything*	cualquier cosa
stuff	una colección de posesiones	*anything*	cualquier cosa

I just love your new furniture!	¡Cómo me encantan tus muebles nuevos!
We need some chairs like yours.	Nosotros necesitamos unas sillas como las tuyas.

Harry gave Angela jewelry for her birthday.	Harry le regaló a Angela unas joyas para su cumpleaños.

§5.22 Para usar los sustantivos no-contables,
(a) se puede usar el sustantivo no-contable sin determinante, o después de uno de los determinantes siguientes; (§7.1)

the	el, la
this	este, esta
that	ese, esa, aquel, aquella
any	cualquier
no	ningún, ninguna
either	o
neither	ni
some	algún, alguna
little	poco, poca
enough	suficiente
a lot of	mucho, mucha
lots of	mucho, mucha
plenty of	más que suficiente
much	mucho, mucha
all	todo, toda
my	mi
your	tu, su
his	su

her	su
our	nuestro, nuestra
their	su
Mary's	el posesivo de un nombre propio (§5.5)

¡OJO! Cuando se elimina el determinante, se implica el significado de *todo* o *en general*.

Ejemplos

Coffee is delicious.	El café (en general) es sabroso.
This coffee is delicious.	Este café es sabroso.
The coffee (you made) is delicious.	El café (que tú preparaste) es sabroso.

(b) emplee la forma singular del verbo. (§8.)

Ejemplos

Determinante	Sustantivo No-Contable	Verbo Singular	
Our	*homework*	*is*	*difficult.*
Nuestra tarea es difícil.			
A lot of	*medicine*	*makes*	*me sick.*
Muchas medicinas me ponen enferma.			
—	*Homework*	*is*	*necessary.*
Las tareas son necesarias.			
—	*Medicine*	*costs*	*a lot.*
La medicina cuesta mucho.			
Your	*advice*	*helps*	*her.*
Sus consejos le ayudan.			
The	*furniture we bought*	*is*	*perfect.*
Los muebles que compramos son perfectos.			

¡OJO! No se puede cambiar el sustantivo no-contable al plural. No se usa *one, otro número, a, an, another, each,* o *every* con el sustantivo no-contable.

Ejemplos

He gave her jewelry. *(He gave her a necklace, a bracelet, and some earrings.)*	Le regaló unas joyas. (Le regaló un collar, una pulsera, y unos pendientes.)
I have homework to do; I have to write a paper and read three chapters.	Tengo tareas que hacer; tengo que escribir un reporte, y leer tres capítulos.

DETERMINANTES USADOS CON SUSTANTIVOS

con Sustantivos Singulares	con Sustantivos No-contables	con Sustantivos Plurales
a/an	—	—
one	—	any number over one
the	the	the
this	this	these
that	that	those
any	any	any
—	not any/no	not any/no
each	all	all
every	all	all
another	other	other
either/neither	either/neither	either/neither
—	some	some
—	—	both
—	little	few
—	enough	enough
—	plenty of	plenty of
—	a lot of	a lot of
—	lots of	lots of
—	much/too much/ not much/how much	many/too many/ not many/how many
my/your/his/her/our/their	my/your/his/her/our/their	my/your/his/her/our/their

§5.23 Sustantivos que Pueden ser Contables o No-contables

Algunos sustantivos pueden ser contables en ciertas situaciones, y no-contables en otras.

Ejemplos

contable:	one coffee	una taza de café
	He ordered a coffee with sugar and cream.	Pidió un café con azúcar y crema.
no-contable:	coffee	los granos de café
	Coffee has a lot of caffeine.	El café contiene mucha cafeína.
contable:	one chicken	un pollo
	I saw a chicken in their yard.	Vi un pollo en su jardín.
no-contable:	chicken	la carne de pollo
	We ate chicken for dinner.	Comimos pollo en la cena.
contable:	one glass	un vaso
	Please bring me a glass of water.	Tráigame un vaso con agua, por favor.

	glasses	anteojos
	I didn't know you wore glasses.	Yo no sabía que tú usabas anteojos.
no-contable:	*glass*	vidrio
	There was broken glass in the street.	Había vidrio quebrado en la calle.
contable:	*one iron*	una plancha
	I bought a new iron.	Compré una plancha nueva.
no-contable:	*iron*	hierro
	This gate is made of iron.	Esta puerta está hecha de hierro.
contable:	*one paper*	un periódico / un reporte escrito
	I wrote a paper on the economy.	Escribí un reporte sobre la economía.
	You can read it in today's paper.	Ud. puede leerlo en el periódico de hoy.
no-contable:	*paper*	papel
	Paper is expensive these days.	El papel es caro hoy en día.
contable:	*one time*	una vez
	We sang the song one time.	Cantamos la canción una vez.
no-contable:	*time*	el presente, el pasado, y el futuro / la hora
	Time flies.	El tiempo vuela.
contable:	*a change*	un cambio
	He made some changes in the manuscript.	El hizo unos cambios en el manuscrito.
no-contable:	*change*	cambios / cambio (de dinero)
	Change is inevitable.	El cambio (en general) es inevitable.
	Do you have change for a dollar?	¿Tiene Ud. el cambio de un dólar?

§5.3
NOMBRES
PROPIOS

Los nombres propios son los nombres específicos de individuos, grupos de personas, lugares, y cosas. La letra inicial de ellos debe ser mayúscula. Con algunos nombres de lugares y organizaciones, se usa el artículo *the*, con otros no. (§7.14)

Ejemplos

Mary Smith	el nombre de una persona
Mr. Jones	el nombre de una persona / el Sr. Jones
the United States	el nombre de un país / Estados Unidos
New York	el nombre de un estado
Springfield	el nombre de una ciudad
Oak Street	el nombre de una calle / la Calle Oak
Canadian	el nombre de una nacionalidad / canadiense
the Book Club	el nombre de una organización / el Club del Libro
the Arlington Library	el nombre de una institución / La Biblioteca de Arlington
the Capitol	el nombre de un edificio / el capitolio
November	el nombre de un mes / noviembre
Saturday	el nombre de un día / sábado
Independence Day	el nombre de un día de fiesta / el Día de la Independencia
Spanish	el nombre de un idioma / el español

§5.4
APOSITIVOS

El apositivo (*appositive*) es un sustantivo que sigue otro sustantivo para nombrarlo de otra manera. Se pone una coma antes del apositivo, y una coma o un punto después.

Ejemplos

*Mary, **my sister**, is a doctor.*	Mi hermana, Mary, es médico.
*Mary called her teacher, **Mrs. Smith**.*	Mary llamó a su maestra, la Señora Smith.
*The Smiths, **our neighbors**, are delightful.*	Los Smith, nuestros vecinos, son muy simpáticos.

*Rice, **her favorite food**, is good for her.*	El arroz, su comida preferida, es bueno para la salud de ella.

§5.5
SUSTANTIVOS
POSESIVOS

§5.51 Un sustantivo posesivo indica a la persona que tiene algo, y responde a la pregunta *"Whose?"* ¿De quién? ¿De quiénes?

Para hacer posesivo a un sustantivo,
    (a) añada **'s** a los sustantivos singulares:

Whose book? ***Mary's***	¿el libro de quién? el de Mary
Whose friend? ***Mary's***	¿la amiga de quién? la de Mary
Whose car? *my **friend's***	¿el carro de quién? el de mi amigo
Whose dog? ***Charles's***	¿el perro de quién? el de Charles
Whose dog? *Charles **Adams's***	¿el perro de quién? el de Charles Adams
Whose stereo? *Joe **Perez's***	¿el estéreo de quién? el de Joe Pérez
Whose bone? *the **dog's***	¿el hueso de quién? el del perro
Whose basketball? *the **boy's***	¿el básquetbol de quién? el del chico

    (b) añada **'s** a los sustantivos plurales que no terminan con *s:*

Whose money? *the **people's***	¿el dinero de quién? el de la gente

Whose toys?	¿los juguetes de quiénes?
the **children's**	los de los niños
Whose shirts?	¿las camisas de quiénes?
the **men's**	las de los hombres
Whose shoes?	¿los zapatos de quiénes?
the **women's**	los de las mujeres

(c) añada ' a los sustantivos plurales que terminan con *s:*

Whose party?	¿la fiesta de quiénes?
the **ladies'**	la de las señoras
Whose basketball?	¿el básquetbol de quiénes?
the **boys'**	el de los chicos
Whose room?	¿El salón de quiénes?
the **teachers'**	el de los maestros
Whose house?	¿la casa de quiénes?
the **Adamses'**	la de los Adams
Whose car?	¿el carro de quiénes?
the **Perezes'**	el de los Pérez

(d) use *a* + (sustantivo) + *of* + **el sustantivo posesivo** para indicar que la cosa es solamente uno de varios otros.

Whose book?	¿el libro de quién?
a book of Mary's	uno de los libros de Mary
Whose friend?	¿la amiga de quién?
a friend of my sister's	una de las amigas de mi hermana

§5.52 Uso de Sustantivos Posesivos

(a) Emplee la forma posesiva para expresar que algo es de una persona.

¡OJO! No use *of the* cuando el poseedor es una persona.

John's book	el libro de John
Mr. Harris's car	el carro del Sr. Harris
The Lewises' house	la casa de los Lewis

(b) Se puede usar la forma posesiva o las palabras, *of the* , cuando el poseedor es otro ser o cosa de la naturaleza.

the dog's leg	o	*the leg of the dog*
la pata del perro		
the tiger's tail		*the tail of the tiger*
la cola del tigre		
the plant's leaves		*the leaves of the plant*
las hojas de la planta		
the sun's rays		*the rays of the sun*
los rayos del sol		
the river's mouth		*the mouth of the river*
la boca del río		

(c) Se puede usar la forma posesiva o las palabras, *of the*, con un sustantivo colectivo.

the company's president o *the president of the company*
el presidente de la compañía
the team's captain   *the captain of the team*
el capitán del equipo
the committee's agenda   *the agenda of the committee*
el programa del comité
a family's celebration   *the celebration of a family*
la celebración de una familia

(d) Se puede usar la forma posesiva o la palabra *of* o *for* con ciertas expresiones del tiempo.

today's date   o   *the date of today*
la fecha de hoy
the year's end   *the end of the year*
el fin de año
the day's work   *the work of the day*
el trabajo del día
tomorrow's agenda   *the agenda for tomorrow*
el programa para mañana
next week's lesson   *the lesson for next week*
la lección para la semana próxima

(e) No emplee la forma posesiva con otras cosas inanimadas. Use *of the*.

the door of the car   la puerta del carro
the legs of the table   los pies de la mesa

the color of her dress   el color de su vestido
the price of the house   el precio de la casa
the name of that street   el nombre de esa calle

§5.6 COMPARACIÓN DE SUSTANTIVOS

§5.61 Comparación por Número o Cantidad

(a) Para expresar *más*, con los sustantivos plurales y no-contables, use

more + sustantivo + *than* + sustantivo:

I have   more   pencils   than   pens.
Tengo más lápices que plumas.

I have   more   sugar   than   flour.
Tengo más azúcar que harina.

o use   *more* + sustantivo + *than* + sujeto + verbo auxiliar.

I have   more   pencils   than   you   (do).
Yo tengo más lápices de los que tú tienes.

I have   more   sugar   than   she   (does).
Yo tengo más azúcar de lo que tiene ella.

(b) Para expresar *menos*, con los sustantivos plurales, use

fewer + sustantivo + *than*

I have   fewer   pens   than   pencils.
Tengo menos plumas que lápices.

I have   fewer   pens   than   she does.
Tengo menos plumas de las que tiene ella.

(c) Para expresar *menos*, con los sustantivos no-contables, use

less + sustantivo + *than*

I have   less   flour   than   sugar.
Tengo menos harina que azúcar.

I have   less   flour   than   she does.
Tengo menos harina de la que tiene ella.

(d) Para indicar igualdad, con los sustantivos plurales, use
   as many + noun + *as*
I have   as many notebooks as   books.
Tengo tantos cuadernos como libros.

I have   as many notebooks as   he does.
Tengo tantos cuadernos como los que tiene él.

También se puede usar
   the same number of + sustantivo + *as*
I have   the same number of   notebooks   as books.
Tengo el mismo número de cuadernos como de libros.

I have   the same number of   notebooks   as he does.
Tengo el mismo número de cuadernos de los que tiene él.

(e) Para expresar igualdad, con un sustantivo no-contable, use
   as much   + sustantivo +   *as*
I have   as much   vinegar   as   oil.
Tengo tanto vinagre como aceite.

I have   as much   vinegar   as   you do.
Tengo tanto vinagre como lo que tienes tú.

También se puede usar
   the same amount of + sustantivo + *as*
I have   the same amount of   vinegar   as oil.
Tengo la misma cantidad de vinagre como de aceite.

I have   the same amount of   vinegar   as you do.
Tengo la misma cantidad de vinagre como la que tienes tú.

§5.62

Para expresar igualdad de tamaño, peso, forma, o color, con sustantivos singulares, plurales, y no-contables, use
   be + *the same* + sustantivo + *as*
My dress   is   the same size   as your dress.
Mi vestido es del mismo tamaño que tu vestido.

My shoes   are   the same size   as your shoes.
Mis zapatos son del mismo número que tus zapatos.

My furniture   is   the same size   as your furniture.
Mis muebles son del mismo tamaño que tus muebles.

Your baby   is   the same weight as her baby.
Tu niño es del mismo peso que el niño de ella.

He   is   the same height as his father.
El es tan alto como su papá.

Her skirt   is   the same length as the model's.
Su falda es tan larga (corta) como la de la modelo.

This pond   is   the same depth   as that one.
Esta charca es de la misma profundidad que ésa.

This tree   is   the same shape   as that one.
Este árbol tiene la misma forma que ése.

Their uniforms are the same color   as ours.
Sus uniformes son del mismo color que los nuestros.

§5.63 Igualdad Absoluta

Para expresar que dos sustantivos son exactamente iguales, use

exactly like + sustantivo **o**   *exactly alike*
the same as + sustantivo   *the same*

Your dress is exactly like mine.	Tu vestido es igual al
Your dress is the same as mine.	mío.
Our dresses are exactly alike.	Nuestros vestidos
Our dresses are the same.	son iguales.
Her earrings are exactly like yours.	Los aretes de ella son
Her earrings are the same as yours.	iguales a los tuyos.
Your earrings are exactly alike.	Sus aretes son
Your earrings are the same.	iguales.
His furniture is exactly like hers.	Los muebles de él son
His furniture is the same as hers.	iguales a los de ella.
Their furniture is exactly alike.	Sus muebles son
Their furniture is the same.	iguales.

§5.64

the same + sustantivo = el mismo artículo o persona de que se pensaba o se hablaba antes.

I saw some beautiful shoes in the window.	Vi unos zapatos bonitos en el escaparate.
You did? I saw **the same shoes**.	¿Sí? Yo vi los mismos zapatos.
There is a lady waiting for you.	Hay una señora esperándote.
She is **the same lady** *who was here before.*	Ella es la misma señora que estaba aquí antes.
I lost my suitcase. Now I have to wear **the same clothes** *for a week.*	He perdido mi maleta. Ahora tengo que usar la misma ropa por una semana.

§6.

Pronombres

Un pronombre (*pronoun*) es una palabra que sustituye a un sustantivo. Se usa el pronombre para no tener que seguir repitiendo el sustantivo.

§6.1 SUJETOS PRONOMI- NALES

Un pronombre de sujeto reemplaza un sustantivo que es el sujeto de la oración. Responde a la pregunta, *"Who?"* (¿Quién?) para una persona, y *"What?"*(¿Qué?) para un animal, una cosa, o una abstracción. (§4.1)

¡OJO! En inglés, no se puede eliminar, como en español, el pronombre de sujeto. Es necesario utilizar siempre un sustantivo o el pronombre indicado para el sujeto.

I   yo
I am Mary.   Yo soy Mary. Soy Mary.

you   Usted, tú
You are Susan.   Usted es Susan. Es Susan.
                             Tú eres Susan. Eres Susan.

he   él
He is David.   El es David. Es David.

she   ella
She is Patricia.   Ella es Patricia. Es Patricia.

it   él, ella
It is his dog.   El es su perro. Es su perro.
It is a book.   Es un libro.
It is information.   Es información.

we   nosotros, nosotras
We are Mary and Susan.   Nosotras somos Mary y Susan.
                            Somos Mary y Susan.

you   ustedes
You are Susan and David. Ustedes son Susan y David.
                            Son Susan y David.

they   ellos, ellas
They are David and   Ellos son David y Patricia.
Patricia.   Son David y Patricia.

they   ellos, ellas
They are dogs.   Ellos son perros. Son perros.
They are books.   Ellos son libros. Son libros.
They are announcements. Son anuncios.

Ejemplos

Who is the teacher?   ¿Quién es la maestra?
She is the teacher.   Ella es la maestra.

When does the class   ¿Cuándo empieza la clase?
start?
It begins at eight.   Empieza a las ocho.

When does the   ¿Cuándo sale la maestra para
teacher go home?   su casa?
She goes home at   Sale para su casa a las cuatro
four-thirty.   y media.

Who are the   ¿Quiénes son los estudiantes?
students?
They are the   Ellos son los estudiantes.
students.

Where are they from?   ¿De dónde son ellos?
They are from   Son de St. Louis.
St. Louis.

Who is taking them   ¿Quién los lleva a casa?
home?
We are taking them   Nosotras los llevamos a casa.
home.
She and I are taking   Ella y yo los llevamos a casa.
them home.

What time are you   ¿A qué hora los llevan?
taking them?
We are taking them   Los llevamos a las cuatro y
at four-thirty.   media.

§6.11 Pronombres Impersonales

A veces, los pronombres *you* y *they* no se tratan de una persona específica, sino a todas las personas en general. El significado se equivale al uso del *se* impersonal en español.

Ejemplos

Do *you* buy soap at the supermarket?	¿Se compra el jabón en el supermercado?
Yes. *You* buy soap at the supermarket.	Sí, se compra el jabón en el supermercado.
How do *you* get to Route 7?	¿Cómo se llega a la Ruta 7?
You drive straight ahead, then turn left.	Se sigue derecho y entonces se vira a la izquierda.
Do *they* sell soap at the supermarket?	¿Se vende el jabón en el supermercado?
Yes. *They* sell soap at the supermarket.	Sí, se vende el jabón en el supermercado.

§6.2 COMPLEMENTOS PRONOMINALES

Un **pronombre de complemento** *(object pronoun)* reemplaza un sustantivo que es el complemento directo, el complemento indirecto, o el complemento de una preposición. Responde a la pregunta, *"Who(m)?"* para las personas, y *"What?"* para las cosas. (§4.1)

Subject Pronoun	Pronombre de Sujeto	*Object Pronoun*	Pronombre de Complemento
I	yo	*me*	me
you	tú, Ud.	*you*	te, lo, la, le
he	él	*him*	lo, le
she	ella	*her*	la, le
it	él, ella	*it*	lo, la, le
we	nosotros, nosotras	*us*	nos
you	Uds.	*you*	los, las, les
they	ellos	*them*	los, las, les

§6.21
Pronombres de Complementos Directos

John called me.	John me llamó.
John called you.	John te llamó. John lo (la) llamó (a Ud.)
John called her.	John la llamó. (a ella)
John called him.	John lo llamó. (a él)
John called us.	John nos llamó.
John called me and you.	John nos llamó a mí y a ti.
John called you.	John los (las) llamó. (a Uds.)
John called you and her.	John llamó a ti y a ella.
John called them.	John los (las) llamó. (a ellos)
John called her and him.	John llamó a ella y a él.
John got the check. *John got it.*	John recibió el cheque. John lo recibió.
John got the checks. *John got them.*	John recibió los cheques. John los recibió.

Ejemplos

Who(m) did you see?	¿A quién vio Ud?
I saw Betty.	Vi a Betty.
When did you see her?	¿Cuándo la vio?
I saw her yesterday.	La vi ayer.
Did you see Sam?	¿Vio Ud. a Sam?
Yes, I saw him, too.	Sí, lo vi también.
I saw her and him yesterday.	Vi a ella y a él ayer.
I saw Betty and him.	Vi a Betty y a él.
I saw her and Sam.	Vi a ella y a Sam.
I saw them yesterday.	Los vi ayer.

Did they see you and your friend?	¿Los vieron a Ud. y a su amigo?
No, they didn't see us.	No, no nos vieron.
They didn't see me or him.	No nos vieron a mí ni a él.
They didn't see him or me.	No vieron a él ni a mí.

§6.22 Pronombres después de una Preposición

Después de una preposición, se usa el pronombre de complemento.

to me	a mí
for you	para ti
from her	de ella
with him	con él
about us	acerca de nosotros
without you	sin ustedes
of them	de ellos

Ejemplos:

Are you going with Cathy and Peter?	¿Vas con Cathy y Peter?
Yes. I am going with her and him.	Sí, voy con ella y él.
I am going with them.	Sí, voy con ellos.
Did Bob leave without you and Wayne?	¿Salió Bob sin Ud. y Wayne?
Yes. He left without me and him.	Sí, salió sin nosotros.
He left without us.	Salió sin nosotros.
Who(m) is that present for?	¿Para quién es ese regalo?
It's for my mother and Gayle.	Es para mi mamá y and Gayle.
It's for her and Gayle.	Es para ella y Gayle.
It's for them.	Es para ellas.

§6.23
Pronombres de Complementos Indirectos (§12.5)

Los complementos indirectos tienen las mismas formas que los complementos directos. El complemento indirecto es la persona que recibe el complemento directo, y es usado con los verbos como *give* (dar), *show* (mostrar), *tell* (decir), o cualquier verbo que connote el paso de algo de una persona a otra. El orden de las palabras es muy importante con estos pronombres.

Kim gave me the book.	Kim me dio el libro.
Kim gave you the book.	Kim le (te) dio el libro.
Kim gave her the book.	Kim le dio el libro (a ella).
Kim gave him the book.	Kim le dio el libro (a él).
Kim gave us the book.	Kim nos dio el libro.
Kim gave David and me (me and David) the book.	Kim nos dio el libro a David y a mí.
Kim gave you the book.	Kim les dio el libro (a Uds.)
Kim gave you and her the book.	Kim les dio el libro a ti y a ella.
Kim gave them the book.	Kim les dio el libro (a ellos).
Kim gave her and him the book.	Kim les dio el libro a ella y a él.

Ejemplos

Who(m) did you send the letter to?	¿A quién mandaste la carta?
I sent my friend the letter.	Le mandé la carta a mi amigo.
I sent him the letter.	Le mandé la carta a él.
Did you send it to him and his sister?	¿La mandaste a él y a su hermana?
No. I didn't send her the letter.	No, no le mandé la carta a ella.
I didn't send them the letter.	No les mandé la carta a ellos.
I sent him the letter.	Le mandé la carta a él.

*Who wrote **you** the answer?*	¿Quién te escribió la respuesta?
*She wrote **me and my brother** the answer.*	Ella nos escribió la respuesta a mí y a mi hermano.
*She wrote **me and him** the answer.*	Ella nos escribió la respuesta a mí y a él.
*She wrote **us** the answer.*	Ella nos escribió la respuesta.

§6.24
El uso de dos Pronombres de Complemento en la Misma Frase

Cuando se pone un pronombre de complemento indirecto antes del complemento directo, el complemento directo debe ser en la forma de sustantivo, no de pronombre.

Ejemplos

He gave me the book.	Me dio el libro.
We told them the story.	Les contamos la historia.
I'll show you my new dresses.	Te mostraré mis vestidos nuevos.

¡OJO! No se puede decir "He gave me it;" "We told them it;" o "I'll show you them."

Para usar el pronombre de complemento directo con un pronombre de complemento indirecto, use una preposición.

Ejemplos

He gave me the book.	Me dió el libro.
*He gave it **to** me.*	Me lo dió.
We told them the story.	Les contamos la historia.
*We told it **to** them.*	Se la contamos.
I'll show you my new dresses.	Te mostraré mis vestidos nuevos.
*I'll show them **to** you.*	Te los mostraré.

§6.3
PRONOMBRES RECÍPROCOS

Los pronombres recíprocos, *each other* y *one another,* se refieren a una relación entre personas o grupos.

Ejemplos

*Jane and I talk to **each other**.*	Jane y yo nos hablamos.
*We talk to **one another**.*	Nos hablamos.

The doctors and nurses help one another.	Los médicos y las enfermeras se ayudan.
They help each other.	Se ayudan.

§6.4 PRONOMBRES INTENSIVOS Y REFLEXIVOS

myself	yo mismo, (a) mí mismo
yourself	tú mismo, (a) ti mismo, Ud. mismo, (a) Ud. mismo
himself	él mismo, (a) sí mismo
herself	ella misma, (a) sí misma
itself	él mismo, (a) sí mismo, ella misma, (a) sí misma
ourselves	(a) nosotros mismos, (a) nosotras mismas
yourselves	Uds. mismos, (a) sí mismos
themselves	ellos mismos, (a) sí mismos

§6.41

Un *pronombre intensivo* es una repetición del sujeto. Se usa para dar énfasis al sujeto.

I vote "no" myself.	Yo mismo voto que no.
You know that yourself.	Tú mismo sabes eso.
Julie went to the store herself.	Julie misma fue a la tienda.
Mark did it himself.	Mark mismo lo hizo.
Emily and I made this cake ourselves.	Emily y yo mismas hicimos este pastel.
Did you and Jack build the house yourselves?	¿Tú y Jack mismos construyeron la casa?
The robbers themselves called the police.	Los ladrones mismos llamaron a la policía.

§6.42

Un *pronombre reflexivo* es un pronombre de complemento que se refiere al sujeto. El sujeto y el complemento son la misma persona o la misma cosa.

I cut myself.	Yo me corté.
Did you cure yourself?	¿Tú te curaste?

*He needs to help **himself**.*	El necesita ayudarse a sí mismo.
*She sent a letter to **herself**.*	Ella se mandó una carta a sí misma.
*This door locks **itself**.*	Esta puerta se cierra sola.
*We gave **ourselves** a party.*	Nosotros nos dimos una fiesta.
*Did you make **yourselves** comfortable?*	¿Uds. se acomodaron?
*They are hurting **themselves**.*	Ellos se dañan a sí mismos.

La preposición *by* + un pronombre reflexivo quiere decir *solo, sola, solos,* o *solas.*

Ejemplos:

*I did it **by myself**.*	Lo hice solo.
*She is **by herself**.*	Ella está sola.
*They played **by themselves**.*	Jugaron solos.

§6.5 PRONOMBRES POSESIVOS

Un pronombre posesivo reemplaza un sustantivo posesivo. Responde a la pregunta *"Whose?"* (¿de quién?) (§5.)

Whose book is it?	¿De quién es el libro?
*The book is **mine**.*	El libro es mío.
*The book is **yours**.*	El libro es suyo. (de Ud.)
*The book is **his**.*	El libro es suyo. (de él)
*The book is **hers**.*	El libro es suyo. (de ella)
*The book is **ours**.*	El libro es nuestro.
*The book is **yours**.*	El libro es suyo. (de ustedes)
*The book is **theirs**.*	El libro es suyo. (de ellos, de ellas)

Para indicar posesión, también se puede emplear *It belongs to* + sustantivo o pronombre de complemento.

Whose pen is it?	¿De quién es la pluma?

It belongs to me.	It's* mine.	Es mía.
It belongs to you.	It's yours.	Es tuya.
		Es suya. (de Ud.)
		Es suya. (de Uds.)
It belongs to (Janet) her.	It's hers.	Es suya. (de ella)
It belongs to (John) him.	It's his.	Es suya. (de él)
It belongs to her and me.	It's ours.	Es nuestra.
It belongs to me and him.	It's ours.	Es nuestra.
It belongs to us.	It's ours.	Es nuestra.
It belongs to her and him.	It's theirs.	Es suya. (de ellos)
It belongs to them.	It's theirs.	Es suya. (de ellos)

* Véase al §9.11

§6.6 PRONOMBRES RELATIVOS

who	quien, que
whom	a quien
whose	de quien
which	que
that	que

Un pronombre relativo reemplaza un sustantivo en una frase modificante. Responde a las preguntas siguientes.

"Who...?"	¿Quién?
"Whom...?"	¿A quién? ¿Para quién? ¿Con quién?
"Whose...?"	¿De quién?
"Which...?"	¿Qué? ¿Cuál de?
"What...?"	¿Qué? ¿Cómo?
"What kind of...?"	¿Qué clase de?

Who is he?	¿Quién es él?
He is the man who came to our house.	El es el hombre que vino a nuestra casa.
From whom did you receive the gift?	¿De quién recibiste el regalo?
The lady from whom I received the gift is Mrs. Smith.	La señora de quien recibí el regalo es la Sra. Smith.

Whose dog is this?	¿De quién es este perro?
The girl **whose** dog this is is my niece.	La muchacha a quien pertenece este perro, es mi sobrina.
What kind of book do you want?	¿Qué clase de libro quiere Ud.?
I want a book **that** has pictures.	Quiero un libro que tenga ilustraciones.
What book do you want?	¿Qué libro quiere Ud.?
Which book do you want?	¿Cuál de los libros quiere Ud.?
The book **that** I want is the one with pictures.*	El libro que quiero es el que tiene las ilustraciones.

*Aquí se puede eliminar el pronombre:

The book I want is the one with pictures.	El libro que quiero es el que tiene las ilustraciones.

§6.7
PRONOMBRES DEMOSTRA- TIVOS

§6.71

Un pronombre demostrativo indica un sustantivo específico. Responde a las preguntas *"Which?," "Which one?,"* y *"Which ones?"* (¿Cuál de ellos? ¿Cuáles de ellos?)

This reemplaza un sustantivo singular o un sustantivo no-contable.

This is my watch.	Este es mi reloj.
This is my money.	Este es mi dinero.
This is my jewelry.	Estas son mis joyas.

These reemplaza un sustantivo plural.

These are my watches.	Estos son mis relojes.

That reemplaza un sustantivo singular o un sustantivo no-contable.

That is your watch.	Ese es su reloj.
	Aquél es su reloj.
That is your money.	Ese es su dinero.
	Aquél es su dinero.
That is your jewelry.	Esas son sus joyas.
	Aquéllas son sus joyas.

Those reemplaza un sustantivo plural.

Those are your watches.	Esos son sus relojes.
	Aquéllos son sus relojes.

§6.72   *One* se refiere a una cosa específica ya nombrada.

Which dress do you want?	¿Cuál de los vestidos quieres?
I want the red one.	Quiero el rojo.
I want this one.	Quiero éste.
Which one do you want?	¿Cuál de ellos quieres?
I don't want that one.	No quiero ése.
Which (one) is yours?	¿Cuál de ellos es suyo?
This is mine.	Este es mío.
This one is mine.	Este es el mío.

Puede ser plural.

Which dresses do you want?	¿Cuáles de los vestidos quieres?
I want the cotton ones.	Quiero los de algodón.
I want these.	Quiero éstos.
I don't want the wool ones.	No quiero los de lana.
I don't want those.	No quiero aquéllos.
Which (ones) are yours?	¿Cuáles son los suyos?
These are mine.	Estos son míos.
	Estos son los míos.

¡OJO! No use *ones* después de *these* o *those*. No se puede decir "These ones are mine" o "Those ones are yours."

§6.8
PRONOMBRES INDEFINIDOS

Un pronombre indefinido se refiere a personas, cosas, o lugares no específicos.

§6.81
Pronombres Indefinidos Singulares

(a) Pronombres que refieren solamente a personas

anybody, anyone — cualquiera
Anybody can do it. — Cualquiera puede hacerlo.

anybody, anyone — alguien (para preguntas)
Is anyone there? — ¿Está ahí alguien?

somebody, someone — alguien (para declaraciones)
Somebody can help us. — Alguien puede ayudarnos.

not anybody, not anyone — nadie
There isn't anybody in the house. — No hay nadie en la casa.

nobody, no one — nadie
Nobody can do it. — Nadie puede hacerlo.

(b) Pronombres que se refieren solamente a lugares

anywhere — cualquier lugar
I can go anywhere. — Puedo ir a cualquier lugar.
Can you go anywhere? — alguna parte (para preguntas)
¿Puedes ir a alguna parte?

somewhere — alguna parte (para declaraciones)
I will find it somewhere. — Lo encontraré en alguna parte.

not anywhere, nowhere — ningún lugar
I cannot go anywhere. — No puedo ir a ningún lugar.
I can go nowhere.

The ring is not anywhere in this house. — El anillo no se encuentra en esta casa.
The ring is nowhere in this house.

(c) Pronombres que se refieren solamente a cosas

anything	cualquier cosa
Anything is better than nothing.	Cualquier cosa es mejor que nada.
Do you have anything for me?	alguna cosa (para preguntas) ¿Tiene Ud. alguna cosa para mí?

something	algo (para declaraciones)
I have something for you.	Tengo algo para usted.

not anything, nothing	nada
There isn't anything to eat.	No hay nada que comer.
There is nothing to eat.	

(d) Pronombres que refieren a personas o cosas

one	uno, una
Is there a doctor in the house?	¿Hay un médico aquí?
Yes, I am one.	Sí, yo soy uno.

Does anybody have a pen?	¿Alguién tiene pluma?
Yes, I have one.	Sí, yo tengo una.

another (one)	uno más, una más
She has two children.	Tiene dos hijos.
She wants another one.	Quiere otro.
	otro, otra
She has a book.	Tiene un libro.
She wants another.	Quiere otro.

any	cualquier
Which lawyer do you prefer?	¿Qué abogado prefiere?
Any will be okay.	Cualquiera está bien.
What book do you want?	¿Qué libro quiere?
Any will be fine.	Cualquiera está bien.

each	cada uno, cada una
What do the children have?	¿Qué tienen los niños?
Each has a balloon.	Cada uno tiene un globo.

either	cualquiera de los dos
Do you want an apple or a banana?	¿Quieres una manzana o una banana?
Either is fine.	Cualquiera de las dos está bien.

neither	ni el uno ni el otro
Which coat is yours?	¿Cuál de los abrigos es de Ud.?
Neither is mine.	Ni el uno ni el otro es mío.

§6.82

Los pronombres indefinidos plurales pueden referirse a personas o a cosas.

none	ninguno, ninguna
How many books are there?	¿Cuántos libros hay?
There are none.	No hay ninguno.

not any	ninguno, ninguna
How many teachers are there?	¿Cuántas maestras hay?
There aren't any.	No hay ninguna.

any number over one	cualquier número mayor que uno
How many chairs are there?	¿Cuántas sillas hay?
There are twelve.	Hay doce.

some	algunos, algunas
How many girls are there?	¿Cuántas chicas hay?
There are some.	Hay algunas.

both	los dos, las dos
Which pen is yours?	¿Cuál de las plumas es tuya?
Both are mine.	Las dos son mías.

either	cualquiera de los dos
Which do you want, CDs or tapes?	Qué quieres, ¿discos compactos, o casetes?
Either are fine.	Cualquiera de los dos está bien.

neither	ni estos ni aquellos
Which dishes are yours, these or those?	Cuáles de estos platos son tuyos, ¿éstos o aquéllos?
Neither are mine.	Ni estos ni aquellos son míos.

others	otros más, otros diferentes
Are these all you have?	¿Estos son los únicos que tienes?
No. I have others.	No, tengo otros.
few, very few	pocos, muy pocos
How many participants are there?	¿Cuántos participantes hay?
There are few.	Hay pocos.
a few	unos pocos (tres o cuatro)
How many people are there?	¿Cuántas personas hay?
There are a few.	Hay unas pocas.
several	varios (cuatro o cinco)
How many children are there?	¿Cuántos niños hay?
There are several.	Hay varios.
enough	suficientes
How many cars are there?	¿Cuántos carros hay?
There are enough.	Hay suficientes.
a lot	muchos, muchas
How many sandwiches are there?	¿Cuántos sándwiches hay?
There are a lot.	Hay muchos.
not many	no muchos
How many plates are there?	¿Cuántos platos hay?
There are not many.	No hay muchos.
too many	tantos que el resultado es malo
How many mistakes are there?	¿Cuántos errores hay?
There are too many.	Hay más de lo aceptable.
all	todos, todas
Which photographs are good?	¿Cuáles de las fotos son buenas?
All are good.	Todas son buenas.

§6.83
Pronombres
Indefinidos
No-contables

none, not any
no hay, no tiene

How much traffic is there? ¿Cómo está el tráfico?

There is none. No hay.

There isn't any.

either
el uno o el otro

Do you want furniture or jewelry? ¿Quieres muebles o joyas?

Either is good. Cualquiera de los dos está bien.

neither
ni el uno ni el otro

Do you want tea or coffee? ¿Quieres té o café?

Neither is good for me. Ni el uno ni el otro es bueno para mí.

some
un poco, o más

Is there much pollution? ¿Hay mucha polución?

There is some. Hay un poco.

little, very little
poco, muy poco

How much money is there? ¿Qué cantidad de dinero hay?

There is little. Hay poco.

a little
un poco

How much information is there? ¿Qué cantidad de información hay?

There is a little. Hay un poco.

enough
suficiente

How much work is there? ¿Qué tanto trabajo hay?

There is enough. Hay suficiente.

a lot
mucho

How much music is there? ¿Qué cantidad de música hay?

There is a lot. Hay mucha.

too much
tanto que el resultado es malo

Do you give you information? ¿Le dan información?

They give you too much. Sí, le dan más de lo que uno quiere.

§6.84
Comparación de *another* / *the other* / *others*

Singular	Plural
another = otro	*others* = algunos otros
$ $ $ $ $	$$$ $ $ $ $ $
one another	some others
the other = el único otro	*the others* = los que quedan
$ $	$$$ $$$$$
one the other	some the others

Otros ejemplos

I have one book; I want another.	Tengo un libro; quiero otro.
There are three books; I have two and my brother has the other.	Hay tres libros; yo tengo dos y mi hermano tiene el otro.
I have some books; I want others.	Tengo unos libros; quiero otros.
There are three books; my brother has one and I have the others.	Hay tres libros; my hermano tiene uno y yo tengo los otros.

§7.

Adjetivos

Los adjetivos (*adjectives*) nos ayudan a identificar y a describir los sustantivos. Hay dos tipos de adjetivos, los determinantes, y los adjetivos descriptivos.

Los determinantes identifican y limitan los sustantivos. El uso de ellos es diferente con los sustantivos singulares, los plurales, y los no-contables. (§5.)

Los adjetivos descriptivos tienen la misma forma con los sustantivos singulares, los plurales, y los no-contables. El uso de ellos es opcional.

Las normas del orden de las palabras son

Determinante (necesario) *a* un reloj bonito	+ **Adjetivo Descriptivo** (opcional) *beautiful*	+ **Sustantivo Singular** *watch*
Determinante (opcional) *these* estos relojes bonitos	+ **Adjetivo Descriptivo** (opcional) *beautiful*	+ **Sustantivo Plural** *watches*
Determinante (opcional) *this* estas joyas bonitas	+ **Adjetivo Descriptivo** (opcional) *beautiful*	+ **Sustantivo No-contable** *jewelry*

Ejemplos
Sustantivo singular

I have a watch.	Tengo (un) reloj.
I have a beautiful watch.	Tengo un reloj bonito.
I have the watch.	Tengo el reloj.
I have this watch.	Tengo este reloj.

Sustantivo plural

I have watches.	Tengo (unos) relojes.
I have beautiful watches.	Tengo (unos) relojes bonitos.
I have the watches.	Tengo los relojes.
I have these watches.	Tengo estos relojes.

Sustantivo no-contable

I have jewelry.	Tengo joyas.
I have beautiful jewelry.	Tengo joyas bonitas.
I have the jewelry.	Tengo las joyas.
I have this jewelry.	Tengo estas joyas.

She bought meat.	Ella compró carne.
She bought good meat.	Ella compró carne buena.
She bought the meat.	Compró la carne.
She bought this meat.	Compró esta carne.

§7.1
DETERMINANTES

§7.11
El Artículo Indefinido

a	un, una
an	un, una

(a) *A* o *an* se usa solamente antes de un sustantivo singular.

Responde a las preguntas,

What is it?	¿Qué es?
Who is it?	¿Quién es?

Use *a* antes de los sustantivos que empiezan con sonido consonante.

a man	un hombre
a nurse	una enfermera
a street	una calle
a building	un edificio
a university	una universidad
a problem	un problema
a thought	un pensamiento

¡OJO! *university* empieza con letra vocálica, pero se pronuncia con el sonido del consonante, /yu/. Otras palabras semejantes incluyen *union, use, utility, euphoria, eulogy, euphemism.*

Use *an* antes de los sustantivos singulares que empiezan con sonido vocálico.

an artist	un artista
an optimist	un optimista
an apple	una manzana
an orange	una naranja
an idea	una idea
an operation	una operación
*an *R.S.V.P.*	una respuesta a una invitación

¡OJO! *R es letra consonante, pero se pronuncia con el sonido vocálico, /ar/.

Otras letras semejantes son

F	/ef/
H	/eich/
L	/el/
M	/em/
N	/en/
S	/es/
X	/eks/

Cuando hay adjetivo descriptivo, escoja *a* o *an* según el primer sonido del adjetivo.

a nice lady	una dama simpática
an intelligent lady	una dama inteligente
a big city	una ciudad grande
an old city	una ciudad antigua
a red belt	un cinturón de color rojo
an orange belt	un cinturón de color naranja
a pretty dress	un vestido bonito
an ugly dress	un vestido feo

¡OJO! En inglés, no se puede eliminar, como en español, el artículo indefinido antes de los sustantivos singulares.

Ejemplos

Do you have a car?	¿Tienes carro?
	¿Tienes un carro?
No. I don't have a car.	No, no tengo carro.
	No, no tengo un carro.
He is a good friend.	El es buen amigo.
	El es un buen amigo.
She is a teacher.	Ella es maestra.

§7.12 El Artículo Definido

El artículo definido, *the* (el, la, los, las), indica un sustantivo específico, y se usa con sustantivos singulares, plurales, y no-contables.

the table	la mesa
the tables	las mesas
the furniture	los muebles

The responde a las preguntas,

"What (noun)?"	¿Qué (*sustantivo*)? y
"Which one(s)?"	¿Cuál(es) de ellos?

Use *the*

(a) cuando solamente haya uno de que escoger:

Which table?	¿Qué mesa?
the table	la (única) mesa
Which keys?	¿Qué llaves?
the keys	las (únicas) llaves
What zoo?	¿Qué zoológico?
the zoo	el (único) zoológico de la ciudad

(b) cuando la persona oyente sepa de qué cosas se trata.

Which book?	¿Cuál de los libros?
the book (you gave me)	el libro (que me regalaste)
What letters?	¿Qué cartas?
the letters (that John wrote us)	las cartas (que John nos escribió)
What dress?	¿Qué vestido?
the dress (we saw in the shop)	el vestido (que vimos en la tienda)
Which car?	¿Qué carro?
the car (our car)	nuestro carro
What jewelry?	¿Qué joyas?
the jewelry (she lost)	las joyas (que ella ha perdido)

Compare *a/an* con *the*.

What is that?	¿Qué es eso?
It's an apple.	Es una manzana.
It's the apple you gave me.	Es la manzana que tú me diste.
What is that?	¿Qué es eso?
It's a school.	Es una escuela.
It's the school our children go to.	Es la escuela adonde asisten nuestros niños.
What is this?	¿Qué es esto?
It's a problem.	Es un problema.
It's the problem I told you about.	El el problema de que te hablé.

Who is she?	¿Quién es ella?
She's a girl.	Es una muchacha.
She's the girl I like.	Es la muchacha que a mí me gusta.

¡OJO! Con los sustantivos plurales y no-contables, se elimina *the* con las cosas no específicas.

Ejemplos

I love books.	Me encantan los libros.
These are the books I bought.	Estos son los libros que compré.
Medicine is expensive.	Las medicinas son caras.
The medicine I take costs a fortune.	La medicina que yo tomo me cuesta una fortuna.

El uso de *the* con nombres propios

(1) No use *the* con ciertos nombres propios singulares.

el primer nombre de una persona	*Mary*
el nombre completo de una persona	*Mary Jones*
el nombre con título de una persona	*Mrs. Jones*
	la Sra. Jones
	President Smith
	el Presidente Smith
el nombre de un estado	*Texas*
el nombre de un continente	*South America*
	Sudamérica
el nombre de un mes	*January*
	enero
el nombre de un día	*Monday*
	el lunes
el nombre de un idioma	*Spanish*
	el español

(2) Use *the* antes de ciertos otros nombres propios singulares.

Ejemplos
una persona, llamada por su título

the secretary of Labor	el secretario de Trabajo
the president of the United States	el presidente de los Estados Unidos

el nombre de un lugar

the Equator	el ecuador
the North Pole	el Polo Norte

el nombre de un hemisferio
the Western Hemisphere   el hemisferio occidental

(3) Con los demás nombres geográficos, los nombres de edificios y otros lugares, también de organizaciones y compañías, hay que aprender cada ejemplo como lo encuentre, ya que no hay regla ni norma. Fíjese que esto representa el mismo dilema para el hablante nativo de inglés que para las otras personas.

Ejemplos

Korea	**pero**	*The Gambia*
Peru		*the United Kingdom*
Chicago, Illinois		*The Plains, Virginia*
Hudson Bay		*the Chesapeake Bay*
Lee Mansion		*the White House*
Walker Chapel		*the Navy Chapel*
Virginia Polytechnic Institute		*the University of Wisconsin*
Little River Turnpike		*the New Jersey Turnpike*
Memorial Bridge		*the Brooklyn Bridge*
Watson's Department Store		*The White Company*
NBC / CBS/ CNN, etc.		*the BBC*

(4) Use *the* antes de los nombres propios plurales.

Ejemplos

the United States	los Estados Unidos
the Netherlands	los Países Bajos
the Philippines	las Filipinas
the Andes	los Andes
the Rocky Mountains	las Montañas Rocosas
the Great Lakes	los Grandes Lagos
the United Nations	las Naciones Unidas
the Smiths, the Joneses	los Smith, los Jones

(5) Casos especiales—sustantivos singulares sin artículo y con *the*

(a) con lugares especiales

at home	en casa	*at the home of*	en la casa de
at school	en la escuela para estudiar o enseñar	*at the school*	en la escuela para visitar

at church	en la iglesia para un servicio religioso	*at the church*	en la iglesia para visitar
in jail	detenido en la cárcel	*at the jail*	en la cárcel para visitar
at work	trabajando	*to work*	al lugar del trabajo
home	a casa	*to the home of*	a la casa de
to school	a la escuela para estudiar o enseñar	*to the school*	a la escuela para visitar
to church	a la iglesia para un servicio religioso	*to the church*	a la iglesia para visitar
to jail	a la cárcel para detención	*to the jail*	a la cárcel para visitar

Ejemplos

She won't be at home today.	Ella no estará en casa hoy.
The meeting is at the home of her sister.	La reunión es en la casa de su hermana.
My son came home from school early yesterday because he was sick.	Ayer, mi hijo llegó de la escuela a casa temprano porque se sentía mal.
He didn't go to school today.	No fue hoy a la escuela.
I went to the school this morning to talk to the teacher.	Yo fui a la escuela hoy en la mañana para hablar con la maestra.

(b) con rumbos

Las palabras *north, south, east,* y *west* indican rumbos.
The antes de una de estas palabras indica una sección de un lugar más grande.

Ejemplos

Go north, and you will find that building.	Vaya al norte, y encontrará ese edificio.
It is in the north of the city.	Está en el norte de la ciudad.
Those birds fly south in the winter.	Esos pájaros vuelan al sur en el invierno.
The weather is much warmer in the south.	Hace mucho más calor en el sur.

| His parents were not happy in *the west*, so they moved back *east*. | Sus padres no estaban contentos en el oeste, y por eso regresaron al este. |

(c) con comidas

Las palabras *breakfast, lunch,* y *dinner* son comidas en términos generales. *The* antes de una de estas palabras indica una comida específica.

Ejemplos:

| *I usually don't eat* **breakfast**. | Yo, por lo general, no desayuno. |
| **The breakfast** *your mother made was delicious.* | El desayuno que tu mamá preparó fue sabroso. |

| *We are having* **lunch** *at the office today.* | Hoy almorzamos en la oficina. |
| **The lunch** *Max brought looks good.* | La comida que trajo Max parece muy buena. |

| *Let's eat* **dinner** *at that restaurant!* | ¡Cenemos en ese restaurante! |
| **The dinner** *we had there last week was great.* | La cena que tuvimos ahí la semana pasada fue excelente. |

(d) con tiempos

last night	anoche	*the last night*	la última noche
last week	la semana pasada	*the last week*	la última semana
last year	el año pasado	*the last year*	el último año

Ejemplos

| *Jack called me* **last night**. | Jack me llamó anoche. |
| *He said that Friday was* **the last night** *of his conference.* | Dijo que el viernes fue la última noche de su reunión. |

| *We took our exam* **last week**. | Hicimos nuestro examen la semana pasada. |
| *It was* **the last week** *of classes.* | Fue la última semana de clases. |

(e) otras expresiones

| *in office* | sirviendo como oficial elegido |
| *in the office* | ubicado en la oficina |

Her husband has been in office for five years.	Hace cinco años que su esposo está en ese puesto.
He spends a lot of time in the office writing letters to his supporters.	Pasa mucho tiempo en la oficina escribiendo cartas a sus partidarios.

¡OJO! *el viernes* = *on Friday, this Friday*
los viernes = *on Fridays, every Friday*

Carolyn goes to church with her family on Sundays.	Carolyn va a la iglesia con su familia los domingos.
She's going to sing on Sunday.	Ella va a cantar el domingo.

¡OJO! Para referir a las partes del cuerpo, se emplea el pronombre posesivo, no el artículo definido, como en español.

My daughter broke her arm.	Mi hija se quebró el brazo.
Did you cut your hair?	¿Te cortaste el pelo?
My stomach hurts.	Me duele el estómago.

§7.13
Los Números

(a) Los números cardinales responden a la pregunta, *"How many?"* (¿Cuántos?).
(Véase al §20.1 para una lista completa de los números cardinales.)

Con **0** y *no* (cero, ninguno) se usa un sustantivo plural.

There are no apples in the basket.	No hay (ninguna) manzana en la canasta.

1, *one* (uno) describe un sustantivo singular.
There is one table in the room.	Hay una mesa en la sala.

Los otros números describen sustantivos plurales.
There are two chairs.	Hay dos sillas.
There are forty-six people.	Hay cuarenta y seis personas.
There are fifty states in the United States.	Hay cincuenta estados en los Estados Unidos.

(b) Los números ordinales indican la posición relativa de un sustantivo singular o plural.
Siempre use el artículo *the* antes de un número ordinal.

Los números ordinales correspondientes a *1, 2,* y *3* y a los números combinados con *1, 2,* y *3* son

the first	el primero
the twenty-first	el veintiuno
the second	el segundo
the thirty-second	el treinta y dos
the third	el tercero
the sixty-third	el sesenta y tres

Los números ordinales correspondientes a *5, 8, 9,* y *12* y a los números combinados con *5, 8,* y *9* son

the fifth	el quinto
the forty-fifth	el cuarenta y cinco
the eighth	el octavo
the eighty-eighth	el ochenta y ocho
the ninth	el noveno
the twenty-ninth	el veinte y nueve
the twelfth	el duodécimo

Los otros números ordinales se forman con el número cardinal + *-th:*

the fourth	el cuarto
the twenty-fourth	el veinticuatro
the sixth	el sexto
the seventy-sixth	el setenta y seis
the seventh	el séptimo
the thirty-seventh	el treinta y siete
the fifteenth	el quince

Ejemplos

January is the first month of the year.	Enero es el primer mes del año.
The third day of the week is Tuesday.	El tercer día de la semana es martes.

¡OJO! Se usan los números ordinales con todas las fechas.

The first three days of September are September the first, September the second, and September the third.	Los primeros tres días de septiembre son el primero de septiembre, el dos de septiembre, y el tres de septiembre.
Her birthday is on the twenty-seventh of December, the twelfth month of the year. (§21)	El cumpleaños de ella es el veintisiete de diciembre, que es el duodécimo mes del año.

§7.14 Adjetivos Posesivos

El adjetivo posesivo indica el poseedor de un sustantivo, y responde a la pregunta **"Whose?"** (¿De quién? ¿De quiénes?)

Whose book is it?	¿De quién es el libro?
Whose books are they?	¿De quién son los libros?
*It's **my** book.*	Es mi libro.
*They are **my** books.*	Son mis libros.
*It's **your** book.*	Es tu libro. Es su libro. (de Ud.)
*They are **your** books.*	Son tus libros. Son sus libros.
*It's **his** book.*	Es su libro. (de él)
*They are **his** books.*	Son sus libros.
*It's **her** book.*	Es su libro. (de ella)
*They are **her** books.*	Son sus libros.
It is the cover of the book.	Es la cubierta del libro.
*It is **its** cover.*	Es su cubierta.
They are the flower's petals.	Son los pétalos de la flor.
*They are **its** petals.*	Son sus pétalos.
*It's **our** book.*	Es nuestro libro.
*They are **our** books.*	Son nuestros libros.
*It's **your** book.*	Es su libro. (de Uds.)
*They are **your** books.*	Son sus libros.
*It's **their** book.*	Es su libro. (de ellos)
*They are **their** books.*	Son sus libros.
They are the covers of the books.	Son las cubiertas de los libros.
*They are **their** covers.*	Son sus cubiertas.

¡OJO! La contracción de *it is* es *it's*. El apóstrofo reemplaza la letra perdida; *its* no tiene apóstrofo, y significa posesión.

§7.15 Adjetivos Demostrativos

Un adjetivo demostrativo indica un sustantivo específico. Responde a la pregunta, **"Which?"** (¿Qué? ¿Cuál de...?)

(a) *This* (este, esta) indica un sustantivo singular o no-contable.

This watch is expensive.	Este reloj es caro.
This jewelry is expensive.	Estas joyas son caras.

(b) *That* (ese, esa, aquel, aquella) indica un sustantivo singular o no-contable.

That watch is expensive.	Ese reloj es caro.
That jewelry is expensive.	Aquellas joyas son caras.

(c) *These* (estos, estas) indica un sustantivo plural.

These watches are expensive.	Estos relojes son caros.

(d) *Those* (esos, esas, aquellos, aquellas) indica un sustantivo plural.

Those watches are expensive.	Aquellos relojes son caros.

§7.16
Otros
Determinantes

En la tabla que sigue, la *s* indica uso con sustantivos singulares, *pl* indica uso con sustantivos plurales, y *nc* indica uso con sustantivos no-contables.
(§5.1 y §5.2)

any	s	cualquier
I am happy with any book.		Me contento con cualquier libro.
	pl	algunos
Do you have any books?		¿Tiene Ud. libros?
	nc	cualquier
I am happy with any information.		Me contento con cualquier información.
not any	pl	ningún, ninguna
I do not want any presents.		No quiero ningún regalo. No quiero regalos.
	nc	ninguna cantidad
I do not want any money.		No quiero dinero.
no	pl	ningún, ninguna
I have no books.		No tengo ningún libro. No tengo libros.
	nc	ningún, ninguna
I have no information.		No tengo información.
each	s	cada
She collects each test.		Ella recoge cada examen.
every	s	cada uno
She collects every test.		Recoge cada uno de los exámenes.
another	s	uno más
I want another cookie.		Quiero otro bizcocho.
	s	uno diferente
I want another doctor.		Quiero otro médico.

other	pl	otros
He has other friends.		El tiene otros amigos.
	nc	otro(s)
She has other jewelry.		Ella tiene otras joyas.
the other	s	el otro
He wants the other car.		El quiere el otro carro.
	nc	el otro/los otros
She wants the other jewelry.		Ella quiere las otras joyas.
	pl	los otros
She likes the other cars.		A ella le gustan los otros carros.
either	s	éste o ése
He wants either car.		El quiere cualquier carro.
	pl	éstos o ésos
He wants either books.		Quiere estos libros o ésos.
	nc	éstos o ésos
He wants either furniture.		Quiere estos muebles o ésos.
neither	s	ni uno ni el otro
He wants neither car.		No quiere ni este carro ni ése.
	pl	ni éstos ni ésos
We want neither these nor those.		No queremos ni éstos ni ésos.
	nc	ni éstos ni ésos
He wants neither furniture.		No quiere ni estos muebles ni ésos.
some	pl	unos, unas
She has some tapes.		Ella tiene unas cintas.
	nc	un poco de
He has some money.		El tiene un poco de dinero.
both	pl	ambos
We like both dresses.		Nos gustan ambos vestidos.
very few	pl	muy pocos
I eat very few vegetables.		Como muy pocos vegetales.
few	pl	pocos
They have few doctors.		Ellos tienen pocos médicos.
a few	pl	unos pocos
They have a few helpers.		Tienen unos pocos ayudantes.
quite a few	pl	bastantes
There are quite a few people.		Hay bastantes personas.

very little   nc   muy poco
She drinks very little milk. Ella toma muy poca leche.

little   nc   poco
He eats little meat.   El come poca carne.

a little   nc   un poco de
We have a little money.   Tenemos un poco de dinero.

quite a bit of   nc   bastante, o más
There is quite a bit of   Hay bastante trabajo.
work.

enough   pl   suficientes
I have enough books.   Tengo suficientes libros.
                        nc   suficiente
He doesn't have enough   El no tiene suficiente tiempo.
time.

plenty of   pl   bastantes
They have plenty of toys. Tienen bastantes juguetes.
                        nc   bastante
She has plenty of time.   Tiene bastante tiempo.

a lot of   pl   muchos
There are a lot of cars.   Hay muchos carros.
                        nc   mucho
There is a lot of traffic.   Hay mucho tráfico.

lots of   pl   muchos
There are lots of cars.   Hay muchos carros.
                        nc   mucho
There is lots of traffic.   Hay mucho tráfico.

quite a lot of   pl   muchos
There are quite a lot of   Hay muchas hojas.
leaves.
                        nc   mucho(s)
There is quite a lot of   Hay mucha polución.
pollution.
There is quite a lot of   Hay muchos aparatos.
equipment.

How many?   pl   ¿Cuántos?
How many lamps are   ¿Cuántas lámparas hay?
there?

not many	pl	no muchos
There are not many dishes.		No hay muchos platos.
many	pl	muchos
We have many friends.		Tenemos muchos amigos.
a good many	pl	muchos
We have a good many parties.		Damos muchas fiestas.
a great many	pl	un gran número de
There are a great many ideas.		Hay un gran número de ideas.
too many	pl	más de lo que sea bueno
There are too many calls.		Hay demasiadas llamadas.
How much?	nc	¿Cuánto?
How much time is there?		¿Cuánto tiempo hay?
not much	nc	no mucho
There is not much meat.		No hay mucha carne.
too much	nc	más de lo que sea bueno
She wears too much make-up.		Usa demasiado maquillaje (tanto que luce mal).
a good deal of	nc	mucho
There is a good deal of food.		Hay mucha comida.
a great deal of	nc	muchísimo
There is a great deal of traffic.		Hay muchísimo tráfico.
all	pl	todos
All things change.		Todas las cosas cambian.
—	pl	todos, en general
Things change.		Las cosas cambian.
all	nc	todo tipo de
All bread is good.		Todo tipo de pan es bueno.
—	nc	todo, en general
Time is valuable.		El tiempo vale mucho.
all the	pl	100 por ciento de cosas específicas
All the leaves (in our yard) have fallen.		Todas las hojas (de nuestro jardín) se han caído.
	nc	100 por ciento de una cosa específica
All the money (we have) is in the bank.		Todo el dinero (que tenemos) está en el banco.

§7.2
ADJETIVOS
DESCRIPTIVOS

Un adjetivo descriptivo dice el tamaño, la forma, la edad, el color, el origen, la materia de que consiste, o la opinión del hablador, de un sustantivo. Tiene la misma forma y posición con los sustantivos singulares, plurales, y no-contables.

El adjetivo descriptivo va
(a) antes del sustantivo, y después del determinante:
con sustantivos singulares

a *big* table	una mesa grande
this *big* table	esta mesa grande
my *big* table	mi mesa grande

con sustantivos plurales

big tables	las mesas grandes
these *big* tables	estas mesas grandes
my *big* tables	mis mesas grandes

con sustantivos no-contables

good meat	carne buena
this *good* meat	esta carne buena
good furniture	muebles buenos
my *good* furniture	mis muebles buenos

(b) después de una forma del verbo *be*, u otro verbo copulativo. (§4.12)

The table is *big*.	La mesa es grande.
The girl looks *pretty*.	La muchacha está bonita.
The apple tastes *delicious*.	La manzana está sabrosa.

The tables are *big*.	Las mesas son grandes.
The girls look *pretty*.	Las muchachas están bonitas.
The apples taste *delicious*.	Las manzanas están sabrosas.
The bread is *good*.	El pan es bueno.
The jewelry is *good*.	Las joyas son buenas.
The food tastes *delicious*.	La comida está rica.

§7.21
Adjetivos
Propios

Un adjetivo propio identifica un sustantivo como parte oficial de un lugar o grupo. La letra inicial se escribe con mayúscula.

an *American* flag	una bandera de los Estados Unidos
the *Mexican* students	los estudiantes mexicanos

my *Italian* shoes	mis zapatos italianos
her *European* friends	los amigos europeos de ella
the *Western* hemisphere	el hemisferio occidental
a *Jewish* holiday	un día de fiesta judía
the *Hispanic* community	la comunidad hispana

§7.22 Sustantivos usados como Adjetivos

Un sustantivo puede describir otro sustantivo, y sigue las normas de los adjetivos.

a *glass* jar	un vaso de vidrio
a *plastic* bag	una bolsa de plástico
a *school* bus	un bus para los alumnos de una escuela

¡OJO! El adjetivo sustantival no se usa en el plural, aunque su referencia sea plural.

a *jewelry* box	una caja para joyas
a *bottle* opener	un abrebotellas
a *shoe* store	una zapatería
a *dress* shop	una tienda que vende vestidos
an *apple* pie	un pastel de manzanas
an *earring* box	una caja para aretes
paper dolls	muñequitas de papel
mosquito bites	las picaduras de los mosquitos

Algunas combinaciones de dos sustantivos se escriben como una palabra.
Ejemplos

a *dishwasher*	un lavaplatos
three *motorcycles*	tres motocicletas
two *trashcans*	dos cestos para basura
the *drugstore*	la farmacia

§7.23 Verbos usados como Adjetivos

Los participios del verbo se pueden usar para describir los sustantivos.

(a) Ejemplos del participio presente, la forma del verbo que termina con *ing* (§8.) usado como adjetivo:

sleeping babies	niños dormidos
a *caring* mother	una madre cariñosa
daring acrobats	acróbatas atrevidos
a *terrifying* experience	una experiencia espantosa
an *interesting* story	un cuento interesante

a *swimming* pool	una piscina
a *bathing* suit	un traje de baño

(b) Ejemplos del participio pasado (§8.) usado como adjetivo:

interested listeners	oyentes interesados
ironed clothes	ropa planchada
dried flowers	flores secadas
saved money	dinero ahorrado
deserted streets	calles desiertas
a *spoken* language	un idioma hablado
a *broken* plate	un plato roto
lost and *found* clothing	ropa perdida y encontrada

¡OJO! Es fácil confundir los participios que describen a las personas. Recuerde que la forma con *ing* causa reacción; la forma con *ed* describe el *efecto*.

If the teacher is *boring*, the students are *bored*.
Si el profesor es aburrido, los estudiantes están aburridos.

If the movie is *exciting*, the audience is *excited*.
Si la película es emocionante, la audiencia está emocionada.

If the actor is *fascinating*, the people are *fascinated*.
Si el actor es fascinador, las personas están fascinadas.

If the news is *surprising*, the people are *surprised*.
Si las noticias son sorprendentes, la gente está sorprendida.

If the lesson is *confusing*, the students are *confused*.
Si la lección es complicada, los estudiantes están confundidos.

If the message is *threatening*, the reader feels *threatened*.
Si el mensaje es amenazador, el lector se siente amenazado.

If the book is *interesting*, the reader is *interested*.
Si el libro es interesante, el lector tiene interés.

¡OJO!	*to be interested*	=	tener interés
	an opportunist	=	una persona interesada

§7.24 Adjetivos Compuestos

Un adjetivo compuesto es una combinación de dos o más palabras conectadas por una división, y usadas para describir un sustantivo.

Ejemplos

a *ten-pound* baby	un niño que pesa diez libras
the *six-foot* man	el hombre de seis pies de altura
my *ten-dollar* shoes	mis zapatos que costaron diez dólares
an *all-night* party	una fiesta que dura toda la noche
a *well-built* house	una casa bien construida
an *up-to-date* analysis	un análisis que está al día
a *round-the-clock* schedule	un horario que no deja tiempo para descansar

§7.25 La Comparación de Adjetivos Descriptivos

Hay dos formas usadas para la comparación de los adjetivos, *-er* y *more*

Las normas son

(1) *-er*

(a) Para comparar los adjetivos de una sílaba, añada *er* al adjetivo, o use *not as* antes del adjetivo.

cheap	*cheap er*	más barato
not as cheap		no tan barato
clean	*clean er*	más limpio
not as clean		no tan limpio
cold	*cold er*	más frío
not as cold		no tan frío
dark	*dark er*	más oscuro
not as dark		no tan oscuro
fast	*fast er*	más rápido
not as fast		no tan rápido
light	*light er*	más ligero
not as light		no tan ligero
long	*long er*	más largo
not as long		no tan largo
neat	*neat er*	más ordenado
not as neat		no tan ordenado
plain	*plain er*	más ordinario
not as plain		no tan ordinario
short	*short er*	más bajo
not as short		no tan bajo
slow	*slow er*	más despacio
not as slow		no tan despacio

small	small er	más pequeño
not as small		no tan pequeño
sweet	sweet er	más dulce
not as sweet		no tan dulce

(b) Para comparar los adjetivos de una sílaba que terminan con e, añada r al adjetivo, o use *not as* antes del
adjetivo.

nice	nice r	más simpática
not as nice		no tan simpática
fine	fine r	más fino
not as fine		no tan fino
loose	loose r	más suelto
not as loose		no tan suelto

(c) Para comparar los adjetivos de una sílaba que terminan
con <u>consonante + vocal + consonante</u>, repita el
consonante final, y añada *er.* Use *not as* antes del
adjetivo para la comparación negativa.

big	big ger	más grande
not as big		no tan grande
thin	thin ner	más delgada
not as thin		no tan delgada
fat	fat ter	más gordo
not as fat		no tan gordo
hot	hot ter	más caliente
not as hot		no tan caliente

(d) Para comparar los adjetivos de dos sílabas que terminan con y, elimine la y, y añada *ier.* Use *not as* antes
del adjetivo para una comparación negativa.

happy	happ ier	más contento
not as happy		no tan contento
crazy	craz ier	más loco
not as crazy		no tan loco
funny	funn ier	más cómico
not as funny		no tan cómico
lonely	lonel ier	más solitario
not as lonely		no tan solitario
lovely	lovel ier	más bonito
not as lovely		no tan bonito
easy	eas ier	más fácil
not as easy		no tan fácil
lazy	laz ier	más perezosa
not as lazy		no tan perezosa
noisy	nois ier	más ruidoso
not as noisy		no tan ruidoso

(e) Para comparar los adjetivos siguientes, que tienen dos sílabas y son casos especiales, añada *er*, o use *not as*.

able	*abler*	más capacitado
not as able		no tan capacitado
cruel	*crueler*	más cruel
not as cruel		no tan cruel
gentle	*gentler*	más suave
not as gentle		no tan suave
narrow	*narrower*	más angosto
not as narrow		no tan angosto
quiet	*quieter*	más tranquilo
not as quiet		no tan tranquilo
simple	*simpler*	más sencillo
not as simple		no tan sencillo

(2) *more*

Para comparar los otros adjetivos de dos sílabas, y todos los de más de dos sílabas, use la palabra *more* antes del adjetivo. Use *not as* o *less* antes del adjetivo para la comparación negativa.

more capable		más hábil
not as capable	*less capable*	no tan hábil
more careful		más cuidadoso
not as careful	*less careful*	no tan cuidadoso
more decent		más decente
not as decent	*less decent*	no tan decente
more difficult		más difícil
not as difficult	*less difficult*	no tan difícil
more expensive		más caro
not as expensive	*less expensive*	no tan caro
more famous		más famoso
not as famous	*less famous*	no tan famoso
more important		más importante
not as important	*less important*	no tan importante
more jealous		más celoso
not as jealous	*less jealous*	no tan celoso
more modest		más modesto
not as modest	*less modest*	no tan modesto
more patient		más paciente
not as patient	*less patient*	no tan paciente
more popular		más popular
not as popular	*less popular*	no tan popular
more ridiculous		más ridículo
not as ridiculous	*less ridiculous*	no tan ridículo
more wonderful		más maravilloso
not as wonderful	*less wonderful*	no tan maravilloso

(3) Formas Irregulares

Use formas irregulares para comparar los adjetivos siguientes.

bad	malo	*worse*	peor
	not as bad		no tan malo
good	bueno	*better*	mejor
	not as good		no tan bueno
little	poco	*less*	menos
	not as much		no tanto
many	muchos	*more*	más
	not as many		no tantos

Para hacer una comparación, use la forma positiva del adjetivo + *than*.

Ejemplos

This vase is *finer than* that one.	Este florero es más fino que ése.
John is *bigger than* his brother.	John es más grande que su hermano.
The book is *funnier than* the movie.	El libro es más cómico que la película.
My doctor is *more patient than* his partners.	Mi médico es más paciente que sus socios.
Mary's new car is *more expensive than* mine.	El carro nuevo de Mary es más caro que el mío.
Is it *better than yours?*	¿Es mejor que el tuyo?

Para hacer una comparación negativa, use *not as ... as* o *less ... than*.

Ejemplos

That vase is *not as fine as* this one.	Ese florero no es tan fino como éste.
John's brother is *not as big as* he is.	El hermano de John no es tan grande como él.
The movie is *not as funny as* the book.	La película no es tan cómica como el libro.
My doctor's partners are *not as patient as* he is.	Los socios de mi médico no son tan pacientes como él.
My car is *less expensive than* Mary's.	Mi carro es menos caro que el de Mary.
Is it *as good as yours?*	¿Es tan bueno como el tuyo?

(4) Para describir un proceso que pasa paulatinamente, use el adjetivo comparativo dos veces, con la palabra *and.*

Ejemplos

*The balloon got **bigger and bigger.***	El globo crecía poco a poco.
*Her grades are (getting) **better and better.***	Sus notas se están mejorando.
*The girl is **more and more beautiful** every day.*	La chica es cada día más bonita.
*We buy **less and less** each year.*	Cada año compramos menos.

(5) Mas Comparaciones

as (adjective) as	tan (adjetivo) como
*Your bag is **as heavy as** mine.*	Tu bolsa es tan pesada como la mía.
*Your dress is **as pretty as** mine.*	Tu vestido es tan bonito como el mío.
*Her shoes are **not as big as** yours.*	Los zapatos de ella no son tan grandes como los tuyos.
similar to	semejante a
*Your bag is **similar to** mine.*	Tu bolsa es semejante a la mía.
different from / different than	diferente a
*Your dress is **different from** mine.*	Tu vestido es diferente al mío.
*Your dress is **different than** mine.*	

§7.26 Adjetivos Superlativos

Un adjetivo superlativo distingue un sustantivo de tres o más. Para hacer superlativo a un adjetivo
(1) coloque *the* antes del adjetivo, y añada *st* en vez de *r.* (§7.25)

the fastest	la más rápida
the nicest	el más simpático
the cutest	el más lindo
the biggest	la más grande
the fattest	la más gorda
the funniest	el más cómico
the quietest	la más tranquila
the simplest	el más sencillo

(2) añada *the most* en vez de *more* antes del adjetivo:

the most important	la más importante
the most wonderful	el más maravilloso
the most expensive	la más cara
the most responsible	el más responsable
the most ridiculous	la más ridícula

(3) use la forma irregular para los siguientes adjetivos:

good	*the best*	el mejor
bad	*the worst*	la peor
many	*the most*	la mayor cantidad de
little	*the least*	la menor cantidad de

(4) Para hacer negativo a un superlativo, use *the least* antes del adjetivo.

the least funny	el menos cómico
the least polite	la menos educada
the least expensive	el menos caro
the least important	la menos importante

Para expresar los superlativos, emplee las normas siguientes.

He is the tallest of the three boys.	El es el más alto de los tres muchachos.
He is the tallest of all.	Es el más alto de todos.
That is the funniest movie I have ever seen.	Esa es la película más cómica que jamás había visto.
It is the funniest of all.	Es la más cómica de todas.
Fred is the most handsome actor in the play.	Fred es el actor más atractivo de la obra dramática.
He is the most handsome of all.	Es el más atractivo de todos.
This is the most important part of the story.	Esta es la parte más importante del cuento.
This is the most important of all.	Esto es lo más importante de todo.
It was the worst storm this year.	Fue la peor tormenta del año.
It was the worst of all.	Fue la peor de todas.

That is the least important part of the report.	Esa es la parte menos importante del reporte.
It is the least important of all.	Es lo menos importante de todo.

§7.3 ORDEN DE ADJETIVOS

(1) Para describir con varios adjetivos un sustantivo, use el orden siguiente. Es mejor no utilizar más que tres adjetivos descriptivos a la vez.

Primero,   un determinante
      Ejemplos   *a, the, my, this, all, two*
Segundo,   un adjetivo descriptivo que es la opinión del hablador
      Ejemplos   *wonderful, crazy, tired*
Después,   adjetivos descriptivos indisputables, en el orden siguiente:
      Ejemplos

tamaño	*big, small, huge, tiny*
edad	*young, new, old*
condición	*clean, broken*
forma	*round, square*
color	*red, blue, yellow*
origen	*Panamanian, Venezuelan*
materia	*wood, silk, glass, copper*

Finalmente,   el sustantivo
      Ejemplos   *chair, chairs, furniture*

Ejemplos

Three interesting old Chinese vases...	Tres jarrones chinos, viejos e interesantes...
My new black leather jacket...	Mi nueva chaqueta negra, de cuero...
Some beautiful old Mexican doors...	Unas puertas antiguas mexicanas, muy bonitas...
A cheap little blue dress...	Un vestidito barato, color azul...
A few old wrinkled black-and-white photographs...	Unas cuantas fotos viejas de blanco y negro, ya arrugadas...
All the friendly new neighbors...	Todos los amistosos vecinos nuevos...
A lot of pretty yellow silk ribbons...	Muchas cintas muy bonitas, amarillas, de seda...

(2) Excepciones del Orden de Adjetivos

(a) El adjetivo, *else*, (otro / diferente) va después de ciertos pronombres indefinidos y responde a las preguntas *"Who else?"* (¿Quién más?), *"What else?"* (¿Qué más?) y *"Where else?"* (¿En qué otra parte?)

Who else is here?	¿Quíen más está aquí?
I don't see anybody else.	No veo a nadie más.
Nobody else is here.	Nadie más está aquí.
I think somebody else is here.	Creo que alguien más está aquí.
What else do you want?	¿Qué más quieres?
I don't want anything else.	No quiero nada más.
I want nothing else.	
Bring me something else.	Tráigame otra cosa.
I need little else.	Me falta muy poco.
I don't need much else.	
Where else did he go?	¿A qué otra parte fue?
He didn't go anywhere else.	No fue a ninguna otra parte.
I think he went somewhere else.	Creo que fue a otra parte.

(b) Para responder a la pregunta, *"What kind of?"* (¿Qué clase de...?), los adjetivos descriptivos siguen los pronombres indefinidos (§6.8) siguientes.

anybody, anyone	cualquier persona
anything	cualquier cosa
anywhere	en cualquier lugar
nobody, no one	nadie
nothing	nada
somebody, someone	alguien
something	alguna cosa
somewhere	en algún lugar
little	poco
not much	no mucho

What kind of helper do you need?	¿Qué clase de asistente necesitas?
I need somebody responsible.	Necesito alguien que sea responsable.
What kind of things did they do?	¿Qué tipo de cosas hicieron?
They did *nothing interesting.*	No hicieron nada interesante.
What kind of food do they have?	¿Qué clase de comida tienen?
They don't have anything spicy.	No tienen nada picante.
What kind of car does he need?	¿Qué tipo de carro necesita?
He needs *something cheap.*	El necesita algo que sea barato.
What kind of place is she going to for her vacation?	¿A qué clase de lugar va ella de vacaciones?
She is going somewhere exotic.	Va a un lugar exótico.

(c) *Enough* (suficiente) puede ir antes o después del sustantivo.

I have enough plates for twenty people.	Tengo suficientes platos para veinte personas.
I have plates enough for twenty people.	Tengo los platos suficientes para veinte personas.
He doesn't have enough money to buy a car.	No tiene suficiente dinero para comprar un carro.
He has money enough to buy a car.	Tiene el dinero suficiente para comprar un carro.

§8.

Verbos—Introducción

El verbo representa el estado o la acción del sujeto de la oración.
Los verbos tienen tres modos:
- el indicativo, para la mayoría de las declaraciones y preguntas (§4.)
- el imperativo, para mandatos (§15.)
- el subjuntivo, para expresar deseos o ciertas situaciones que no son verdaderas (§16.)

Los verbos tienen dos voces:
- la voz activa, para la mayoría de las declaraciones y preguntas
  En una oración de voz activa, el sujeto es el actor de la acción del verbo. Una oración de voz activa enfatiza al actor.
- la voz pasiva, para enfatizar el resultado de la acción (§14.)
  En una oración de voz pasiva, no es necesario mencionar el actor.

Los verbos tienen varios tiempos, que indican cuando pasa la acción.
En algunos tiempos, los verbos cambian en concordancia con el sujeto de la oración.
(a) El verbo *be* cambia en los tiempos *Present, Past, Present Progressive,* y *Past Progressive.*
(b) Los otros verbos cambian solamente en la forma correspondiente a *he/she/it*, y solamente en los tiempos *Present* y *Present Perfect.*

El verbo básico es la forma del verbo que se encuentra en el diccionario.
El infinitivo es la palabra *to* + el verbo básico.
El participio presente es el verbo básico + *ing*.
El pasado es el verbo básico + *ed*. (Muchos verbos comunes tienen formas irregulares. Véase al Apéndice, p. 385.)
El participio pasado es el verbo básico + *ed*. (Muchos verbos comunes tienen formas irregulares. Véase al Apéndice, p. 385.)

LA ESCRITURA DE LOS PARTICIPIOS
PRESENTES Y PASADOS

Verbo	Participio Presente		Participio Pasado	
termina con dos consonantes	*start* *end*	añada *ing*	*starting* *ending*	añada *ed*	*started* *ended*
termina con dos vocales + un consonante	*clean* *rain*	añada *ing*	*cleaning* *raining*	añada *ed*	*cleaned* *rained*
termina con *w* o *x*	*sew* *fix*	añada *ing*	*sewing* *fixing*	añada *ed*	*sewed* *fixed*
dos sílabas, con énfasis en la primera	*listen* *open* *master*	añada *ing*	*listening* *opening* *mastering*	añada *ed*	*listened* *opened* *mastered*
termina con vocal + *y*	*play* *obey*	añada *ing*	*playing* *obeying*	añada *ed*	*played* *obeyed*
termina con consonante + *y*	*carry* *study* *try* *cry*	añada *ing*	*carrying* *studying* *trying* *crying*	elimine *y*, añada *ied*	*carried* *studied* *tried* *cried*
termina con *ee*	*agree* *free* *see*	añada *ing*	*agreeing* *freeing* *seeing*	añada *d*	*agreed* *freed* (saw)
termina con *ie*	*die* *lie*	elimine *ie*, añada *ying*	*dying* *lying*	añada *d*	*died* *lied*
termina con *e*	*tape* *dance*	elimine *e*, añada *ing*	*taping* *dancing*	añada *d*	*taped* *danced*
una sílaba, termina con vocal + consonante	*shop* *beg* *sit* *get*	repita el consonante, añada *ing*	*shopping* *begging* *sitting* *getting*	repita el consonante, añada *ed*	*shopped* *begged* (sat) (got)
dos sílabas, termina con vocal + consonante, énfasis en la segunda sílaba	*occur* *deter* *permit*	repita el consonante, añada *ing*	*occurring* *deterring* *permitting*	repita el consonante, añada *ed*	*occurred* *deterred* *permitted*

§9.

Verbos—Tiempos del Presente

§9.11
El Verbo *be* (ser / estar)

El verbo *be* es diferente de todos los otros verbos de inglés.
(1) Las formas del *Present Tense* son

Singular			Plural		
I	*am*	soy / estoy	*we*	*are*	somos / estamos
he	*is*	es / está	*you*	*are*	son / están
she	*is*	es / está	*they*	*are*	son / están
it	*is*	es / está			

Am, *is*, y *are* se pueden combinar con el sujeto, haciendo una sola palabra. Esta combinación se llama *contraction*. El apóstrofo (') reemplaza la letra perdida.

Singular		Plural	
I am	*I'm*	we are	*we're*
he is	*he's*	you are	*you're*
she is	*she's*	they are	*they're*
Sue is	*Sue's*		
it is	*it's*		

Para hacer negativas las formas de *be*, añada *not*. La mayoría de las formas negativas se pueden combinar de dos maneras. Use cualquiera de estas *contractions*.

	sujeto + *not*	verbo + *not*	
I am not	*I'm not*		(yo) no soy
he is not	*he's not*	*he isn't*	(él) no es
she is not	*she's not*	*she isn't*	(ella) no es
it is not	*it's not*	*it isn't*	no es
we are not	*we're not*	*we aren't*	(nosotros) no somos

| you are not | you're not | you aren't | (Uds.) no son |
| they are not | they're not | they aren't | (ellos) no son |

Para formar una pregunta, ponga el verbo antes del sujeto.

Afirmativo		Negativo	
Am I?	¿Soy yo?	*Am I not?*	¿No soy?
		(formal)	
		Aren't I?	
		(informal)	
Is he?	¿Es él?	*Isn't he?*	¿No es?
Is she?	¿Es ella?	*Isn't she?*	¿No es?
Is it?	¿Es?	*Isn't it?*	¿No es?
Are we?	¿Somos?	*Aren't we?*	¿No somos?
Are you?	¿Son Uds.?	*Aren't you?*	¿No son Uds.?
Are they?	¿Son ellos?	*Aren't they?*	¿No son ellos?

Para indicar sorpresa en la respuesta, use la norma,
sujeto + **verbo** + **?**

Ejemplos

Statement	Declaración	Respuesta Indicando Sorpresa	*Surprised Response*
You are the best student in the class.	Ud. es el mejor estudiante de la clase.	¿De verdad?	*I am?*
Ronald isn't here yet.	Ronald todavía no está aquí.	¿No?	*He isn't? / He's not?*
We're not sisters.	No somos hermanas.	¿Verdad que no?	*You're not? / You aren't?*

Frecuentemente se contestan las preguntas con una forma
corta.

Question	Pregunta	Respuesta Afirmativa	Respuesta Negativa
Are you in this class?	¿Estás en esta clase?	*Yes, I am.*	*No, I'm not.*
Is he a student?	¿Es estudiante él?	*Yes, he is.*	*No, he's not.* No, he isn't.
Is she from Cuba?	¿Es de Cuba ella?	*Yes, she is.*	*No, she's not.* No, she isn't.

Is it too late?	¿Es demasiado tarde?	Yes, it is.	No, it's not. No, it isn't.
Are the answers correct?	¿Son correctas las respuestas?	Yes, they are.	No, they're not. No, they aren't.

(2) El uso del verbo *be*

El verbo *be* conecta el sujeto de una oración con un dato del sujeto. Representa los significados de los verbos <u>ser</u>, <u>estar</u>, <u>haber</u>, y en ciertos casos, de <u>hacer</u> y <u>tener</u>.

(a) *Be* identifica el sustantivo que lo sigue como la misma persona, el mismo lugar, o la misma cosa que el sujeto. (§4.121)

Who *are* you?	¿Quién es Ud.?
I *am* Joseph Carlson.	Soy Joseph Carlson.
Who *is* she?	¿Quién es ella?
She *is* the doctor.	Ella es la médico.
Who *are* you?	¿Quiénes son Uds.?
We *are* your assistants.	Somos sus ayudantes.
Who *are* your friends?	¿Quiénes son sus amigos?
They *are* Alex and Sam.	Son Alex y Sam.
What *is* your name?	¿Cuál es su nombre?
My name *is* Bill Andrews.	Mi nombre es Bill Andrews.
What *are* their names?	¿Cuáles son los nombres de ellas?
Their names *are* Michelle and Bonnie.	Sus nombres son Michelle y Bonnie.
What *is* this?	¿Qué es esto?
It *is* a notebook.	Es un cuaderno.
What *is* that?	¿Qué es eso?
It *is* the wind.	Es el viento.
What *are* these?	¿Qué son éstos?
They *are* tapes.	Son cintas.

What are those?	¿Qué son ésos?
They are CDs.	Son discos compactos.

(b) *Be* + la forma posesiva de un sustantivo, de un pronombre, o de un adjetivo, identifica al poseedor del sujeto.

Whose (coat) is this?	¿De quién es este abrigo?
That (coat) is Mary's.	Ese abrigo es de Mary.
Whose hat is this?	¿De quién es este sombrero?
It's hers.	Es de ella.
Whose (shoes) are these?	¿De quién son estos zapatos?
They are my shoes.	Son mis zapatos.
They're mine.	
Whose gloves are those?	¿De quién son esos guantes?
They're Larry's.	Son de Larry.
They're his.	Son suyos.

(c) *Be* + un adjetivo descriptivo describe el sujeto o la condición del sujeto.

What are you like?	¿Cómo es Ud.?
I'm athletic.	Soy atlético.
What is your friend like?	¿Cómo es su amiga?
She is serious.	Ella es seria.
What is her house like?	¿Cómo es la casa de ella?
It is big.	Es grande.
What are the teachers like?	¿Cómo son los maestros?
They're patient.	Son pacientes.
What color is the dress?	¿De qué color es el vestido?
It is blue.	Es azul.

What color are his eyes?	¿De qué color son los ojos de él?
They're brown.	Son cafés.
How are you?	¿Cómo estás?
I'm fine, thanks.	Estoy bien, gracias.
I'm cold.	Tengo frío.
How is Annette?	¿Cómo está Annette?
She's sick.	Ella está enferma.
She's thirsty.	Tiene sed.
How are your parents?	¿Cómo están tus padres?
They're better.	Están mejor.

(d) **Be** + un adverbio o expresión con preposición identifica el lugar, el origen, o el tiempo del sujeto.

Where is the car?	¿Dónde está el carro?
It's there.	Está ahí.
It's in the garage.	Está en el garaje.
Where are my keys?	¿Dónde están mis llaves?
They're here.	Están aquí.
They're on the table.	Están en la mesa.
Where are you from?	¿De dónde es Ud?
I'm from Virginia.	Soy de Virginia.
Where is he from?	¿De dónde es él?
He's from Toronto.	Es de Toronto.
Where are they from?	¿De dónde son ellos?
They're from Spain.	Son de España.
Where is your jewelry from?	¿De dónde son sus joyas?
It's from Costa Rica.	Son de Costa Rica.
When is the test?	¿Cuándo es la prueba?
It's soon.	Será pronto.
It's on Monday.	Será el lunes.
When are the exams?	¿Cuándo son los exámenes?
They are later.	Serán más tarde.
They are in December.	Serán en diciembre.

What time is the party?	¿A qué hora es la fiesta?
It's at 9 o'clock.	Es a las nueve.
It's at night.	Es en la noche.
What time is our meeting?	¿A qué hora es nuestra reunión?
It's at 10:30.	Es a las 10:30.
It's in the morning.	Es en la mañana.

(e) El sujeto *there + be* significa <u>hay</u>.

(1) Use *there is* con un sustantivo singular o no-contable.

Ejemplos con sustantivos singulares

What is there in the room?	¿Qué hay en la sala?
There is a lamp.	Hay una lámpara.
Is there a rug?	¿Hay una alfombra?
Yes, there is.	Sí, hay.
Is there a piano?	¿Hay un piano?
No, there isn't.	No, no hay.

Ejemplos con sustantivos no-contables

Is there any food in the kitchen?	¿Hay comida en la cocina?
Yes, there is.	Sí, hay.
What equipment is there?	¿Qué aparatos hay?
There is a stove and a refrigerator.	Hay una estufa y una nevera.

(2) Use *there are* con un sustantivo plural.

How many children are there in the family?	¿Cuántos niños hay en la familia?
There are three children.	Hay tres niños.
There are three boys and a girl.	Hay dos muchachos y una muchacha.

(3) Use *there are* para indicar 0 (cero).

How many girls *are there?*	¿Cuántas muchachas hay?
There aren't *any girls.* **There are** *no girls.*	No hay ninguna muchacha.

(f) Use *it + is* para indicar la hora y el tiempo del presente.

What time *is it?*	¿Qué hora es?
It is one o'clock.	Es la una.
It is four o'clock.	Son las cuatro.
It is ten-thirty a.m.	Son las diez y media de la mañana.

How *is* the weather?	¿Qué tiempo hace?
It's fine.	Hace buen tiempo.
It's hot.	Hace calor.
It's windy.	Hace viento.
It's not raining. *It isn't* raining.	No está lloviendo.
It isn't cold. *It's not* cold.	No hace frío.

§9.12 El *Present Tense* de Todos los Otros Verbos

Todos los verbos, con la excepción de <u>be</u>, siguen las normas siguientes.

(1) Con los sujetos, *I, you, we,* y *they*, y los sustantivos que se representan, use el <u>verbo básico</u> para una declaración.

Use *do* + el sujeto + el <u>verbo básico</u> para formar una pregunta.

Use *do* + <u>not</u> *(don't)* +<u>el verbo básico</u> para hacer una oración negativa.

Use *do* o *don't* sin el verbo básico para formar una respuesta corta.

Declaración		I/You/We/They		work.
Pregunta	*Do*	I/you/we/they		work?
Respuesta corta	Yes,	I/you/we/they	do.	
Negativa		I/You/We/They	do	not work.
Respuesta corta negativa	No,	I/you/we/they	don't.	

(2) Con los sujetos, _he_, _she_, y _it_, y los sustantivos que se representan, use el verbo básico + _s_ para una declaración.

Use _does_ + el sujeto + el verbo básico para formar una pregunta.

Use _does_ + _not (doesn't)_ + el verbo básico para hacer una oración negativa.

Use _does_ o _doesn't_ sin el verbo básico para hacer una respuesta corta.

| ¡OJO! | Con el uso de _does_, el verbo no lleva _s_. |

Declaración		_He/She/It_	_works_.
Pregunta	_Does_	_he/she/it_	_work?_
Respuesta corta	_Yes,_	_he/she/it_	_does._
Negativa		_He/She/It/_	_does not work._
Respuesta corta negativa	_No,_	_he/she/it_	_doesn't._

Para escribir la forma correspondiente a _he_, _she_, _it_
(a) añada _s_ a la mayoría de los verbos básicos:

he	works	lives	rises	él trabaja/vive/sube
she	puts	smiles	praises	ella pone/sonríe/adula
it	laughs	comes	loses	ríe/viene/pierde

(b) añada _es_ a los verbos que terminan con _o_, _ch_, _sh_, _ss_, y _x:_

| John | goes | watches | kisses | boxes |

John va/mira/besa/boxea

| Ann | does | washes | misses | faxes |

Ann hace/lava/extraña/manda por fax

(c) con los verbos que terminan con _y_ después de un consonante, elimine la letra _y_ y añada _ies:_

cry	The baby	cries	El niño llora.
fly	The airplane	flies	El avión vuela.
study	Susie	studies	Susie estudia.
testify	Terry	testifies	Terry atesta.

(d) use _has_ para el verbo _have_.

| _What does she have in her hair?_ | ¿Qué tiene ella en el pelo? |
| _She has a ribbon._ | Tiene una cinta. |

What color car does he have?	¿De qué color es el carro que tiene él?
He has a red car.	Tiene un carro de color rojo.
What does his new car have?	¿Qué tiene su carro nuevo?
It has air-conditioning.	Tiene aire acondicionado.

(3) Preguntas y Declaraciones

(a) Use el *Present Tense* del verbo para pedir información o para declarar una verdad.

Do I need a license?	¿Necesito licencia?
Yes, you do.	Sí.
You need a license.	Necesita licencia.
No, you don't.	No.
You don't need a license.	No necesita licencia.
Do you have a ticket?	¿Tiene Ud. boleto?
Yes, I do.	Sí.
I have a ticket.	Tengo boleto.
No, I don't.	No.
I don't have a ticket.	No tengo boleto.
Do we need an appointment?	¿Necesitamos una cita?
Yes, you do.	Sí.
You need an appointment.	Necesitan una cita.
No, you don't.	No.
You don't need an appointment.	No necesitan cita.
Do you need help?	¿Necesitan Uds. ayuda?
Yes, we do.	Sí.
We need help.	Necesitamos ayuda.
No, we don't.	No.
We don't need help.	No necesitamos ayuda.
Do they live here?	¿Viven ellos aquí?
Yes, they do.	Sí.
They live here.	Viven aquí.
No, they don't.	No.
They don't live here.	No viven aquí.

Does he *have* time?	¿Tiene tiempo él?
Yes, he does.	Sí.
He has *time.*	Tiene tiempo.
No, he doesn't.	No.
He doesn't *have* time.	No tiene tiempo.

Para indicar sorpresa en la respuesta, use la norma: sujeto + forma de *do* + ?

Statement	Declaración	Respuesta Indicando Sorpresa	*Surprised Response*
I don't like that.	No me gusta eso.	¿Verdad que no?	*You don't?*
He doesn't live here.	El no vive aquí.	¿Verdad que no?	*He doesn't?*
We don't have any money.	No tenemos dinero.	¿No?	*You don't?*
They have a new baby.	Ellos tienen un niño nuevo.	¿Verdad que sí?	*They do?*
She works in that office.	Ella trabaja en esa oficina.	¿Sí?	*She does?*

(b) Para pedir información, utilice una palabra interrogativa con el verbo en el *Present Tense,* en la forma siguiente.
Palabra Interrogativa + *do/does* + sujeto + <u>verbo básico</u>

(1) Preguntas con un verbo copulativo (§4.)

How do *you* feel?	¿Cómo te sientes?

<u>sujeto + verbo copulativo + adjetivo</u>

I feel *tired.*	Me siento cansado.

How does *she* seem?	*She* seems *happy.*

<u>sujeto + verbo copulativo + adjetivo</u>

¿Cómo parece ella?	Parece contenta.

How does *the food* taste?	¿Cómo está la comida?

<u>sujeto + verbo copulativo + adjetivo</u>

It tastes *great.*	Está sabrosa.

How does *it* smell?	¿Cómo huele?

<u>sujeto + verbo copulativo + adjetivo</u>

It smells *delicious.*	Huele rica.

How *does* the chorus *sound*?   ¿Cómo suena el coro?

<u>sujeto + verbo copulativo + adjetivo</u>
It sounds good.   Suena bien.

How *does* the house *look*?   ¿Cómo luce la casa?

<u>sujeto + verbo copulativo + adjetivo</u>
It looks beautiful.   Está bonita.

How *do I look*?   ¿Cómo me veo?

<u>sujeto + verbo copulativo + adjetivo</u>
You look wonderful.   Te ves maravillosa.

Antes de un sustantivo, añada *like*.

Who *do I look like*?   ¿A quién me parezco?

<u>sujeto + verbo copulativo + sustantivo</u>
You look like your mother.   Te pareces a tu mamá. (§13.)

Who *does* she *sound like*?   ¿Cómo quién suena ella?

<u>sujeto + verbo copulativo + sustantivo</u>
She sounds like a rock star.   Suena como una estrella de "rock."

What *does* the music *sound like*?   ¿Cómo suena la música?

<u>sujeto + verbo copulativo + sustantivo</u>
It sounds like a full orchestra.   Parece una orquesta completa.

What *does* the dessert *taste like*?   ¿Qué sabor tiene el postre?

<u>sujeto + verbo copulativo + sustantivo</u>
It tastes like oranges and coconut.   Sabe a naranja y coco.

What *does* the perfume *smell like*?   ¿Qué olor tiene el perfume?

<u>sujeto + verbo copulativo + sustantivo</u>
It smells like gardenias.   Huele a gardenia.

(2) Preguntas que tienen <u>complemento directo</u> como respuesta (§4.)

What do you want?	¿Qué quiere Ud.?
I want a new car.	Quiero un carro nuevo.
What does he want?	¿Qué quiere él?
He wants a cookie.	Quiere un bizcocho.
What do you want?	¿Qué quieren Uds?
We want jobs.	Queremos trabajo.
What do they want?	¿Qué quieren ellos?
They want help.	Quieren ayuda.
Which color do you like? (§9.22)	¿Cuál de los colores te gusta?
I like red.	Me gusta el color rojo.
Which color does she like?	¿Cuál de los colores le gusta a ella?
She likes blue.	A ella le gusta el color azul.
How much money does he have?	¿Cuánto dinero tiene?
He has a lot.	Tiene mucho.
How much jewelry do you have?	¿Cuántas joyas tienes?
I have a little. (§5.)	Tengo unas pocas.
How many books do they want?	¿Cuántos libros quieren ellos?
They want 100 books.	Quieren cien libros.
How many tickets do you need?	¿Cuántos boletos necesitan ustedes?
We need five tickets.	Necesitamos cinco boletos.

(3) Preguntas que tienen <u>adverbio</u> como respuesta (§18.)

Where do you live?	¿Dónde vive Ud.?
I live nearby.	Vivo cerca.

Where *does* Mike *work?*	¿Dónde trabaja Mike?
He *works* far away.	Trabaja lejos de aquí.
How *do* they *speak* English?	¿Cómo hablan inglés?
They *speak* well.	Hablan bien.
How *does* Jackie *drive?*	¿Cómo maneja Jackie?
She *drives* fast.	Maneja rápido.

(4) Preguntas que tienen <u>preposición + sustantivo</u> como respuesta (§17.)

Where *do* you *live?*	¿Dónde vive Ud.?
I *live* in the city.	Vivo en la ciudad.
Where *does* Mike *work?*	¿Dónde trabaja Mike?
He *works* at the university.	Trabaja en la universidad.
*Who(m) *do* they *study* with?	¿Con quién estudian ellos?
They *study* with their tutor.	Estudian con su tutor.
*Who(m) *does* she *talk* to?	¿Con quiénes habla ella?
She *talks* to her friends.	Habla con sus amigas.
What school *do* they *go* to?	¿A qué escuela asisten ellos?
They *go* to Spring Hill School.	Van a la escuela Spring Hill.
What *does* he *write* with?	¿Con qué escribe él?
He *writes* with a pencil.	Escribe con un lápiz.

*Véase al §4.32

(5) Preguntas que tienen <u>adverbio de frecuencia</u> como respuesta (§18.4)

Se pone el adverbio antes del verbo.

When do you wear a coat?	¿Cuándo usas abrigo?
I never wear a coat.	Nunca uso abrigo.
When do you go out?	¿Cuándo sales?
I rarely go out.	No salgo con mucha frecuencia.
When does he call you?	¿Cuándo te llama él?
He seldom calls me.	No me llama con mucha frecuencia.
When does she visit you?	¿Cuándo te visita ella?
She hardly ever visits me.	No me visita casi nunca.
How often do you travel?	¿Con qué frecuencia viajan Uds.?
We occasionally travel.	Viajamos de vez en cuando.
When do you dance?	¿Cuándo bailas?
I often dance.	Bailo con mucha frecuencia.
When do you eat early?	¿Cuándo comen Uds. temprano?
We frequently eat early.	Comemos temprano frecuentemente.
How often does she help them?	¿Con qué frecuencia los ayuda a ellos?
She usually helps them.	Generalmente los ayuda.
How often does the train arrive on time?	¿Con qué frecuencia llega a tiempo el tren?
It always arrives on time.	Siempre llega a a tiempo.

¡OJO! El adverbio *sometimes* es una excepción. En general, va antes del sujeto o al final de la frase.

How often does he wear a coat? — ¿Con qué frecuencia usa él un abrigo?

Sometimes he wears a coat. — A veces usa un abrigo.

He wears a coat sometimes.

¡OJO! Cuando no hay expresión de tiempo, con un verbo de acción,

una declaración positiva = a veces
una declaración negativa = nunca

Do you drink coffee? — ¿Toma Ud. café?
Yes, I do. — Sí, a veces tomo café.
I drink coffee.
No, I don't. — No, no tomo café nunca.
I don't drink coffee.

Does she wear glasses? — ¿Usa lentes ella?
Yes, she does. — Sí, usa lentes a veces.
She wears glasses.
No, she doesn't. — No usa lentes nunca.
She doesn't wear glasses.

(6) Preguntas que se contestan con adverbio o preposición
La expresión de tiempo va al final de la oración.

When do you wear a coat? — ¿Cuándo usas abrigo?
I wear a coat in the winter. — Uso abrigo en el invierno.

When do you exercise? — ¿Cuándo hacen Uds. ejercicio?
We exercise in the morning. — Hacemos ejercicio en la mañana.

When do you rest? — ¿Cuándo descansan Uds?
We rest in the afternoon. — Descansamos en la tarde.

*When **does** he **celebrate** his birthday?*

¿Cuándo celebra él su cumpleaños?

*He **celebrates** his birthday in July.*

Celebra su cumpleaños en julio.

*When **do** they **write** letters?*

¿Cuándo escriben cartas ellos?

*They **write** letters on weekends.*

Escriben cartas los fines de semana.

*When **do** they **stay** home?*

¿Cuándo se quedan en casa ellos?

*They **stay** home on holidays.*

Se quedan en casa los días de fiesta.

*When **do** we **have** classes?*

¿Cuándo tenemos clases?

Tenemos clases los lunes.

*We **have** classes on Mondays.*

*When **does** she **study**?*

¿Cuándo estudia ella?

*She **studies** at night.*

Estudia en la noche.

*When **does** the movie **start**?*

¿Cuándo empieza la película?

*It **starts** at 9 o'clock.*

Empieza a las nueve.

*How often **do** you **exercise**?*

¿Con qué frecuencia hace Ud. ejercicio?

*I **exercise** every day.*

Hago ejercicio todos los días.

*How often **do** you **go** to the store?*

¿Con qué frecuencia vas de compras?

*I **go** every other day.*

Voy un día sí, otro no.

*How often **do** you **see** her?*

¿Con qué frecuencia la ves?

*I **see** her once a week.*

La veo una vez a la semana.

*How often **does** he **take** the medicine?*

¿Con qué frecuencia toma él la medicina?

*He **takes** it every three hours.*

La toma cada tres horas.

How often *does* he *cook?*	¿Con qué frecuencia cocina él?
He *cooks* once in a while.	Cocina de vez en cuando.

Para enfatizar la expresión de tiempo, póngala antes del sujeto.

What *do* you *wear* in the winter?	¿Qué ropa usas en el invierno?
In the winter I *wear* a coat.	En el invierno uso abrigo.

What *do* they *do* on weekends?	¿Qué hacen ellos los fines de semana?
On weekends they *write* letters.	Los fines de semana escriben cartas.

What *do* you *do* every day?	¿Qué hace Ud. todos los días?
Every day I *go* shopping.	Todos los días voy de compras.

What *does* she *do* at night?	¿Qué hace ella en la noche?
At night she *studies*	En la noche estudia.

(7) Preguntas que se contestan con *because* + sujeto + verbo

Why *do* you *eat* hot dogs?	¿Por qué comes las salchichas?
I *eat* them because I like them.	Las como porque me gustan.

Why *does* he *study* so much?	¿Por qué estudia él tanto?
He *studies* because he wants to learn.	Estudia porque quiere aprender.

(8) Preguntas que se contestan con *because of* + complemento

Why *are* you so unhappy?	¿Por qué estás tan triste?
I'm *unhappy* because of the rain.	Estoy triste por la lluvia.

Why *does* she *worry?*   ¿Por qué se preocupa?
She *worries* because   Se preocupa por sus hijos.
of her children.

(9) Las preguntas con *Who* y *Whom*
(a) *"Who..."* refiere al sujeto de la oración respuesta. Use
la norma, *Who* + la forma del verbo correspondiente a
he, she, it

¡OJO! No use *do* ni *does* en la pregunta.

Who talks to Jack   ¿Quién habla con Jack todos
every day?   los días?
I talk to Jack.   Yo hablo con Jack.

Who calls Sarah a lot?   ¿Quién llama mucho a Sarah?
We call Sarah.   Nosotros llamamos a Sarah.

Who needs the   ¿Quiénes necesitan a la
teacher?   maestra?
They need the   Ellos necesitan a la maestra.
teacher.

Who wants Val?   ¿Quién quiere a Val?
She wants Val.   Ella quiere a Val.

Who works on   ¿Quiénes trabajan los
Wednesdays?   miércoles?
We work on   Nosotros trabajamos los
Wednesdays.   miércoles.

Who sings well?   ¿Quiénes cantan bien?
They sing well.   Ellos cantan bien.

Who lives here?   ¿Quién vive aquí?
Mary lives here.   Mary vive aquí.

Who travels a lot?   ¿Quién viaja mucho?
Mike travels a lot.   Mike viaja mucho.

¡OJO! *Who* siempre se sigue por la forma del verbo correspondiente a *he* / *she* / *it* aunque la respuesta
sea en el plural.

Who *plays* tennis?   ¿Quién juega al tenis?
I play tennis.   Yo juego al tenis.
He plays tennis.   El juega al tenis.

Who plays tennis?	¿Quiénes juegan al tenis?
We play.	Nosotros jugamos.
They play.	Ellos juegan.

Use *do* o *does* con las respuestas cortas y con las preguntas y respuestas negativas.

Who works on Wednesdays?	¿Quiénes trabajan los miércoles?
We do.	Nosotros.
Who sings well?	¿Quiénes cantan bien?
They do.	Ellos.
Who lives here?	¿Quién vive aquí?
Mary does.	Mary.
Who travels a lot?	¿Quién viaja mucho?
Mike does.	Mike.
Who doesn't work on Wednesdays?	¿Quién no trabaja los miércoles?
I don't.	Yo.
I don't work on Wednesdays.	Yo no trabajo los miércoles.
Who doesn't travel a lot?	¿Quién no viaja mucho?
Bill doesn't.	Bill.
Bill doesn't travel a lot.	Bill no viaja mucho.

(b) *"Whom...?"* refiere al complemento de la respuesta. En conversación, es aceptable usar *"Who..."* para referir al complemento. El uso correcto de *do* y *does* es muy importante. Use la norma:

Who(m) + *do/does* + sujeto + verbo (+ preposición) + ?

Who(m) do you talk to on Sundays?	¿Con quién habla Ud. los domingos?
I talk to Jack.	Hablo con Jack.
Who(m) do we call?	¿A quién llamamos?
We call Sarah.	Llamamos a Sarah.

Who(m) do they need?	¿A quién necesitan ellos?
Necesitan a la maestra.	*They need **the teacher**.*
Who(m) does she want?	¿A quién quiere ella?
Quiere a Val.	*She wants **Val**.*

Compare los ejemplos.
Jeff calls Carol.   Jeff llama a Carol.

Who(m) does Jeff call?	¿A quién llama Jeff?
*Jeff calls **Carol**.*	Jeff llama a Carol.
Who calls Carol?	¿Quién llama a Carol?
Jeff calls Carol.	Jeff llama a Carol.
Jeff does.	
Does Jeff call Carol?	¿Llama Jeff a Carol?
Yes, he does.	Sí, la llama.
Does Carol call Jeff?	¿Llama Carol a Jeff?
No, she doesn't.	No, no lo llama.

(10) Las preguntas con *What*
(a) *"What..."* refiere al sujeto de la oración respuesta. Use la norma, *What* + la forma del verbo correspondiente a *he, she, it*

¡OJO! No use *do* ni *does* en la pregunta.

What works?	¿Qué funciona?
Nothing works.	No funciona nada.
What goes here?	¿Qué cosas van aquí?
The dishes go there.	Los platos van ahí.
What happens now?	¿Qué pasa ahora?
The excitement happens now.	Lo emocionante pasa ahora.
What comes next?	¿Qué parte viene ahora?
The sad part comes next.	La parte triste viene ahora.

What causes the flu?   ¿Qué causa la gripe?
Germs cause the flu.   Los gérmenes causan la gripe.

What animals live on   ¿Qué animales viven en el
   the farm?   rancho?
Cows and chickens   Las vacas y las gallinas viven
   live on the farm.   en el rancho.

Use *do* o *does* para las respuestas cortas y las preguntas
y respuestas negativas.

Question	Pregunta	Short Answer	Respuesta Corta
What works?	¿Qué funciona?	*Nothing does.*	Nada.
What happens now?	¿Qué pasa ahora?	*The excitement does.*	Lo emocionante.
What comes next?	¿Qué parte viene ahora?	*The sad part does.*	La parte triste.
What causes the flu?	¿Qué causa la gripe?	*Germs do.*	Los gérmenes.
What animals live on the farm?	¿Qué animales viven en el rancho?	*Cows and chickens do.*	Las vacas y las gallinas.
What doesn't work?	¿Qué no funciona?	*The car doesn't.*	El carro.
What animals don't live on the farm?	¿Qué animales no viven en el rancho?	*Wolves don't.*	Los lobos no.

¡OJO!   *What* siempre se sigue por la forma del verbo correspondiente a *he / she / it* aunque la respuesta sea en el plural.

What goes here?   ¿Qué cosa va aquí?
The toaster goes   El tostador va ahí.
   there.

What goes here?   ¿Qué cosas van aquí?
The dishes go there.   Los platos van ahí.

(b) *What...?* se refiere al complemento de la respuesta.
Use *do* o *does* en la pregunta.

What do you prefer?   ¿Qué prefiere Ud.?
I prefer ice cream.   Prefiero el helado.

What does she write?   ¿Qué escribe ella?
She writes poems.   Escribe poemas.

What do they want?   ¿Qué quieren ellos?
They want a new car.   Quieren un carro nuevo.

(11) Las preguntas con *Which* y *Whose*
(a) *"Which...?"* o *"Whose...?"* refiere al sujeto de la
   oración respuesta.
Use la norma
Which
      + la forma del verbo correspondiente a *he / she / it.*
Whose

¡OJO! No use *do* ni *does* en la pregunta.

Which cars park here?   ¿Qué carros se estacionan aquí?

Small cars park here.   Los carros pequeños se estacionan aquí.

Whose dress needs ironing?   ¿El vestido de quién necesita un planchado?
Ann's dress needs ironing.   El vestido de Ann necesita un planchado.

Use *do* o *does* con las respuestas cortas y con las
preguntas y respuestas negativas.

Which cars park here?   ¿Qué carros se estacionan aquí?
Small cars do.   Los pequeños.

Whose dress needs ironing?   ¿El vestido de quién necesita un planchado?
Ann's dress does.   El de Ann.

Which cars don't park here?   ¿Qué carros no se estacionan aquí?
The big ones don't.   Los grandes no.

Whose dress doesn't need ironing?   El vestido de quién no necesita un planchado?
Mine doesn't.   El mío no.

§9.13 Auxiliares Modales en el Presente

Un auxiliar modal es una palabra que se usa antes de un verbo para modificar el significado. Las formas son sencillas: use la misma forma para todos los sujetos. El uso es más complicado:

- el modal puede tener otro significado cuando se usa en otro tiempo;
- el modal puede tener otro significado cuando se usa en el negativo;
- el modal de una pregunta puede exigir otro modal en la respuesta;
- algunos modales tienen contracciones en el negativo, otros no.
- los verbos *be* y *have* funcionan como modales en ciertas expresiones, pero siguen sus normas usuales.

Modales en el Presente

(1) *Can* expresa habilidad. (poder / saber hacer)

Declaración
I/You/He/She/It/We/They **can** **work.**
Pregunta
Can *I/you/he/she/it/we/they* **work?**
Respuesta corta
Yes, I/you/he/she/it/we/they **can.**
Negativa
I/You/He/she/It/We/They **cannot / can't** **work.**
Respuesta corta negativa
No, I/you/he/she/it/we/they **can't.**

*What **can** you do?*	¿Qué puedes hacer?
*I **can** play the piano.*	Puedo tocar el piano.
*What **can** she do?*	¿Qué sabe hacer ella?
*She **can** play the guitar.*	Sabe tocar la guitarra.
Can he play the violin?	¿Puede tocar el violín él?
*No, he **cannot.***	No, no puede.
*No, he **can't.***	
Can they sing?	¿Pueden ellos cantar?
*Yes, they **can.***	Sí, pueden.

(2) *May* y *might* expresan posibilidad. Significan <u>quizás</u>.

Declaración
    I/You/He/She/It/We/They   *may/might*   *be*
Pregunta (no posible)
Negativa
    I/You/He/She/It/We/They   *may/might not be*
Contracción (no posible)

Are you sick?	¿Está Ud. enfermo?
I may be sick.	Quizás esté enfermo.
I might be sick.	
Does he have the flu?	¿Tiene él la gripe?
He may have the flu.	Quizás tenga la gripe.
He might have the flu.	
He may not have the flu.	Quizás no tenga la gripe.
He might not have the flu.	

Maybe tiene el mismo significado. Se pone antes del sujeto.
    Maybe I am sick.   Tal vez esté enfermo.
    Maybe he has the flu.   Quizás tenga la gripe.

(3) *May* y *can* se usan para pedir o dar permiso. Tienen el mismo significado, pero *may* es más formal.

Declaración
    You/He/She/They   *may*   *work.*
Pregunta
  May   *I/he/she/we/they*   *work?*
Respuesta corta
  Yes,   *you/he/she/they*   *may.*
Negativa
    You/He/She/They   *may*   *not*   *work.*
Respuesta corta negativa
  No,   *you/he/she/they*   *may*   *not.*

May we have the day off?	¿Podríamos tener el día libre?
Yes, you may.	Sí, pueden.
No, you may not.	No, no pueden.
May I read your book?	¿Puedo leer su libro?
Yes, you may.	Sí, puede.
No, you may not.	No, no puede.

Can I read your book? ¿Puedo leer su libro?
Yes, you can. Sí, puede.
No, you can't. No, no puede.

(4) *Can, could, will,* y *would* se usan para pedir un favor. Use *please* antes del verbo o al final de la frase.

Can you please open the door? ¿Puede abrir la puerta, por favor?
Sure! ¡Claro que sí!

Could you please open the door? ¿Podría abrir la puerta?
I'll be glad to! ¡Con mucho gusto!

Will you open the door, please? ¿Me abre la puerta, por favor?
Yes, I will. Sí, lo haré.

Would you open the door, please? ¿Me hace el favor de abrir la puerta?
I'm sorry. I can't help you. Lo siento. No lo puedo ayudar.

(5) *Should, ought to,* y *had better* expresan consejos.

Declaración
    I/You/He/She/It/We/They   *should*   *work.*
Pregunta
Should I/you/he/she/it/we/they   *work?*
Respuesta corta
Yes,   *I/you/he/she/it/we/they*   *should.*
Negativa
    I/You/He/She/It/We/They   *shouldn't* *work.*
Respuesta corta negativa
No,   *I/you/he/she/it/we/they*   *shouldn't.*

Declaración
    I/You/He/She/It/We/They   *ought to*   *work.*
Pregunta *(use should)*
Respuesta corta *(use should)*
Negativa
    I/You/He/She/It/We/They   *ought not to work.*
Respuesta corta negativa *(use should)*

Declaración

I/You/He/She/It/We/They	*had better*	*work.*

Pregunta *(use should)*

Respuesta corta

Yes,	*I/you/he/she/it/we/they*	*'d better.*

Negativa

I/You/He/She/It/We/They	*had better not work.*

Respuesta corta negativa

No,	*I/you/he/she/it/we/they*	*'d better not.*

Ejemplos

You should arrive on time.	Ud. debiera llegar a tiempo.
You ought to arrive on time.	Ud. debiera llegar a tiempo.

You shouldn't go alone.	No debiera ir sola.
You ought not to go alone.	No debiera ir sola.

You had better arrive on time.	Le aconsejo que llegue a tiempo.
You'd better not arrive late.	Le aconsejo que no llegue tarde.

(6) *Must* y *have to* expresan obligación o necesidad. *Must* es un auxiliar modal; *have to* se conjuga como *have.*

Use *have to* o *has to* (no *must*) para preguntas y declaraciones negativas.

Declaración

I/You/He/She/It/We/They	*must*	*work.*

Pregunta (use *have to*)

Respuesta corta (use *have to*)

Negativa (use *have to*)

Declaración

I/You/We/They		*have to*	*work.*

Pregunta

Do	*I/you/we/they*	*have to*	*work?*

Respuesta corta

Yes,	*I/you/we/they*	*do.*

Negativa

I/You/We/They	*don't*	*have to*	*work.*

Respuesta corta negativa

No,	*I/you/we/they*	*don't.*

Declaración

He/She/It	*has to*	*work.*

Pregunta

Does	*he/she/it/*	*have to*	*work?*

Respuesta corta

Yes,	*he/she/it/*	*does.*

Negativa

He/She/It	*doesn't*	*have to*	*work.*

Respuesta corta negativa

No,	*he/she/it*	*doesn't.*

What do you have to do?	¿Qué debe hacer?
I have to study.	Debo estudiar.
What do you have to do?	¿Qué debe hacer?
I must study.	Debo estudiar.
Do you have to study?	¿Tienes que estudiar?
I don't have to study.	No, no tengo que estudiar.

Be supposed to significa comportamiento que se debe saber por costumbre.

Am I supposed to wear a tie?	¿He de usar corbata?
Yes, you are.	Sí, has de usar una corbata.
Why are they mad at me?	¿Por qué están molestos conmigo?
Because you are supposed to arrive on time.	Porque has de llegar a tiempo.
Are we supposed to stay here?	¿Habemos de quedarnos aquí?
No. You are not supposed to stay.	No, no han de quedarse.

(7) **Must not** expresa prohibición.

Declaración

I/You/He/She/It/We/They	*must not*	*work.*

Pregunta (use <u>*may*</u>)

Respuesta corta

No,	*I/you/he/she/it/we/they*	*mustn't.*

Ejemplos

You must not cross the street here.	Se prohibe cruzar la calle aquí.
She must not drive without a license.	Ella no debe manejar sin licencia.
They mustn't make any noise.	Ellos no deben hacer ruido.

(8) *Must* también puede expresar probabilidad.

Declaración

      I/You/He/She/It/We/They   *must*   *be lost.*

Pregunta (no posible)

Negativa

      I/You/He/She/It/We/They   *must not*   *be lost.*

Why isn't he here?	¿Por qué no está él?
He must be lost.	A lo mejor está perdido.

Why is she coughing?	¿Por qué tose?
She must have a cold.	A lo mejor tiene resfriado.

Why do they speak so well?	¿Por qué hablan ellos tan bien?
They must practice a lot.	A lo mejor practican mucho.

Why is he resting?	¿Por qué está descansando él?
He must not* be busy.	A lo mejor no está ocupado.

*No se puede usar una contracción con *must not* cuando tiene el significado de probabilidad.

(9) *Would like to* expresa deseo, cortésmente.

Declaración

      I/You/He/She/We/They   *would*   *like to*   *work.*

Pregunta

Would *you/he/she/they*   *like to*   *work?*

Respuesta corta

Yes,   *I/you/he/she/we/they*   *would.*

Negativa

      I/You/He/She/We/They   *wouldn't like to work.*

Respuesta corta negativa

No,   *I/you/he/she/we/they*   *wouldn't.*

*What **would you like** to do?*	¿Qué te gustaría hacer?
*I'd **like** to walk.*	Me gustaría caminar.
*What **would your** friend **like** to do?*	¿Qué le gustaría hacer a tu amiga?
*She'd **like** to rest.*	Le gustaría descansar.
***Would you like** a cup of coffee?*	¿Te gustaría un café?
*Yes, I **would**, thanks.*	Sí, gracias.
***Would** your son **like** a sandwich?*	¿Quisiera un sándwich su hijo?
No, thank you.	No, gracias.
He isn't hungry.	No tiene hambre.

(10) ***Would rather*** expresa preferencia.
Declaración
I/You/He/She/We/They ***would rather work.***
Pregunta
Would** you/he/she/they* ***rather work?
Respuesta corta
Yes, I/you/he/she/we/they ***would.***
Negativa
I/You/He/She/We/They ***would rather not work.***
Respuesta corta negativa
No, I/you/he/she/we/they ***wouldn't.***

***Would you rather** dance or watch TV?*	¿Prefieres bailar o ver la televisión?
*I **would rather** dance.*	Prefiero bailar.
*What **would you rather** do?*	¿Qué prefiere hacer Ud.?
*I'd **rather** dance.*	Yo prefiero bailar.
*What **would they rather** do?*	¿Qué prefieren hacer ellos?
*They'd **rather** watch TV.*	Prefieren ver la televisión.
***Wouldn't** your friend **rather** dance?*	¿No prefiere bailar tu amigo?
*Yes, he **would**.*	Sí, lo prefiere.
*No, he **would rather** not dance.*	No, él prefiere no bailar.

§9.2 PRESENT PROGRESSIVE TENSE

El *present progressive tense* expresa acción ya empezada pero no terminada.

(a) Para formar este tiempo, use una forma de *be* + el *present participle* del verbo. (§8.)

(1) *I am working.* = Yo estoy trabajando. / Yo trabajo ahora.

Declaración	*I*	*am*	*working.*
Pregunta	*Am* *I*		*working?*
Respuesta corta	*Yes, I*	*am.*	
Negativa	*I*	*am ('m)* *not*	*working.*
Respuesta corta negativa	*No, I*	*'m* *not.*	

(2) *You are working.* =

Ud. está trabajando. / Ud. trabaja ahora.
Tú estás trabajando. / Tú trabajas ahora.
Uds. están trabajando. / Uds. trabajan ahora.

Declaración	*You/We/They*	*are*	*working.*
Pregunta	*Are* *you/we/they*		*working?*
Respuesta corta	*Yes, you/we/they*	*are.*	
Negativa	*You/We/They*		*are not working.*
Respuesta corta negativa	*No, you/we/they*		*aren't.*

(3) *He is working.* = El está trabajando. / El trabaja ahora.
   She is working. = Ella está trabajando. / Ella trabaja ahora.
   It is working. = (La máquina) está trabajando. / Trabaja ahora.

Declaración	*He/She/It*	*is*	*working.*
Pregunta	*Is* *he/she/it*		*working?*
Respuesta corta	*Yes, he/she/it*	*is.*	
Negativa	*He/She/It/*	*is* *not*	*working.*
Respuesta corta negativa	*No, he/she/it*	*isn't.*	

(b) La acción del *Present Progressive* es lo que está pasando <u>ahora</u>. Se usa solamente con verbos de acción. (§9.128)

Como no se usa el *present tense* para indicar acción ya en progreso, hay que usar el *present progressive* con los adverbios que significan <u>ahora</u>. La ubicación de estas expresiones de tiempo presente es después del *present participle*.

Expresiones que significan <u>ahora</u>:

now	ahora
right now	ahora mismo
presently	ahora
at present	ahora
at this time	ahora
at the moment	en este momento
this week	esta semana
this month	este mes
this year	este año
this summer	este verano
this afternoon	esta tarde
this evening	esta tarde / esta noche
tonight	esta noche
these days	en estos días
nowadays	hoy en día

What *are you doing now?*	¿Qué haces ahora?/ ¿Qué estás haciendo?
I *am studying.*	Estudio ahora./ Estoy estudiando.
Who *is talking?*	¿Quién habla?/ ¿Quién está hablando?
Joe *is talking.*	Joe habla ahora./ Joe está hablando.
What *are they doing this summer?*	¿Qué hacen ellos? / ¿Qué están haciendo este verano?
They *are working.*	Trabajan. / Están trabajando.

¡OJO! Para traducir <u>Hablo con John ahora</u> sería incorrecto decir "*I talk to John now.*" La forma correcta es *I am talking to John.*

§9.21 Formas Separadas del Progresivo

(a) Emplee la palabra *still* con el *present progressive* para dar énfasis a la duración de la acción. Use *not any more* para indicar que la acción se ha terminado. *Still* y *not* separan *be* y el *present participle*. Las normas son

sujeto + *be* + *still* + *present participle;*
sujeto + *be* + *not* + *present participle* + *anymore.*

Are they *still* sleeping? ¿Ellos están durmiendo
                              todavía?
Yes, they are.   Sí. Todavía están durmiendo.
They are *still* sleeping.

Are you *still* working?   ¿Ud. está trabajando todavía?
No, I'm not.   No, ya no estoy trabajando.
I'm *not* working
   anymore.

(b) Los adverbios que intensifican el verbo siempre separan
   be y el *present participle*. (§18.6)

We are *really* enjoying   Estamos gozando mucho de
our vacation.   nuestras vacaciones.
He is *hardly* working.   El está trabajando muy poco.
(§18.8)

(c) No se usan los adverbios de frecuencia *(sometimes,
   never, occasionally, seldom, often)* con el *present
   progressive*. (§18.4)
En una conversación informal, *always*, empleado con el
present progressive indica molestia o preocupación. En este
caso, *always* separa la forma de *be* del *present participle*.

Ejemplos
He is *always calling* me. Me molesta que él me llame
                              tanto.
She is *always talking*   Me molesta que ella siempre
in class.   hable en la clase.
She is *always sneezing*.   Me preocupa que ella
                              estornude tanto.

(d) Los adverbios que indican la hora, la ubicación, o la
   manera de la acción se pueden colocar entre *be* y el
   present participle, o al final de la frase.

She is *now* working on   Ella está estudiando para su
her degree.   título ahora.
She is working on her
degree *now*.

We are *here* playing   Estamos jugando al tenis aquí.
tennis.
We are playing tennis
here.

They are *happily* playing outside.	Ellos están contentamente jugando afuera.
They are playing outside *happily*.	

§9.22 Verbos Generalmente No Progresivos

Ciertos verbos expresan hechos que se realizan inconscientemente. Emplee el *present tense*, no el *present progressive*, con estos verbos.

(a) los verbos de significación semejante al *be*

be	ser / estar
exist	existir
appear	parecer
seem	parecer
smell	oler a
taste	saber a

Who is she?	¿Quién es ella?
She is the teacher.	Ella es la maestra.
How does it seem to you?	¿Qué le parece?
It seems unfair.	Me parece injusto.
What is that perfume like?	¿Cómo es ese perfume?
It smells good.	Huele bien.
What does that ice cream taste like?	¿Cómo está ese helado?
It tastes good.	Está bien.

(b) los verbos que expresan conocimientos, pensamientos, y opiniones

believe	creer
know	saber / conocer
think	pensar / creer / opinar
understand	entender
remember	recordar
forget	olvidar

Do you believe in love at first sight?	¿Cree Ud. en el amor a primera vista?
No, I don't. I don't believe in love at first sight.	No, no creo en el amor a primera vista.

Does he know the secret?	¿Sabe él el secreto?
He doesn't know it.	No lo sabe.
What does your mother think?	¿Qué opina su mamá?
She thinks it's wonderful.	Ella cree que es maravilloso.
Do you understand the lesson?	¿Entiendes tú la lección?
Yes. I understand it.	Sí, la entiendo.
Does she remember me?	¿Ella se acuerda de mí?
No. She doesn't remember you.	No. No se acuerda de ti.

(c) los verbos que significan posesión

have	tener
own	poseer
contain	contener

Do you have a car?	¿Tienes carro?
Yes, I do. I have a car.	Sí, tengo carro.
Does he own a house?	¿Posee él una casa?
Yes. He owns a house.	Sí, posee una casa.
What does this box contain?	¿Qué contiene esta caja?
It contains books.	Contiene libros.

(d) los verbos que expresan el uso automático de los sentidos

see	ver
hear	oír / escuchar
smell	oler

What do you see?	¿Qué ve Ud.?
I see the man.	Veo al hombre.
Do you hear a strange noise?	¿Oye Ud. un ruido extraño?
No. I don't hear anything.	No, no oigo nada.

¡OJO! En inglés es incorrecto decir, "I am seeing this," o "She is hearing that."

(e) los verbos que expresan deseo, necesidad, y preferencia

want	querer
need	necesitar
prefer	preferir
hate	odiar
*like**	gustar
*love***	encantar / querer / amar

Like significa <u>gustar</u> (para cosas y personas), pero se usa como <u>querer</u>. La persona a quien le gusta algo es el sujeto de la oración.

***Love* significa <u>encantar</u>. La persona a quien le encanta algo es el sujeto de la oración.

Love también significa <u>querer</u> y <u>amar</u> (para personas).

Ejemplos

I like the dress.	Me gusta el vestido.
I like the dresses.	Me gustan los vestidos.
You like the dress.	Te gusta el vestido.
You like the dresses.	Te gustan los vestidos.
She likes the dress.	Le gusta el vestido.
She likes the dresses.	Le gustan los vestidos.
We like the dress.	Nos gusta el vestido.
We like the dresses.	Nos gustan los vestidos.
They like the dress.	Les gusta el vestido.
They like the dresses.	Les gustan los vestidos.
I like the new boy.	Me gusta el muchacho nuevo.
He likes you.	Le gustas a él.
He likes me.	Le gusto a él.
I love ice cream.	Me encanta el helado.
I love my brother.	Quiero a mi hermano.
He loves his wife.	Ama a su esposa.
What does he want?	¿Qué quiere él?
He wants a cold drink.	Quiere un refresco.

Do they need anything?	¿Ellos necesitan algo?
They need books.	Necesitan libros.
What color does he prefer?	¿Qué color prefiere él?
He prefers red.	Prefiere rojo.
What flavor of ice cream do you like?	¿Qué sabor de helado te gusta?
I like chocolate.	Me gusta el chocolate.
Does he love her?	¿El la quiere?
Yes. He loves her.	Sí, la quiere.

¡OJO! Cuando estos verbos expresan un esfuerzo o acción consciente, se usa el *present progressive*, y el significado cambia.

being	actuando a propósito / fingiendo
thinking	concentrando
remembering	pensando en un evento del pasado
seeing a person	andando con alguien
smelling	olfateando
loving	gozando de un suceso temporal
hating	pasando muy mal un suceso temporal

Ejemplos

He is being difficult.	El no está cooperando.
She is being selfish.	Ella se está portando de una manera egoísta.
I am thinking about you.	Estoy pensando en ti.
She is remembering her wedding.	Ella está pensando en su boda.
She is seeing John.	Ella anda con John.
The dogs are smelling all the boxes.	Los perros están olfateando todas las cajas.
They are loving every minute of their vacation.	Ellos están gozando de cada minuto de sus vacaciones.
She is hating her stay in the hospital.	Ella no está contenta en el hospital.

Cuando *have* significa pasar temporalmente, se puede usarlo en el *present progressive*.

Ejemplos

We are having lunch.	Nosotros estamos almorzando ahora.

She is having a good time.	Ella la está pasando muy bien.
They are having fun.	Ellos se están divirtiendo.
He is having trouble parking.	El tiene problema para estacionarse.
They are having an argument.	Ellos están discutiendo.
We are having a meeting.	Estamos en una reunión.
She is having a party.	Ella tiene una fiesta en su casa.
She is having a baby.	Ella está embarazada.
She is having a baby.	Ella está dando a luz.

§9.3 PRESENT PERFECT TENSE

El *present perfect* tense se usa para explicar la influencia del pasado en el presente.

Use una forma presente de *have* + el *past participle* del verbo.

Declaración

I/You/We/They	*have*		*worked.*

Pregunta

Have   *I/you/we/they*   *worked?*

Respuesta corta

Yes,   *I/you/we/they*   *have.*

Negativa

I/You/We/They	*have*	*not*	*worked.*

Respuesta corta negativa

No,   *I/you/we/they*   *haven't.*

I have worked.	Yo he trabajado.
You have worked.	Ud. ha trabajado.
We have worked.	Nosotros hemos trabajado.
They have worked.	Ellos han trabajado.

Declaración

He/She/It	*has*		*worked.*

Pregunta

Has   *he/she/it*   *worked?*

Respuesta corta

Yes,   *he/she/it*   *has.*

Negativa

He/She/It	*has*	*not*	*worked.*

Respuesta corta negativa

No,   *he/she/it*   *hasn't.*

He has worked.	El ha trabajado.
She has worked.	Ella ha trabajado.
It has worked.	(La máquina) ha funcionado.

Use el *present perfect*

(a) para expresar una acción que empezó en el pasado y que todavía ocurre;

Use *for* + un período de tiempo;

since + una hora o fecha específica.

*How long **have** you **lived** here?*	¿Hace cuánto tiempo que Ud. vive aquí?
I have lived here for five months.	Hace cinco meses que vivo aquí.
I have lived here since February.	He vivido aquí desde febrero.

(b) para indicar experiencia;

Antes del *past participle*, use

ever	alguna vez
never	nunca / jamás

Al final de la frase, use

before	antes
once	una vez
twice	dos veces
three times	tres veces
many times	muchas veces

Have you ever driven a truck?	¿Has manejado un camión alguna vez?
Yes, I have.	Sí, he manejado un camión.
I have driven a truck before.	
No, I haven't.	No, no he manejado un camión nunca.
I have never driven a truck.	

How many times have you been in Mexico?	¿Cuántas veces has estado en México?
I have been in Mexico four times.	He estado en México cuatro veces.

How many times has he seen that movie?	¿Cuántas veces ha visto él esa película?
He has seen it five times.	La ha visto cinco veces.

(c) para explicar una condición del presente, use *already* o *not yet;*

Modelo: *have + already + past participle*
　　　　have + not + past participle + yet

I am not hungry because I have already eaten.	No tengo hambre porque ya comí.
He does not want to see that movie because he has already seen it.	El no quiere ver esa película porque ya la vio.
We are tired because we have not slept yet.	Estamos cansados porque todavía no hemos dormido.
She is hungry because she has not eaten yet.	Ella tiene hambre porque todavía no ha comido.

(d) para indicar que una acción todavía no haya terminado; al final de la frase, use *so far* o *not yet;*

What have you done (so far)?	¿Qué has hecho (hasta ahora)?
I have taken half of my medicine.	He tomado la media parte de mis medicamentos.
How far has he walked?	¿Qué distancia ha caminado?
He has walked four miles.	Ha caminado cuatro millas.
Have you finished eating dinner yet?	¿Han terminado de cenar ya?
No, we haven't finished yet.	No, no hemos terminado todavía.

(e) para indicar que se espera una acción, use *yet* al final de la frase;

Have you seen him?	¿Has visto a él?
No, I haven't seen him yet.	No, no lo he visto todavía.
Has she cooked dinner?	¿Ha cocinado la cena?
No, she hasn't cooked dinner yet.	No, no ha cocinado la cena todavía.

Have they arrived yet?	¿Han llegado ellos?
No, they haven't.	No, no han llegado todavía.
They haven't arrived yet.	

(f) para indicar que la acción acaba de pasar, use *just* o *finally.*

Modelo:

have	+	*just*	+	*past participle*
have	+	*finally*	+	*past participle*

Have they arrived yet?	¿Han llegado ellos todavía?
Yes. They have just arrived.	Sí, acaban de llegar.

What has happened?	¿Qué acaba de pasar?
The president has just entered.	El presidente acaba de entrar.

Have you finished?	¿Han terminado Uds.?
We have finally finished.	Por fin hemos terminado.

¡OJO! Con la excepción del uso de *since*, no se usa el Presente Perfecto con un tiempo específico. Es incorrecto decir, "I have eaten yesterday," o "He has received a letter last week." Con las palabras que expresan horas o fechas específicas, hay que emplear el *Past Tense*. (§10.)

§9.4 PRESENT PERFECT PROGRESSIVE TENSE

El *Present Perfect Progressive* enfatiza que la acción pasada estaba en progreso.

Use el *Present Tense* de *have* + *been* + *present participle*. Con este tiempo, se usan las palabras siguientes.

all day	todo el día
all night	toda la noche
all week	toda la semana
all year	todo el año
for ten minutes	por diez minutos (u otro período de tiempo)
since ten o'clock	desde las diez (u otra hora o fecha específica)

Declaración

I/You/We/They	*have*	*been*	*working.*

Pregunta

Have *I/you/we/they*		*been*	*working?*

Respuesta corta

Yes, *I/you/we/they*	*have.*

Negativa

I/You/We/They	*have not*	*been*	*working.*

Respuesta corta negativa

No, *I/you/we/they*	*haven't.*

I have been working.	Yo he estado trabajando.
You have been working.	Ud. ha estado trabajando./ Uds. han estado trabajando. Tú has estado trabajando.
We have been working.	Nosotros hemos estado trabajando.
They have been working.	Ellos han estado trabajando.

Declaración

He/She/It	*has*	*been*	*working.*

Pregunta

Has *he/she/it*		*been*	*working?*

Respuesta corta

Yes, *he/she/it*	*has.*

Negativa

He/She/It	*has not*	*been*	*working.*

Respuesta corta negativa

No, *he/she/it/*	*hasn't.*

He has been working.	El ha estado trabajando.
She has been working.	Ella ha estado trabajando.
It has been working.	(La máquina) ha estado trabajando.

What have you been doing all day?	¿Qué has estado haciendo hoy?
I've been studying all day.	He estado estudiando todo el día.

How long has he been driving?	¿Hace cuánto tiempo que él está manejando?
He has been driving for six hours.	Hace seis horas que está manejando.
He has been driving since six a.m.	Ha estado manejando desde las seis de la mañana.

§10.

Verbos—Tiempo Pasado

§10.1
PAST TENSE

Se usa el *Past Tense* para indicar una situación o una acción que empezó y terminó en el pasado.

Con este tiempo se usan las palabras siguientes al principio o al final de la frase.

before	antes
then	entonces
yesterday	ayer
last night	anoche
last week	la semana pasada
last month	el mes pasado
last year	el año pasado
five minutes ago	hace cinco minutos (u otro período de tiempo)
after that	después de eso

§10.11
Be (ser/estar)

Las formas del verbo *be* en el pasado son

Declaración		*I/He/She/It*	*was*
Pregunta	*Was*	*I/he/she/it*	
Respuesta corta	*Yes,*	*I/he/she/it*	*was.*
Negativa		*I/he/she/it*	*was not.*
Respuesta corta negativa	*No,*	*I/he/she/it*	*wasn't.*

I was	Yo estaba / estuve / era / fui
He was	El estaba / estuvo / era / fue
She was	Ella estaba / estuvo / era / fue
It was	(La cosa) estaba / estuvo / era / fue
There was	había / hubo

Declaración		*You/We/They*	*were*
Pregunta	*Were*	*you/we/they*	
Respuesta corta	*Yes,*	*you/we/they*	*were.*
Negativa		*You/We/They*	*were not.*
Respuesta corta negativa	*No,*	*you/we/they*	*weren't.*

You were	Ud. estaba / estuvo / era / fue
	Uds. estaban / estuvieron / eran / fueron
	Tú estabas / estuviste / eras / fuiste
We were	Nosotros estábamos / estuvimos / éramos / fuimos

They were	Ellos estaban / estuvieron / eran / fueron
There were	Habían / hubieron

How was the weather last week?	¿Cómo estaba el tiempo la semana pasada?
It was cloudy.	Estaba nublado.

How were you last night?	¿Cómo estabas anoche?
I was sick.	Estaba enfermo.

Where were you?	¿Dónde estabas?
I was at home.	Estaba en casa.

Were you alone?	¿Estabas sólo?
Yes, I was.	Sí, estaba sólo.

Where were your keys?	¿Dónde estaban tus llaves?
They were in my pocket.	Estaban en mi bolsillo.

Were my friends there?	¿Estaban allí mis amigos?
Yes, they were.	Sí, estaban allí.

Were they happy?	¿Estaban contentos?
No, they weren't.	No, no estaban contentos.

Whose coat was this?	¿De quién era este abrigo?
It was my sister's.	Era de mi hermana.

What was your mother like then?	¿Cómo era tu mamá entonces?
She was brilliant.	Era muy lista.

What color was this dress before it was washed?	¿De qué color era este vestido antes de lavarse?
It was blue.	Era azul.

What time was it when he called?	¿Qué hora era cuando él llamó?
It was five-thirty.	Eran las cinco y media.

What was that noise last night?	¿Qué fue ese ruido anoche?
That was the wind.	Eso fue el viento.

were was (handwritten note in left margin)

When *was* the test?	¿Cuándo fue el examen?
It *was* yesterday.	Fue ayer.
Was the test hard?	¿Fue difícil el examen?
Yes, it *was*.	Sí, fue difícil.
Was it long?	¿Fue largo?
No, it *wasn't*.	No, no fue largo.
What *was* there in the room before?	¿Qué había en la habitación antes?
There *was* a lamp.	Había una lámpara.
How many chairs *were* there before?	¿Cuántas sillas habían?
There *were* ten chairs.	Había diez sillas.

§10.12 Todos los Otros Verbos

Con la excepción del verbo *be* (§10.11), la forma del verbo en el *Past Tense* es la misma para todos los sujetos.
Para una declaración positiva, use el <u>sujeto</u> + el *Past Tense* del verbo.
Para una pregunta, una declaración negativa, o una respuesta corta, use *did* + el <u>verbo básico</u>.

Declaración
       I/You/He/She/It/We/They   *worked.*
Pregunta
Did   *I/you/he/she/it/we/they*   *work?*
Respuesta corta
Yes,   *I/you/he/she/it/we/they*   *did.*
Negativa
       I/You/He/She/It/We/They   *did not work.*
Respuesta corta negativa
No,   *I/you/he/she/it/we/they*   *didn't.*

Para formar el *Past Tense* de los verbos regulares,
(1) añada *ed* al verbo básico, o *d* a un verbo que termine con *e:*

ed		*d*	
I walked.	Yo caminé.	*I danced.*	Yo bailé.
He helped.	El ayudó.	*He changed.*	El cambió.
They laughed.	Ellos se rieron.	*We believed.*	Creímos.

(2) Cuando el verbo básico termine con *y* después de un consonante, elimine la *y* y añada *ied*.

cry	llorar	*I cried.*	Yo lloré.
try	tratar	*She tried.*	Ella trató.
study	estudiar	*We studied.*	Nosotros estudiamos.
testify	atestar	*They testified.*	Ellos atestaron.

Muchos verbos tienen formas irregulares en el *Past Tense*. Véase al Apéndice en la página 385 para una lista de los verbos irregulares más comunes.

Ejemplos

What did you do?	¿Qué hizo Ud?
I laughed a lot.	Me reí mucho.
I didn't laugh.	No me reí.
Did he study?	¿Estudió él?
Yes, he did.	Sí, estudió.
No, he didn't.	No, no estudió.
What did you do?	¿Qué hiciste?
I ran to the store.	Corrí a la tienda.
I didn't run home.	No corrí a casa.
What did she do?	¿Qué hizo ella?
She went to the movies.	Fue al cine.
She didn't go home.	No fue a casa.
What did you do?	¿Qué hicieron Uds.?
We read in the afternoon.	Leímos en la tarde.
We didn't sleep.	No dormimos.
What did they do?	¿Qué hicieron ellos?
They slept nine hours.	Durmieron nueve horas.
Did you run?	¿Corriste?
Yes, I did.	Sí, corrí.
No, I didn't.	No, no corrí.
Did he go?	¿Fue él?
Yes, he did.	Sí, fue.
No, he didn't.	No, no fue.

Did you read?	¿Leyeron Uds.?
Yes, we did.	Sí, leímos.
No, we didn't.	No, no leímos.

Did they sleep?	¿Durmieron ellos?
Yes, they did.	Sí, durmieron.
No, they didn't.	No, no durmieron.

§10.13 Modales en el Pasado

Significado	Presente	Pasado	Pasado Negativo
habilidad	*can*	*could*	*couldn't*
permiso	*may*	*could* *was allowed to*	*couldn't* *wasn't allowed to*
posibilidad	*may / might*	*may have +* *past participle /* *might have +* *past participle*	*may not have +* *past participle /* *might not have +* *past participle*
consejo	*should*	*should have +* *past participle*	*should not have* *+ past participle*
necesidad	*have to / must*	*had to*	*didn't have to*
probabilidad	*must*	*must have +* *past participle*	*must not have +* *past participle*

Were you able to work?	¿Pudiste / podías trabajar?
Yes, I was.	Sí, pude / podía trabajar.
I was able to work.	
No, I wasn't.	No, no pude trabajar.
I wasn't able to work.	

Could you work?	¿Pudiste / podías trabajar?
Yes, I could.	Sí, pude / podía trabajar.
I could work.	
No, I couldn't.	No, no pude / podía trabajar.
I couldn't work.	

Did he work?	¿Trabajó él?
He may have.	Tal vez trabajó.
He may have worked.	
He might have.	
He might have worked.	
He may not have.	Tal vez no trabajó.
He may not have worked.	
He might not have.	
He might not have worked.	

Was she allowed to work?	¿Se le permitió trabajar?
Yes, she was.	Sí, se le permitió.
She was allowed to work.	
No, She wasn't.	No, no se le permitió.
She wasn't allowed to.	
Should we have worked?	¿Debiéramos haber trabajado? / ¿Debimos trabajar?
Yes, you should have.	Sí, debieran haber trabajado.
You should have worked.	Sí, debieron trabajar.
No, you shouldn't have.	No debieran haber trabajado. / No debieron trabajar.
You shouldn't have worked.	
Did they have to work?	¿Tuvieron/tenían que trabajar?
Yes, they did.	Sí, tuvieron/tenían que trabajar.
They had to work.	
No, they didn't.	No, no tuvieron / tenían que trabajar.
They didn't have to work.	
Did he work?	¿Trabajó él?
Yes, he must have.	Sí, se supone que ha trabajado.
He must have worked.	
No, he must not have.	No. Se supone que no ha trabajado.
He must not have worked.	

§10.14 Casos Especiales

Note la traducción de los verbos siguientes.

conocer	Yo lo conocía.	*I knew him.*
	Yo lo conocí ayer.	*I met him yesterday.*
estar	El estaba aquí.	*He was here.*
	El estuvo aquí a las ocho.	*He got here at eight.*

| poder | Ella podía hacerlo. | *She **could** do it.* |
| | Por fin ella pudo hacerlo. | *She finally **managed** to do it.* |

querer	Yo quería hacerlo.	*I **wanted** to do it.*
	Yo quise hacerlo.	*I **tried** to do it.*
	Yo no quise hacerlo.	*I **refused** to do it.*

saber	Ellos sabían la verdad.	*They **knew** the truth.*
	Ellos supieron la verdad ayer.	*They **learned** the truth yesterday.*
	La supieron ayer.	*They **found out** yesterday.*

§10.2
PAST PROGRESSIVE TENSE

was

El *Past Progressive* describe una acción que ya estaba pasando cuando otra acción ocurrió. Este tiempo se equivale al uso progresivo del imperfecto o del imperfecto de estar + gerundio. Use el pasado de *be* + el *present participle*.

Declaración

| | I/He/She/It | was | | working. |

Pregunta

| *Was* | *I/he/she/it* | | | *working?* |

Respuesta corta

| *Yes,* | *I/he/she/it* | was. |

Negativa

| | I/He/She/It | was | not | working. |

Respuesta corta negativa

| *No,* | *I/he/she/it* | *wasn't.* |

I was working.	Yo trabajaba. / Yo estaba trabajando.
He was working.	El trabajaba. / El estaba trabajando.
She was working.	Ella trabajaba. / Ella estaba trabajando.
It was working.	(La máquina) trabajaba. / Estaba trabajando.

Declaración

| | You/We/They | were | | working. |

Pregunta

| *Were* | *you/we/they* | | | *working?* |

Respuesta corta

| *Yes,* | *you/we/they* | were. |

Negativa

| | You/We/They | were | not | working. |

Respuesta corta negativa

| *No,* | *you/we/they* | *weren't.* |

You were working.	Tú trabajabas. / Tú estabas trabajando.
	Ud. trabajaba. / Ud. estaba trabajando.
	Uds. trabajaban. / Uds. estaban trabajando.
We were working.	Nosotros trabajábamos. / Nosotros estábamos trabajando.
They were working.	Ellos trabajaban. / Ellos estaban trabajando.

¡OJO! Siempre se usa el *Past Progressive* en relación con un tiempo o evento en el pasado.

What were you doing at 10 o'clock?	¿Qué hacías a las diez?
I was sleeping.	Yo dormía.
What was he doing at that time?	¿Qué hacía él a esa hora?
He was working.	Estaba trabajando.
What was she doing when I arrived?	¿Qué estaba haciendo ella cuando yo llegué?
She was sleeping.	Ella dormía.
What were they doing when it started to rain?	¿Qué hacían ellos cuando empezó a llover?
They were having a picnic.	Hacían un picnic.
What were you doing then?	¿Qué hacían Uds. entonces?
We were dancing.	Estábamos bailando.

Otro modelo común

when / while / as + sujeto + *was / were* + *present participle* + coma + evento en el pasado

When they were eating, the phone rang.	Mientras comían, sonó el teléfono.
When we were dancing, John called.	Mientras bailábamos, llamó John.
While they were having a picnic, it started to rain.	Mientras hacían un picnic, empezó a llover.
As I was walking to the store, I fell down.	Cuando estaba caminando a la tienda, me caí.

Compare el *Past Progressive Tense* con el *Past Tense*.

My friends were laughing when I arrived at the party.	Mis amigos estaban riéndose cuando yo llegué a la fiesta. (Empezaron a reírse antes de mi llegada.)
My friends laughed when I arrived at the party.	Mis amigos se rieron cuando yo llegué a la fiesta. (Empezaron a reírse al verme.)
She was crying when he left.	Ella estaba llorando cuando él se fue. (Empezó a llorar antes que se fuera él.)
She cried when he left.	Ella empezó a llorar tan pronto como él se fuera.

Cuando hay dos o más eventos en progreso en el pasado, se puede usar el *Past Progressive* para describir todas las acciones.

When they were dancing, we were watching television.	Mientras bailaban ellos, nosotros veíamos la televisión.
While you were talking on the phone, I was washing the dishes.	Mientras tú hablabas por teléfono, yo lavaba los platos.
As he was walking down the street, he was singing.	Mientras él caminaba por la calle, cantaba.

§10.21 Palabras que Separan *be* del Participio

Las palabras *still* y *not* siempre separan *be* del *present participle.* (§18., §17.)

They were still talking on the phone when I left.	Todavía estaban hablando por teléfono cuando yo salí.
When I got home, they were not talking on the phone anymore.	Cuando yo llegué a casa, ya no estaban hablando por teléfono.

Los adverbios que intensifican los verbos (§18.6) también separan *be* del participio.

He was hardly paying attention.	El casi no estaba prestando atención.
She was really trying.	Ella de verdad estaba haciendo un esfuerzo.

Los adverbios que demuestran ubicación, tiempo, o manera pueden separar *be* del participio, o se pueden colocar al final de la frase.

He was there watching TV. *He was watching TV there.*	El estaba ahí viendo la televisión.
She was in bed sleeping. *She was sleeping in bed.*	Ella estaba durmiendo en la cama.
We were later walking down the street. *We were walking down the street later.*	Más tarde, caminábamos por la calle.
I was slowly driving home. *I was driving home slowly.*	Yo manejaba lentamente a mi casa.

¡OJO! El <u>imperfecto</u> en español equivale al *Present Progressive* en inglés solamente cuando el sentido es progresivo. Los otros sentidos del imperfecto se expresan en inglés con el *Past Tense* (§10.12), con *used to* (§10.3), y con *would* (§10.4).

Ejemplos

I played with dolls when I was a child.	Yo jugaba con muñecas cuando era niña.
He used to call his mother a lot.	El llamaba mucho a su mamá.
We often went to the beach.	Ibamos con frecuencia a la playa.
Sometimes they would watch TV at night.	A veces ellos veían la tele por la noche.

§10.22 Verbos No-Progresivos en el Pasado

Los verbos que no expresan acción, sino hechos, no se usan en el progresivo, aunque tengan un sentido progresivo. Generalmente, se usa el *Past Tense* con los verbos siguientes. (§9.22)

(a) los verbos con significado semejante al *be:*

be	ser / estar
exist	existir
appear	parecer

seem	parecer
smell	oler a
taste	tener sabor a

Who was the teacher?	¿Quién fue / era la maestra?
Miss Smith was the teacher.	La Srta. Smith fue / era la maestra.

How did it seem to you?	¿Qué te pareció / parecía?
It seemed unfair.	Me pareció/parecía injusto.

What was the perfume like?	¿Cómo era el perfume?
It smelled good.	Olía bien.

How did the pies taste?	¿Cómo estaban los pasteles?
They tasted good.	Estaban buenos.

(b) los verbos que expresan conocimiento, estado mental, u opinión:

believe	creer
know	saber / conocer
think	creer / pensar
understand	entender
remember	recordar
forget	olvidar

Did you believe it?	¿Lo creías / creíste?
Yes. I believed it.	Sí, lo creía / creí.

Did you know him then?	¿Lo conocías entonces?
No, I didn't know him.	No, no lo conocía.

What did they think about the new professor?	¿Qué pensaban / pensaron del nuevo profesor?
They thought he was good.	Pensaban / pensaron que era bueno.

Did you understand what he was saying?	¿Entendías/entendiste lo que estaba diciendo?
No. I didn't understand anything.	No, no entendía / entendí nada.

(c) los verbos que significan <u>posesión</u>:

have	tener
own	poseer
contain	contener

Did you have enough money?	Tenías / tuviste suficiente dinero?
No. I didn't have enough.	No, no tenía / tuve suficiente.

Did she own a house?	¿Poseía una casa?
No. She didn't own a house.	No, no poseía una casa.

What did the bottle contain?	¿Qué contenía la botella?
It contained poison.	Contenía veneno.

(d) verbos que expresan el uso automático de los sentidos:

see	ver
hear	oír
smell	oler

What did you see?	¿Qué vio Ud.?
I saw the man.	Vi al hombre.

What were you looking at?	¿Qué miraba / veía Ud.?
I was looking at the man.	Miraba / veía al hombre.

What did you hear?	¿Qué oyó Ud.?
I heard the man.	Oí al hombre.

What were you listening to?	¿Qué oía / escuchaba Ud.?
I was listening to the man.	Oía / escuchaba al hombre.

(e) verbos que expresan deseo, necesidad, o preferencia:

want	querer
need	necesitar
prefer	preferir
hate	odiar
*like**	
*love**	

Like y *love* se conjugan como todos los otros verbos regulares.

Like = gustarle a uno

Love = encantarle a uno (para las cosas), querer / amar (para las personas)

What did they want?	¿Qué querían ellos?
They wanted to buy a diamond.	Querían comprar un diamante.
Did you need anything?	¿Necesitabas algo?
No. I didn't need anything.	No, no necesitaba nada.
Which one did you prefer?	¿Cuál de ellos preferías/ preferiste?
I preferred the red one.	Prefería /preferí el rojo.
Did you like the movie?	¿Te gustaba / gustó la película?
Yes. I liked it.	Sí, me gustaba / gustó.
Did your friend like the movie?	¿Le gustaba / gustó la película a su amiga?
Yes. She loved it.	Sí, le encantaba / encantó.
Did she love her husband?	¿Ella amaba a su esposo?
No. She didn't love him.	No, no lo amaba / amó.

Cuando estos verbos expresan un esfuerzo consciente en el pasado, sí se usan en el progresivo, pero cambian de sentido.

being	actuando a propósito / fingiendo
thinking	pensando
remembering	pensando en el pasado
seeing *(a person)*	andando con alguien
smelling	olfateando
loving	pasándola bien
hating	pasándola muy mal
having	pasando una experiencia temporárea

Ejemplos

She was being silly.	Ella se estaba portando de una manera tonta.
He was being so kind to me.	El me trataba de una manera muy cariñosa.
We were thinking about you.	Estábamos pensando en Ud.
He was seeing her last year.	El andaba con ella el año pasado.
The dogs were smelling the boxes.	Los perros olfateaban las cajas.
They were loving their vacation until she got sick.	Estaban pasando muy bien sus vacaciones hasta que ella se enfermara.
I was having dinner when you called.	Estaba comiendo cuando tú me llamaste.
She was having a good time.	Ella la estaba pasando muy bien.
We were having fun.	Nos divertíamos mucho.
Were you having trouble with the machine?	¿Tenías problemas con la máquina?
They were having an argument.	Ellos estaban discutiendo.
We were having a meeting.	Estábamos en una reunión.
They were having a party.	Ellos estaban de fiesta.

§10.23

Was going to + el verbo básico indica las intenciones que no se resultaron.

Ejemplos

*I **was going to call** Mary, but I fell asleep.*	Yo iba a llamar a Mary, pero me dormí.
*He **was going to go** to the party, but he got sick.*	El iba a ir a la fiesta, pero se enfermó.
*They **were going to get** married, but her mother disapproved.*	Ellos iban a casarse, pero la mamá de ella no lo aprobó.

§10.3
USED TO

Used to + el verbo básico tiene dos usos.

(1) Enfatiza que un hecho del pasado ha terminado de ser verdad.

She used to be the mayor.	Ella ya no es la alcalde.
We used to be friends.	Ya no somos amigas.

I used to live in Europe.	Ya no vivo en Europa.
He used to smoke.	El ya no fuma.

(2) Indica acción habitual en el pasado.

We used to visit her on Sundays.	Nosotros la visitábamos los domingos.
They used to read poems to us.	Ellos nos leían versos.
He didn't use to help me.	El no me ayudaba.
I used to stay after school to talk to the teacher.	Yo me quedaba en la escuela después de las clases para hablar con la maestra.

El significado de este uso de *used to* también se puede expresar con el *Past Tense* + una expresión que indica frecuencia o con *would* + el verbo básico. (§10.4)

We used to visit her
   on Sundays.
We often visited her
   on Sundays.   } La visitábamos los domingos.
We would visit her
   on Sundays.

They used to read
   poems to us.
They always read
   poems to us.   } Nos leían versos.
They would always
   read poems to us.

He didn't use to help me.
He never helped me.   } El no me ayudaba.
He would never help me.

I used to stay after
   school every afternoon.
I stayed after school
   every afternoon.   } Yo me quedaba todas las tardes después de las clases.
I would stay after
   school every afternoon.

¡OJO! En el pasado, las palabras *always y never* indican acción habitual en inglés.

10.4
WOULD

Como se ve en los ejemplos anteriores, *would* + el verbo básico indica <u>con frecuencia</u> en el pasado.
Se usa la misma forma con todos los sujetos.
Use *would* para recordar los sucesos habituales del pasado.

Ejemplo

"When we were children, on Sundays we would always go to my grandmother's house. I would play with my cousin. My grandmother would always make a delicious dinner, and the whole family would eat at her big table. After dinner, we would all help wash the dishes, and it was fun. My mother would always talk to her mother in the kitchen for a long time, and then we would go home."	Cuando éramos niños, íbamos todos los domingos a la casa de mi abuela. Yo jugaba con mi primo. Mi abuela de costumbre preparaba una comida muy rica, y comíamos con toda la familia alrededor de la mesa grande. Después de la comida, todos ayudábamos a lavar los platos y la pasábamos muy bien. Mi mamá solía hablar por un tiempo largo con mi abuela en la cocina y después nos íbamos a casa.

Se puede usar *used to* o una expresión de frecuencia + el *Past Tense* como alternativa a este uso de *would*. (§10.3)

§10.5
PAST PERFECT TENSE

El *Past Perfect* relata un evento del pasado que sucedió antes de otro evento del pasado.

Use *had + past participle*

Declaración

I/You/He/She/It/We/They	*had*	*worked.*

Pregunta

Had	*I/you/he/she/it/we/they*	*worked?*

Respuesta corta

Yes,	*I/you/he/she/it/we/they*	*had.*

Negativa

I/You/He/She/It/We/They	*had not*	*worked.*

Respuesta corta negativa

No,	*I/you/he/she/it/we/they*	*hadn't.*

Use el *Past Perfect* con las palabras siguientes.

for	por / durante
since	desde
before	antes
ever	jamás / alguna vez
never	nunca / jamás
once	una vez
twice	dos veces
already	ya
yet	todavía
so far	hasta entonces
by then	antes de esa hora
just	ahorita
finally	por fin

(a) Use el *Past Perfect* con el primer suceso. Use el *Past Tense* con el suceso más reciente.

We lived in New York from 1990 to 1995.	Vivimos en Nueva York desde 1990 hasta 1995.
We moved to Los Angeles in 1995.	Nos mudamos a Los Angeles en 1995.
We had lived in New York for five years when we moved to Los Angeles.	Habíamos vivido en Nueva York cinco años cuando nos mudamos a Los Angeles.

Steve took his first trip to Central America last summer.	Steve hizo su primer viaje a Centroamérica el verano pasado.
Steve had never been in Central America before last summer.	Antes del verano pasado, Steve nunca había estado en Centroamérica.

John ate lunch at 1 o'clock.	John almorzó a la una.
At 1:30, Mr. Smith invited John to eat with him.	A la una y media, el Sr. Smith invitó a John a comer.
John had already eaten lunch when Mr. Smith invited him.	John ya había almorzado cuando el Sr. Smith lo invitó.

(b) Para enfatizar el resultado de la primera acción, mencione primero el suceso más reciente.

Joel won the election on Friday.	Joel ganó las elecciones el viernes.
On Saturday he had a big party.	Hizo una gran fiesta el sábado.

*Joel had a party because he **had** finally **won** the election.*	Joel hizo una fiesta porque por fin había ganado las elecciones.
Mike didn't read the newspaper.	Mike no leyó el periódico.
He didn't know the news.	No sabía las noticias.
*Mike didn't know the news because he **hadn't read** the paper yet.*	Mike no sabía las noticias, porque no había leído el periódico.
Kathleen didn't do her homework yesterday.	Kathleen no hizo su tarea ayer.
She couldn't go to the party last night.	No pudo ir a la fiesta anoche.
*Kathleen couldn't go to the party because she **hadn't done** her homework.*	Kathleen no pudo ir a la fiesta, porque no había hecho su tarea.
Brenda didn't study for the test.	Brenda no estudió para el examen.
She failed the test.	Falló en el examen.
*Brenda failed the test because she **hadn't studied**.*	Brenda falló en el examen, porque no había estudiado.

§10.6 PAST PERFECT PROGRESSIVE TENSE

had

El *Past Perfect Progressive* enfatiza que la acción anterior estaba en progreso.
Use *had been + present participle*.

Declaración

I/You/He/She/It/We/They	*had*	*been*	*working.*

Pregunta

Had	*I/you/he/she/it/we/they*		*been*	*working?*

Respuesta corta

Yes,	*I/you/he/she/it/we/they*	*had.*

Negativa

I/You/He/She/It/We/They	*had not been working.*

Respuesta corta negativa

No,	*I/you/he/she/it/we/they*	*hadn't.*

Ejemplos

*What **had** you **been doing** before you started to work?*	¿Qué habías estado haciendo antes de que empezaras a trabajar?
*I **had been studying** for five years.*	Había estado estudiando por cinco años.
*Where **had** she **been living** before she bought this house?*	¿Dónde había estado viviendo antes de que comprara esta casa?
*She **had been living** in an apartment for a long time.*	Había estado viviendo en un apartamento por mucho tiempo.
*How long **had** he **been driving** when he fell asleep?*	¿Hacía cuánto tiempo que manejaba cuando se durmió?
*He **had been driving** for three hours.*	Hacía tres horas que estaba manejando.

§11.

Verbos—Tiempo Futuro

Los tiempos del futuro expresan la anticipación de acción. Antes del sujeto, o después del verbo, use

later	más tarde
tonight	hoy en la noche
tomorrow	mañana
the day after tomorrow	pasado mañana
next Tuesday	el martes próximo
next week	la semana que viene
next January	el enero próximo
next month	el mes que viene
next year	el año que viene
soon	pronto
some time / some day	algún día
ten years from now	de hoy en diez años
at ten o'clock	a las diez

La manera de expresar el futuro indica lo que la persona cree que vaya a suceder.

§11.1 PRESENT PROGRESSIVE USADO PARA EL FUTURO

Para indicar lo que uno tiene planeado, use el *present progressive* (§9.2) con una expresión del futuro.

What are you doing tomorrow?	¿Qué vas a hacer mañana?
I am studying.	Voy a estudiar.
What is she doing next week?	¿Qué va a hacer ella la semana que viene?
She is flying to San Antonio.	Vuela a San Antonio.
What is he speaking about next Friday?	¿De qué hablará la semana próxima?
He is speaking about taxes.	Hablará de los impuestos.
What are you wearing to the party tonight?	¿Qué van a ponerse para la fiesta hoy en la noche?
We are wearing long skirts.	Vamos a usar faldas largas.

When are they coming home?	¿Cuándo llegan a casa?
They are coming home next month.	Llegan a casa el mes que viene.
Are you working tomorrow?	¿Piensas trabajar mañana?
Yes, I am.	Sí, pienso trabajar.
Is she coming home next week?	¿Viene ella a casa la semana próxima?
No, she isn't.	No, no viene.

§11.2
BE GOING TO

Igualmente, para indicar lo que uno intenta hacer, se puede usar *be + going to* + el verbo básico.

What are you going to do tomorrow?	¿Qué vas a hacer mañana?
I am going to study.	Voy a estudiar.
What is she going to do next week?	¿Qué va a hacer ella la semana próxima?
She is going to fly to San Antonio.	Va a volar a San Antonio.
What is he going to speak about next Friday?	¿De qué hablará él el viernes próximo?
He is going to speak about taxes.	Hablará de los impuestos.
What are you going to wear to the party?	¿Qué van a ponerse para la fiesta?
We are going to wear long skirts.	Vamos a usar faldas largas.
When are they going to come home?	¿Cuándo vienen ellos a casa?
They are going to come home next month.	Vienen el mes que viene.

Para las respuestas cortas y las negativas, use el *present progressive*.

Are you going to study medicine?	¿Va a estudiar medicina Ud.?
Yes, I am.	Sí.
No, I'm not.	No.

Is he going to call you tonight?	¿La va a llamar a Ud. hoy en la noche?
Yes, he is.	Sí.
No, he isn't.	No.

Are they going to eat?	¿Van a comer ellos?
Yes, they are.	Sí.
No, they aren't.	No.

§11.3
WILL Y OTROS AUXILIARES MODALES

Use un auxiliar modal—*may, might, should,* o *will* + un verbo básico—para expresar una posibilidad, probabilidad, promesa, o predicción. Use la misma forma con todos los sujetos.

(1) Use *may, might,* o *maybe* para indicar quizás:

What are you doing tomorrow?	¿Qué vas a hacer mañana?
I may work. / I might work. / Maybe I will work.	Quizás vaya a trabajar.
I may not work. / I might not work. / Maybe I won't work.	Quizás no vaya a trabajar.

What is she doing tomorrow?	¿Qué va a hacer ella mañana?
She may not work. / She might not work. / Maybe she won't work.	Quizás no vaya a trabajar.

(2) Use *should* para indicar <u>a lo mejor</u>:

What time are you going to get here?	¿A qué hora estarán ustedes aquí?
*We **should** get there around 8 p.m.*	A lo mejor estaremos ahí por las ocho de la noche.
When is he going to know the answer?	¿Cuándo sabrá la respuesta?
*He **should** know it tomorrow morning.*	A lo mejor la sabrá mañana en la mañana.

(3) Use *will probably* para indicar <u>probablemente</u>:

Are you working tomorrow?	¿Vas a trabajar mañana?
*I **will probably** work.*	Probablemente vaya a trabajar.
Is she going to work next week?	¿Ella va a trabajar la semana próxima?
*She **will probably** work.*	Probablemente vaya a trabajar.

(4) Use *probably won't* para indicar que la acción no es probable:

Are you working tomorrow?	¿Trabaja Ud. mañana?
*I **probably won't** work.*	Probablemente no vaya a trabajar.
Is she going to work next week?	¿Trabaja ella la semana próxima?
*She **probably won't** work.*	Probablemente no vaya a trabajar.

(5) Use *will* para pedir un favor o aceptar un compromiso; use *won't* para negar un compromiso:

Will you (please) work tomorrow?	¿Me hace el favor de trabajar mañana?
*Yes, I **will**.*	Sí, claro.
Will you help my friend next week?	¿Me hace el favor de ayudar a mi amigo la semana próxima?
*No, I **won't** help him.*	No. Me niego a ayudarlo.

(6) Use *will* para hacer una predicción.

What will happen in the twenty-first century?	¿Qué pasará en el siglo veintiuno?
We will travel to the moon for a vacation.	Viajaremos a la luna para las vacaciones.
My baby will be a doctor.	Mi niño será médico.

(7) Otros usos de auxiliares modales para el futuro son

Significado	Presente	Futuro	Negativo del Futuro
habilidad	*can*	*will be able to*	*won't be able to*
permiso	*may*	*will be allowed to*	*won't be allowed to*
obligación	*must / have to be supposed to*	*will have to will have to will be expected to*	*won't have to won't have to won't be expected to*
deseo	*would like*	*will want to*	*won't want to*

Ejemplos

I can't sleep. After I take my medicine, I will be able to sleep.	No puedo dormir. Después de tomar los medicamentos, podré dormir.
He can't play the piano, and he won't be able to play unless he practices.	El no puede tocar el piano, y no podrá tocarlo si no practica.
You may not leave the room during the test. You will be allowed to leave when the test is over.	Se prohibe salir del aula durante el examen. Tendrán permiso para salir cuando se termine el examen.
She doesn't have to take the test now, but she will have to take it before next semester.	Ella no tiene que hacer el examen ahora, pero tendrá que hacerlo antes que empiece el semestre próximo.
I wouldn't like to eat now, but I will want to eat before I go to bed.	No quisiera comer ahora, pero querré comer antes de que me acueste.

§11.4
PRESENT TENSE USADO PARA EL FUTURO

§11.41

Use el *Present Tense* para indicar la hora de un evento programado, o con horario.

When is the party?	¿Cuándo es la fiesta?
It is tomorrow.	Es mañana.
What time does the movie start?	¿A qué hora empieza la película?
It starts at 7 o'clock.	Empieza a las siete.
When do they leave for the beach?	¿Cuándo salen ellos para la playa?
They leave next month.	Salen el mes que viene.

§11.42

Use el verbo en el *Present Tense* después de *before, after, as soon as, when* y *if* para expresar el futuro.

Ejemplos

I am going to leave before he gets here.	Voy a salir antes de que él llegue.
He is speaking after the chairman speaks.	El va a hablar después de que hable el presidente.
She will come as soon as she finishes.	Ella vendrá en cuanto termine.
They should be here when you arrive.	Ellos estarán aquí cuando llegues.
I might cry when I say good-bye.	Es posible que yo llore al despedirme.
I might cry if he says good-bye.	Es posible que yo llore si él se despide.

§11.5
FUTURE PROGRESSIVE TENSE

El *future progressive tense* enfatiza que la acción del futuro estará en progreso. Para formar el *future progressive*, use *will be* + el *present participle*.

Declaración

	I/you/he/she/it *we/they*	*will be*	*working.*

Pregunta

Will	*I/you/he/she/it* *we/they*	*be*	*working?*

Respuesta corta

Yes,	*I/you/he/she/it* *we/they*	*will.*

Negativa

	I/you/he/she/it *we/they*	*won't be*	*working.*

Respuesta corta negativa

No,	*I/you/he/she/it* *we/they*	*won't.*

*What **will you be doing** tomorrow at four?*	¿Qué estarás haciendo mañana a las cuatro?
*I **will be studying.***	Estaré estudiando.
*What **will your sister be doing** this time tomorrow?*	¿Qué estará haciendo tu hermana mañana a esta hora?
*She **will be taking** an exam.*	Ella estará haciendo un examen.

§11.6 FUTURE PERFECT TENSE

El *future perfect tense* se usa para expresar acción que se terminará a un tiempo específico en el futuro.

Use + *will have* + *past participle* + *by* + una fecha
una hora
un evento

Ejemplos

*I **will have finished** my exams **by** June 1st.*	Para el primer día de junio yo ya habré terminado con mis exámenes.
*We **will have read** the reports **by** 10 o'clock.*	A las diez ya habremos leído los informes.
*She **will have lost** ten pounds **by** her wedding day.*	Para el día de su boda ella ya habrá perdido diez libras.

Otro modelo
Use *by the time* o *when* + sujeto + verbo en el *present tense* + coma + sujeto + *will have* + *past participle*.

Ejemplos

By the time I *see you,* I *will have graduated.*	Para el día que nos veamos, yo ya me habré graduado.
When I *get home, I will have finished* my exams.	Cuando yo llegue a casa, ya habré terminado con mis exámenes.
By the time you read this, I *will have left.*	Cuando tú leas esto, yo ya me habré ido.

§11.7 FUTURE PERFECT PROGRESSIVE TENSE

El *future perfect progressive* expresa acción que habrá estado pasando por un período específico a un tiempo específico en el futuro.
Use sujeto + *will have been* + *present participle*.

Ejemplos

I *am going to start cooking at eight o'clock tomorrow morning.*	Mañana voy a empezar a cocinar a las ocho de la mañana.
At noon I will have been cooking for four hours.	A mediodía habré estado cocinando cuatro horas.
By the time you get home at six, I will have been cooking for ten hours.	Cuando tú llegues a casa, a las seis, yo habré estado cocinando diez horas.

§12.

Verbos—Otros Modelos

§12.1
VERBOS
USADOS COMO
SUSTANTIVOS

§12.11
Gerundios

El gerundio (*gerund*) de inglés es el *Present Participle* (verbo básico + *ing* §8.) usado como sujeto o complemento directo de una oración, o después de una preposición. (§17.)

Gerund como sujeto	*Singing is fun.*	Es divertido cantar.
Gerund como complemento	*I like singing.*	Me gusta cantar.
Gerund después de una preposición	*I am tired of singing.*	Estoy cansado de cantar.

(1) Después de los verbos siguientes, use el verbo en forma de gerundio.

admit	aceptar
appreciate	apreciar
avoid	evitar
consider	pensar hacer algo, como una posibilidad
deny	negar
discuss	platicar
enjoy	gozar de
finish	terminar de
imagine	imaginar
keep / keep on	continuar
mind	estar molesta
miss	extrañar
postpone	posponer
quit	dejar de
recall	recordar
resist	tener fuerzas para no
risk	arriesgar
stop	dejar de
suggest	sugerir
tolerate	tolerar

Ejemplos

consider

He is considering *taking* the train.	Está pensando en la posibilidad de ir por tren.

discuss

Did you discuss *visiting* Canada?	¿Platicaron Uds. de la posibilidad de visitar Canadá?

enjoy

We enjoy *traveling*.	Nos gusta viajar.

finish

They are going to finish *cleaning* soon.	Ellos van a terminar de limpiar pronto.

keep (on)

He kept (on) *talking* to me.	Siguió hablando conmigo.

mind

Do you mind *helping* me?	¿Podrías ayudarme?

postpone

We will postpone *going* on the trip.	Vamos a posponer el viaje.

quit

They have quit *smoking*.	Ellos han dejado de fumar.

stop

It has stopped *snowing*.	Ha dejado de nevar.

(2) Use *feel like* + *gerund* para indicar tener ganas de.

What do you *feel like doing*?	¿Qué tienes ganas de hacer?
I *feel like dancing*.	Tengo ganas de bailar.
What does he *feel like doing*?	¿Qué tiene ganas de hacer él?
He *feels like taking* a nap.	Tiene ganas de tomar una siesta.
What do you all *feel like doing*?	¿Qué tienen ganas de hacer Uds.?
We *feel like going shopping*.	Tenemos ganas de ir de compras.

(3) Use *would you mind* + *gerund* para pedir algo con mucha cortesía.

Would you mind moving over?	¿Podría Ud. cambiarse de asiento?
Would you mind helping me?	¿Podría Ud. ayudarme?
Would you mind closing the window?	¿Podría Ud. cerrar la ventana?

(4) Use el gerundio después de una preposición.

Thank you for helping.	Gracias por ayudar.
I did it by working quickly.	Lo hice por medio de trabajar rápido.
She is tired of living there.	Ella está cansada de vivir ahí.
I want to keep on studying.	Quiero seguir estudiando.
He is thinking about quitting smoking.	El piensa dejar de fumar.

(5) Use el gerundio después de un posesivo.

I love Carolyn's singing.	Me encanta como canta Carolyn.
He appreciates my being here.	A él le agrada el hecho de que yo esté aquí.
We appreciated his helping us.	Le agradecimos mucho su ayuda.
They regret your moving so far away.	Ellos sienten mucho que te hayas mudado tan lejos.

§12.12 Infinitivos

La forma del infinitivo (*infinitive*) es *to + el verbo básico*. Se puede usar el infinitivo como sujeto o como complemento directo de una oración.

Infinitivo como sujeto	*To win the lottery would be fun.* Ganar la lotería sería divertido.
Infinitivo como complemento	*They wanted to win the game.* Ellos quisieron ganar el juego.

(1) Después de los verbos siguientes, use el verbo en forma infinitiva.

afford	tener suficiente dinero para algo
agree	ponerse de acuerdo

appear	parecer
beg	suplicar
claim	insistir en que
decide	decidir
expect	planear
forget	olvidarse de
hope	tener esperanzas de
intend	pensar hacer
learn	aprender a
manage	hallar modo de
mean	querer
need	necesitar
offer	ofrecer
plan	planear
pretend	fingir
promise	prometer
refuse	negar a
seem	parecer
try	tratar de
wait	esperar
want	querer

Ejemplos

We can't afford to go on vacation.	No tenemos suficiente dinero para ir de vacaciones.
I'm learning to swim.	Estoy aprendiendo a nadar.
He didn't mean to hurt you.	El no quiso herirte.
We need to try harder.	Necesitamos hacer más esfuerzo.
They are offering to help us.	Nos están ofreciendo su ayuda.

(2) Use el infinitivo (o *in order* + infinitivo) para dar el motivo de una acción.

I went to the store to buy milk.
I went to the store in order to buy milk.
Fui a la tienda para comprar leche.

They are studying to get good grades.
They are studying in order to get good grades.
Ellos estudian para sacar buenas notas.

(3) Use el infinitivo después de *too +* adjetivo y *enough +* adjetivo.

She is too young to drive.	Ella es demasiado joven para manejar.
She is tall enough to drive.	Ella tiene suficiente altura para manejar.
She is not old enough to drive.	Ella no tiene suficiente edad para manejar.

(4) Use el infinitivo después de *be supposed* . Esta expresión indica comportamiento o acción esperada. (§20.)

You are supposed to wear a hat.	Uno ha de usar sombrero.
You are supposed to stand in line.	Uno debe hacer cola.
You are not supposed to talk in class.	Uno no debiera hablar durante la clase.
It is supposed to rain.	Dicen que va a llover.
I was supposed to buy the tickets.	Fue mi responsabilidad comprar los boletos.

(5) Use el infinitivo después de *be glad* y *be sorry*.

I'm glad to meet you.	Mucho gusto en conocerlo.
I was glad to help him.	Me dio mucho gusto ayudarlo.
She will be glad to hear that.	A ella le dará mucho gusto oír eso.
I am sorry to hear your news.	Siento mucho saber sus noticias.
He was sorry to tell her that.	El sintió mucho decirle eso.

(6) Use el infinitivo después de *it takes +* un período de tiempo. Esta expresión significa que el período de tiempo es necesario para la actividad.

It takes three hours to drive home.	Se necesitan tres horas para manejar a casa.
It took ten minutes to write the letter.	Fueron necesarios diez minutos para escribir la carta.

(7) Use el infinitivo después de un verbo + complemento directo (§15.5)

(a) para expresar deseo de acción por otra persona:

verbos

I want Judy *to call* me.	Quiero que Judy me llame.
I want her *to call* me.	Quiero que ella me llame.
We want Charles *to study* more.	Queremos que Charles estudie más.
We want him *to study* more.	Queremos que él estudie más.
Charles wants Dad *to leave* him alone.	Charles quiere que mi papá lo deje en paz.
Charles wants him *to leave* him alone.	Charles quiere que él lo deje en paz.

(b) para pedir acción por medio de otra persona:

Ask Judy *to call* me.	Pídale a Judy que me llame.
Ask her *to call* me.	Pídale a ella que me llame.
Tell Charles *to study* more.	Dígale a Charles que estudie más.
Tell him *to study* more.	Dígale que estudie más.
I don't want to ask my parents *to help* me.	No quiero pedir a mis padres que me ayuden.
I don't want to ask them *to help* me.	No quiero pedirles que me ayuden.

§12.13 Otros usos de Gerundios e Infinitivos

(1) Los verbos siguientes se pueden seguir por gerundio o infinitivo, sin diferencia de sentido.

begin	empezar
hate	odiar
like	gustar
love	encantar
continue	continuar / seguir

They began *studying* last night.	Ellos empezaron a estudiar anoche.
They began *to study* last night.	
She hates *washing* dishes.	Ella odia lavar los platos.
She hates *to wash* dishes.	
He likes *going* to school.	A él le gusta ir a la escuela.
He likes *to go* to school.	
I love *dancing*.	A mí me encanta bailar.
I love *to dance*.	
We want to continue *reading*.	Queremos seguir leyendo.
We want to continue *to read*.	

(2) Use el infinitivo después de un adjetivo descriptivo.

It is nice to see you.	¡Qué gusto de verlo!
It is important to finish early.	Es importante terminar temprano.
It was great to be there.	Fue maravilloso estar ahí.

En una conversación informal, cuando dos personas se despiden, se puede usar *it was* + adjetivo descriptivo + gerundio.

It was nice knowing you.	Fue un placer conocerte.
It was fun working with you.	Fue muy divertido trabajar contigo.
It was great seeing you.	Fue maravilloso verte de nuevo.

(3) *stop*

Stop + gerundio y *stop* + infinitivo tienen distintos significados.

stop + gerundio = dejar de hacer

Please stop talking.	Por favor, deje de hablar.

stop + infinitivo = detenerse para hacer

Please stop to talk.	Por favor, deténgase para hablar conmigo.

(4) *try*

Try + gerundio y *try* + infinitivo tienen distintos significados.

try + gerundio = considerar como solución

I couldn't open the door, so I tried using a different key.	No pude abrir la puerta, y por eso traté otra llave.
He decided to try taking aspirin for his headache.	El decidió probar la aspirina para aliviar su dolor de cabeza.

try + infinitivo = hacer el esfuerzo

Please try to sleep.	Por favor, trate de dormir.
I need to try to practice every day.	Necesito hacer el esfuerzo para practicar todos los días.

(5) *used to* y *be used to*

Used + infinitivo expresa un hecho o una acción del pasado que ya no es verdad. (§10.3)

I used to live in Chicago.	Viví en Chicago, pero ya no vivo ahí.

be used to + gerundio = estar acostumbrado

I am used to living in Chicago.	Estoy acostumbrado a vivir en Chicago.

get used to + gerundio = acostumbrarse a

I have to get used to waking up at 6 a.m.	Tengo que acostumbrarme a despertarme a las seis de la mañana.
I can't get used to going to bed before 11 o'clock.	No puedo acostumbrarme a acostarme antes de las once.

(6) *remember* y *forget*

Remember + infinitivo significa que el recuerdo causa la acción.

I remembered to turn off the iron.	Me acordé de apagar la plancha.

Forget + infinitivo significa que la falta de recordar causa la inacción.

I forgot to turn off the iron.	Se me olvidó apagar la plancha.

Remember + gerundio significa que uno recuerda la acción.

I remember turning off the iron.	Recuerdo bien el acto de apagar la plancha.
I will never forget shaking hands with the president!	No olvidaré nunca cuando le di la mano al presidente.

(7) *consider*

Consider + complemento directo + infinitivo = creer

I consider him to be very intelligent.	Lo considero muy inteligente.

consider + gerundio = deliberar

You should consider taking that course.	Debieras pensar tomar ese curso.
We are considering going to that play.	Estamos pensando asistir a esa pieza dramática.

(8) *imagine*

Imagine + complemento directo + infinitivo = imaginarse

I imagine her to be a lot of fun.	Me imagino que ella es muy divertida.
I don't imagine him to be a very good cook.	No me imagino que él sea muy buen cocinero.

imagine + gerundio = imaginar

I can imagine skiing down those mountains.	Puedo imaginar como sería esquiar en esas montañas.
I can't imagine living with him.	No puedo imaginar como sería vivir con él.

(9) *come*

Come se puede seguir por el <u>verbo básico</u> o por el <u>infinitivo</u> en el tiempo futuro y en un mandato (§15.), sin diferencia de significado.

They are going to come (to) visit soon.	Ellos vendrán a visitarnos pronto.
They will come (to) visit soon.	
Come see us.	Venga a vernos.
Come to see us.	

En otros tiempos, <u>*come*</u> se sigue por el <u>infinitivo</u> .

He comes to see us every day.	El viene a vernos todos los días.
I am coming to see you.	Voy a verte.
She has come to see us.	Ella ha venido a vernos.
They came to visit.	Ellos vinieron a visitar.

Para una comparación de los usos de *come* y *go*, véase al §13.

(10) *go*

(a) Se sigue por el verbo básico en un mandato.

Go help your friend.	Ve a ayudar a tu amigo.
Go buy a bottle of milk.	Ve a comprar una botella de leche.

¡OJO! Una excepción es

Go to sleep!	¡Duérmete!

(b) Use *go + gerund* para hablar de ciertas actividades.

go boating	pasear en bote
go bowling	jugar a las bochas
go camping	ir de camping
go dancing	bailar
go fishing	pescar
go hiking	hacer alpinismo
go jogging	correr lentamente
go running	correr
go sailing	navegar
go shopping	ir de compras
go skating	patinar
go skiing	esquiar
go swimming	nadar

Ejemplos

Please go bowling with us.	Venga a jugar a las bochas con nosotros.
We are going to go camping.	Vamos a ir de camping.
They went fishing last week.	Ellos pescaron la semana pasada.
He has never gone sailing before.	El no ha navegado nunca.
They have to go shopping.	Ellas tienen que ir de compras.

(11) *Help* se sigue por el <u>verbo básico</u>, no por gerundio ni infinitivo.

Please help clean the floor.	Por favor, ayuda a limpiar el piso.
I have to help sell tickets.	Tengo que ayudar a vender los boletos.
They helped me shovel the snow.	Me ayudaron a limpiar la nieve.
We will help them win.	Los ayudaremos a ganar.

(12) *make* + complemento directo + verbo básico = obligar que alguien haga algo
have + complemento directo + verbo básico = arreglar que alguien haga algo
let + complemento directo + verbo básico = dar permiso para que alguien haga algo

Ejemplos

She makes him leave.	Ella le obliga a salir.
She has him leave.	Ella hace que él salga.
She lets him leave.	Ella deja que él salga.
They made her cut her hair.	Ellos la obligaron a cortarse el pelo.
They had her cut her hair.	Ellos hicieron que ella se cortara el pelo.
They let her cut her hair.	Ellos dejaron que ella se cortara el pelo.

(13) *see* + complemento directo + verbo básico o gerundio = ver a alguien hacer algo

I always see him walk to the park.	Siempre lo veo caminar al parque.
I always see him walking to the park.	

hear + complemento directo + verbo básico o gerundio = oír a alguien hacer algo

He heard me come in last night.	El me oyó entrar anoche.
He heard me coming in last night.	

§12.2 PALABRAS TEXTUALES Y DISCURSO INDIRECTO

(1) Palabras textuales de una declaración
Para repetir las palabras exactas de una persona, use comillas antes de las palabras ("), y después de la puntuación al final de la frase (").

Bob said, "It's snowing!"	Bob dijo: ¡Está nevando!
Mary said, "I'm not going to go to school."	Mary dijo: Yo no voy a ir a la escuela.
"I will not shovel snow," said Mary.	"Yo me niego a limpiar la nieve," dijo Mary.
I answered, "It snowed yesterday, too."	Yo contesté: Nevó ayer también.

Si las palabras textuales están al principio de la frase, esas palabras terminan con coma en vez de punto. Sin embargo, no se cambian los signos interrogativos y los signos de admiración.

"She's sick," said Patty.	"Ella está enferma," dijo Patty.
"Should we call the doctor?" she asked.	¿Debiéramos llamar al médico? preguntó ella.
"Let's go to the hospital!" cried Fred.	¡Vamos al hospital! exclamó Fred.

Si las palabras textuales están al final de la frase, se pone una coma después de la introducción:

Patty said, "She's sick."	Patty dijo: Ella está enferma.
She asked, "Should we call the doctor?"	Ella preguntó: ¿Debiéramos llamar al médico?
Fred cried, "Let's go to the hospital!"	Fred exclamó: ¡Vamos al hospital!

(2) Discurso Indirecto
Para reportar lo que ha dicho otra persona, use el modelo siguiente.
sujeto + verbo en el pasado + (*that*) + sujeto + verbo en un tiempo anterior.

(a) El verbo de una declaración del presente o del futuro se cambia al pasado.

Bob said, "It's snowing." — Bob dijo: Está nevando.
*Bob said (that) it **was snowing**.* — Bob dijo que estaba nevando.
Bob said, "Mary works hard at school." — Bob dijo: Mary trabaja mucho en la escuela.
*Bob said (that) Mary **worked** hard at school.* — Bob dijo que Mary trabajaba mucho en la escuela.

Mary said, "I'm not going to go to school." — Mary dijo: No voy a ir a la escuela.
*Mary said (that) she **wasn't going to go** to school.* — Mary dijo que no iba a ir a la escuela.
Mary said, "I will not shovel snow." — Mary dijo: Yo me niego a limpiar la nieve.
*Mary said (that) she **would** not **shovel** snow.* — Mary dijo que no limpiaría la nieve.

(b) El verbo de una declaración del *Past Tense* o del *Present Perfect* se cambia al *Past Perfect*.

I answered, "It snowed yesterday." — Yo contesté: Nevó ayer.
*I answered that it **had snowed** the day before.* — Yo contesté que había nevado ayer.

Bob said, "Mary worked hard at school." — Bob dijo: Mary trabajó mucho en la escuela.
*Bob said (that) Mary **had worked** hard at school.* — Bob dijo que Mary había trabajado mucho en la escuela.

I said, "It has snowed five times this winter." — Yo dije: Ha nevado cinco veces este invierno.
*I said (that) it **had snowed** five times this winter.* — Yo dije que había nevado cinco veces este invierno.

(3) Palabras Textuales de las preguntas
Para repetir las palabras exactas de una pregunta, use comillas.
(a) Preguntas que se contestan con "sí" o "no"

*"**Are you going to work?**" asked Mary.* — ¿Vas al trabajo? preguntó Mary.

"Will you help me?" asked Patsy.	¿Me ayudas? pidió Patsy.
"Have you eaten breakfast?" asked Ron.	¿Has desayunado? preguntó Ron.

(b) Preguntas que buscan información

"What are you doing?" asked Bob.	¿Qué estás haciendo? preguntó Bob.
"Why did Judy leave?" I asked.	¿Por qué se fue Judy? pregunté yo.
"Where have they been?" Jane asked.	¿Dónde han estado ellos? preguntó Jane.

(4) Preguntas Indirectas
Para decir lo que alguien ha preguntado,
(a) con las preguntas que se contestan con "sí" o "no," use
sujeto + verbo + *if* + sujeto + verbo en un tiempo anterior:

Mary asked if I was going to work.	Mary me preguntó si yo iba al trabajo.
Patsy asked if we would help her.	Patsy nos preguntó si la ayudaríamos.
Ron asked if I had eaten breakfast.	Ron me preguntó si yo había comido.

(b) con una pregunta que busca información, use
sujeto + verbo + palabra interrogativa + sujeto + verbo en
un tiempo anterior.

Bob asked what I was doing.	Bob me preguntó qué estaba haciendo.
I asked why Judy had left.	Yo pregunté por qué se había ido Judy.
Jane asked where they had been.	Jane preguntó dónde habían estado ellos.

(5) Palabras textuales de los mandatos (§15.)

My teacher told me, "Do your homework!"	Mi maestra me dijo: ¡Haz la tarea!
Tiffany said to her, "Go home!"	Tiffany le dijo. ¡Vete a casa!
"Leave me alone!" John said.	¡Déjame en paz! dijo John.

(6) Discurso Indirecto de los mandatos
sujeto + verbo + complemento indirecto + infinitivo

My teacher told me to do my homework.	Mi maestra me dijo que hiciera la tarea.
Tiffany told her to go home.	Tiffany le dijo que fuera a casa.
John told us to leave him alone.	John nos dijo que lo dejara en paz.

§12.3 PREGUNTAS Y DECLARA- CIONES INCLUIDAS

Para hacer una pregunta que está dentro de otra pregunta, use el modelo siguiente.
primera pregunta + palabra interrogativa + sujeto + verbo + ?

Do you know who that man is?	¿Sabe Ud. quién es ese hombre?
Can you tell me where the White House is?	¿Puede Ud. decirme dónde está la Casa Blanca?
Will you find out when they are coming?	¿Averiguas tú cuándo vienen?
Do you know why he did that?	¿Sabes por qué él hizo eso?

Para contestar estas preguntas, use el modelo siguiente.
respuesta primera + palabra interrogativa + sujeto + verbo

I don't know who that man is.	No sé quién es ese hombre.
I can't tell you where the White House is.	No le puedo decir dónde está la Casa Blanca.
I can't find out when they are coming.	No puedo averiguar cuándo vienen.
I don't care when they are coming.	No me importa cuándo vengan.

Cuando la pregunta incluida indica acción del futuro, use el modelo siguiente.
primera pregunta o respuesta + palabra interrogativa + infinitivo

Do you know what to do?	¿Sabes qué hacer?
Can you tell me how to get there?	¿Me puedes decir cómo llegar ahí?

Will you find out when to arrive?	¿Averiguas tú cuándo debiéramos llegar?
Do you know who(m) to call?	¿Sabes a quién llamar?
Can you tell her where to go?	¿Le puedes decir a ella adónde ir?

I don't know what to do.	No sé qué hacer.
I can't tell you how to get there.	No te puedo decir cómo llegar ahí.
I will find out when to arrive.	Voy a averiguar cuándo debiéramos llegar.
I don't know who(m) to call.	No sé a quién llamar.
I don't know where to go.	No sé adónde ir.

§12.4 PREGUNTAS AÑADIDAS

Frecuentemente, después de una declaración, se añada una pregunta que pide confirmación. Esto equivale a *¿verdad?* o *¿no es así?*

(a) Después de una frase positiva, use una pregunta negativa.

be

I am crazy, am I not?	Estoy loca, ¿verdad?
I am crazy, aren't I?	
Yes, you are.	Sí.
No, you aren't.	No.

I'm studying hard, aren't I?	Estoy estudiando mucho, ¿no es así?
Yes, you are.	Sí.
No, you aren't.	No.

You are smart, aren't you?	Eres inteligente, ¿verdad?
Yes, I am.	Sí.
No, I'm not.	No.

You are studying, aren't you?	Estás estudiando, ¿verdad?
Yes, I am.	Sí.
No, I'm not.	No.

We are lost, aren't we?	Estamos perdidos, ¿verdad?
Yes, we are.	Sí.
No, we aren't.	No.
They are wonderful, aren't they?	Ellos son maravillosos, ¿no?
Yes, they are.	Sí.
No, they aren't.	No.
She is sweet, isn't she?	Ella es dulce, ¿verdad?
Yes, she is.	Sí.
No, she isn't.	No.
He is nice, isn't he?	El es simpático, ¿no?
Yes, he is.	Sí.
No, he isn't.	No.
It is interesting, isn't it?	Es interesante, ¿verdad?
Yes, it is.	Sí.
No, it isn't.	No.

Todos los otros verbos

I work hard, don't I?	Trabajo mucho, ¿verdad?
Yes, you do.	Sí.
No, you don't.	No.
You study a lot, don't you?	Ud. estudia mucho, ¿no?
Yes, I do.	Sí.
No, I don't.	No.
We help you, don't we?	Nosotros lo ayudamos, ¿no es así?
Yes, you do.	Sí.
No, you don't.	No.
They live here, don't they?	Ellos viven aquí, ¿verdad?
Yes, they do.	Sí.
No, they don't.	No.
She works there, doesn't she?	Ella trabaja ahí, ¿verdad?
Yes, she does.	Sí.
No, she doesn't.	No.

He studies English, doesn't he?	El estudia inglés, ¿no es verdad?
Yes, he does.	Sí.
No, he doesn't.	No.
It works, doesn't it?	Funciona, ¿verdad?
Yes, it does.	Sí.
No, it doesn't.	No.

(b) Después de una declaración negativa, use una pregunta positiva.

be

I'm not crazy, am I?	No estoy loca, ¿o sí?
No, you aren't.	No.
Yes, you are.	Sí.
You aren't worried, are you?	No estás preocupado, ¿o sí?
No, I'm not.	No.
Yes, I am.	Sí.
We aren't ready, are we?	No estamos listos, ¿verdad?
No, we aren't.	No.
Yes, we are.	Sí.
They aren't honest, are they?	Ellos no son honestos, ¿no es así?
No, they aren't.	No.
Yes, they are.	Sí.
She isn't prepared, is she?	Ella no está preparada, ¿o sí?
No, she isn't.	No.
Yes, she is.	Sí.
He isn't upset, is he?	El no está alterado, ¿verdad?
No, he isn't.	No.
Yes, he is.	Sí.

Todos los otros verbos

I don't need that, do I?	Yo no necesito eso, ¿verdad?
No, you don't.	No, no lo necesitas.
Yes, you do.	Sí, lo necesitas.

You don't care, do you?	A ti no te importa, ¿verdad?
No, I don't.	No, no me importa.
Yes, I do.	Sí, me importa.
We don't want that, do we?	No queremos eso, ¿verdad?
No, we don't.	No, no lo queremos.
Yes, we do.	Sí, lo queremos.
They don't see us do they?	Ellos no nos ven, ¿verdad?
No, they don't.	No, no nos ven.
Yes, they do.	Sí, nos ven.

Siga las mismas normas con los otros tiempos.

You were here, weren't you?	Tú estabas aquí, ¿verdad?
Yes, I was.	Sí.
No, I wasn't.	No.
He smiled at me, didn't he?	El me sonrió, ¿no fue así?
Yes, he did.	Sí.
No, he didn't.	No.
We have been there, haven't we?	Ya hemos estado ahí, ¿no?
Yes, we have.	Sí.
No, we haven't.	No.
They had seen it, hadn't they?	Ellos ya lo habían visto, ¿no?
Yes, they had.	Sí.
No, they hadn't.	No.
You weren't here, were you?	No estabas aquí, ¿verdad?
No, I wasn't.	No, no estaba aquí.
Yes, I was.	Sí, estaba aquí.
He didn't smile at me, did he?	El no me sonrió, ¿verdad?
No, he didn't.	No, no te sonrió.
Yes, he did.	Sí, te sonrió.

We haven't been there, have we?	No hemos estado ahí, ¿verdad?
No, we haven't.	No, no hemos estado ahí.
Yes, we have.	Sí, hemos estado ahí.
They hadn't seen it, had they?	Ellos no lo habían visto, ¿verdad?
No, they hadn't.	No, no lo habían visto.

§12.5 USO DE VERBOS CON COMPLE- MENTOS INDIRECTOS

Las oraciones que tienen complementos indirectos siguen varios modelos. (§6.23)

(1) Hay dos modelos para después de los verbos siguientes.

bring	traer	*offer*	ofrecer	*sell*	vender
give	dar	*owe*	deber	*send*	mandar
hand	entregar	*pass*	pasar	*serve*	servir
lend	prestar	*pay*	pagar	*take*	tomar
show	mostrar	*read*	leer	*sing*	cantar
teach	enseñar	*tell*	decir	*write*	escribir

(a) verbo + complemento + *to* + complemento
     directo   indirecto (sustantivo o pronombre)

(b) verbo + complemento + complemento directo
     indirecto   (sustantivo, no pronombre)

Ejemplos

Modelo (a)	Modelo (b)	
He brings flowers to me.	*He brings me flowers.*	El me trae las flores.
He brings them to me.		El me las trae.
I sold the car to him.	*I sold him the car.*	Le vendí el carro a él.
I sold it to him.		Se lo vendí.
They have told the truth to us.	*They have told us the truth.*	Ellos nos han dicho la verdad.
They have told it to us.		Ellos nos la han dicho.
She is going to serve lamb to us.	*She is going to serve us lamb.*	Ella nos va a servir el cordero.
She is going to serve it to us.		Ella nos lo va a servir.

¡OJO! Cuidado de no usar el pronombre con el modelo (b). Sería incorrecto decir, "He brings me them," o "I sold him it."

(2) Se usan los mismos modelos, cambiando *to* por **_for_** después de los verbos siguientes.

bake	cocinar en el horno	*buy*	comprar	*build*	construir
		do	hacer	*draw*	dibujar
cook	cocinar	*get*	conseguir	*make*	componer
find	encontrar	*save*	guardar		

Modelo (a)   Modelo (b)

She is baking a   *She is baking him*   Ella está haciendo
cake for him.   *a cake.*   un pastel para él.
She is baking it for him.

He bought a ring   *He bought her*   El le compró un
for her.   *a ring.*   anillo a ella.
He bought it for her.

They have drawn   *They have drawn*   Ellos han hecho
pictures for me.   *me pictures.*   dibujos para mí.
They have drawn them for me.

Please save a seat *Please save me*   Por favor, guárdame
for me.   *a seat.*   un asiento.
Please save it for me.

(3) Se usa solamente el modelo (a) después de los verbos siguientes.

con **_to_**

admit	admitir	*announce*	anunciar
describe	describir	*explain*	explicar
introduce	presentar	*mention*	mencionar
prove	probar	*recommend*	recomendar
repeat	repetir	*report*	reportar
say	decir	*suggest*	sugerir

She is describing the   Ella le está describiendo la
house to him.   casa.
She is describing it to him. Ella se la está describiendo.

We explained the lesson Nosotros les explicamos la
to them.   lección a ellos.
We explained it to them. Nosotros se la explicamos.

I mentioned the party to her.   Yo le mencioné la fiesta a ella.

I mentioned it to her.   Yo se la mencioné.

con *for*

answer	contestar	*change*	cambiar	*close*	cerrar
open	abrir	*cash*	cambiar dinero		

Can you change a twenty for me?   ¿Ud. me puede cambiar un billete de veinte dólares?

Can you change it for me?   ¿Me lo puede cambiar?

Please answer this question for me.   Por favor, contéstame esta pregunta.

Please answer it for me.   Por favor, contéstamela.

(4) Después del verbo *ask*, se puede usar solamente el modelo (b).

May I ask you a question? ¿Le puedo hacer una pregunta?

Did you ask him a question?   ¿Ud. le hizo una pregunta a él?

¡OJO! No se puede decir, "May I ask you it?" o "Did you ask him it?"

get

§13.

Verbos—Usos Especiales

(1) *get* + adjetivo

Get antes de un adjetivo significa "hacerse."

Las combinaciones comunes incluyen

get angry, get mad	enojarse
get anxious	hacerse ansioso
get nervous	hacerse nervioso
get excited	emocionarse
get worried	hacerse preocupado
get tall	llegar a ser alto
get big	llegar a ser grande
get old	envejecerse
get fat	engordarse
get thin	adelgazarse
get gray	llegar a ser canoso
get bald	llegar a ser calvo
get rich	enriquecerse
get poor	llegar a ser pobre
get busy	ocuparse
get hungry	empezar a tener hambre
get thirsty	empezar a tener sed
get cold	empezar a tener frío
get hot	empezar a tener calor
get sleepy	empezar a tener sueño
get tired	cansarse
get sick	enfermarse
get well	ponerse bien
get dizzy	marearse
get better	mejorarse
get worse	empeorarse
get late	hacerse tarde
get dark	oscurecerse
get light	iluminarse
get wet	mojarse
get dry	secarse

Otros ejemplos

I get cold in the evenings.	Empiezo a tener frío en la tarde.
Are you going to get involved?	¿Vas a involucrarte?
He gets excited at soccer games.	El se emociona durante los juegos de fútbol.
Are you getting bored?	¿Te estás aburriendo?
It is getting dark.	Se está oscureciendo.
We got confused without the map.	Nos confundimos sin el mapa.
They got lost, too.	Ellos se perdieron también.
Did you get married?	¿Uds. se casaron?
No, but we got engaged.	No, pero nos comprometimos.

(2) *have* o *get* + *done* = otra persona se le hace el servicio

Modelo: *have* + sustantivo + *past participle*
              get + sustantivo + *past participle*

I have my hair done. *I get my hair done.*	Otra persona me arregla el pelo.
We have our grass cut every week. *We get our grass cut every week.*	Otra persona nos corta el césped.
She had her curtains made last year. *She got her curtains made last year.*	Otra persona le hizo las cortinas el año pasado.
He has his oil changed often. *He gets his oil changed often.*	Otra persona le cambia el aceite con frecuencia.

(3) *ask* y *ask for*

ask + complemento indirecto = hacerle una pregunta a alguien

Ask Mary if she is sick.	Pregúntele a Mary si está enferma.
I need to ask her when she is leaving.	Necesito preguntarle cuándo piensa salir.
Did you ask him who his friend was?	¿Le preguntó a él quién era su amigo?

ask for + complemento directo = pedir algo

Ask for a hamburger with onions.	Pida una hamburguesa con cebolla.
I need to ask for more money.	Necesito pedir más dinero.
Did you ask for help?	¿Ud. pidió ayuda?

(4) *borrow y lend*
borrow = pedir algo prestado

May I please borrow a dollar (from you)?	¿Me prestas un dólar? (¿Puedo pedirte un dólar?)
Yes, you may borrow it.	Sí, te lo presto. (Sí, puedes tomarlo.)

lend = dar algo prestado

Will you lend me a dollar?	¿Me prestas un dólar?
I will you lend you a dollar.	Sí, te lo presto.

(5) *speak y talk*
speak = hablar un idioma
　　　　hablar en serio
　　　　dar un discurso

He doesn't speak Russian.	El no habla ruso.
The teacher spoke to me about my son's behavior.	La maestra me habló en serio del comportamiento de mi hijo.
The president is going to speak on television.	El presidente va a dar un discurso en la televisión.

talk = conversar

I hope we can talk soon.	Ojalá podamos hablar pronto.
She talks to her mother on the phone every day.	Ella habla con su mamá por teléfono todos los días.

(6) *go y come* ir y venir
go = movimiento a un lugar donde no esté ni la persona
　　　que habla ni la persona que escucha

Please go to the store.	Por favor, ve a la tienda.
I'm going to Janet's house.	Voy a la casa de Janet.
My friends went home.	Mis amigos fueron a casa.

come = movimiento al lugar donde está o adonde va a
      estar la persona que escucha

*I want to **come** see you.*	Quiero ir a verte.
*I am **coming** to your house tomorrow.*	Voy a tu casa mañana.
*We **came** to your party last week.*	Fuimos a tu fiesta la semana pasada.
*Is your family going to **come** to visit?*	¿Tu familia va a visitarte?

come = movimiento al lugar donde está o adonde va a
      estar la persona que habla

*Please **come** to see me.*	Por favor, ven a verme.
*Are you **coming** to my house tomorrow?*	¿Vienes tú a mi casa mañana?
*You **came** to my party, didn't you?*	Tú viniste a mi fiesta, ¿verdad?
*I wish my family could **come** to visit.*	Ojalá pudiera venir mi familia a visitar.

(7) *take* y *bring* = llevar y traer
Use *take* con *go*.

***Go** home and **take** your things.*	Ve a casa, y lleva tus cosas.
*We're **going** to Janet's party, and we're **taking** a gift.*	Vamos a la fiesta de Janet, y le llevamos un regalo.
*He **went** to school and **took** his lunch.*	El fue a la escuela y llevó su almuerzo.

Use *bring* con *come*.

*I'm **coming** to your house, and I'm **bringing** a pizza.*	Voy a tu casa, y te llevo una pizza.
*Did your husband **come** home from his trip? What did he **bring** you?*	¿Ya llegó tu esposo de su viaje? ¿Qué te trajo?
*I hope your children **came** home from school, and **brought** their books.*	Espero que tus hijos hayan regresado a casa de la escuela, y que hayan traído sus libros.
***Come** home, dear daughter, and **bring** your things.*	Ven a casa, hija querida, y trae tus cosas.
*If you **come** to my party, will you **bring** some cookies?*	Si vienes a mi fiesta, ¿me traes unos bizcochos?

Betty came over and brought her new boyfriend.	Betty vino a mi casa, y trajo su novio nuevo.

(8) *say* y *tell* = decir
(a) Con *say*, use *to* + el **complemento directo**.
    Con *tell*, use el **complemento indirecto** (sin *to*).

Please say what you think.	Por favor, diga lo que piensa.
Please say to me what you think.	Por favor, dígame lo que piensa.
Please tell me what you think.	
What did your friend say?	¿Qué dijo su amigo?
What did he say to you?	¿Qué le dijo a Ud.?
What did he tell you?	
He said he wanted to go home.	Dijo que quería ir a su casa.
He said to me that he wanted to go home.	Me dijo que quería ir a su casa.
He told me that he wanted to go home.	

(b) *Tell* también significa <u>contar</u>.

He told us the story of his life.	El nos contó la historia de su vida.
Please tell me what happened.	Por favor, cuéntame lo que pasó.

(c) *Tell* también significa <u>informar</u>.

He is going to tell the police.	El va a informar a la policía.
I hope nobody tells her parents.	Ojalá que nadie se lo diga a sus padres.
She told him her secret.	Ella le dijo su secreto.

(d) Use *tell* con <u>the truth</u>, "la verdad."

Always tell the truth.	Siempre diga la verdad.

(9) *do / make*
do = actuar
Use *do* antes de los sustantivos que significan <u>trabajo</u> o <u>esfuerzo</u>.

do work	hacer trabajo
do exercises	hacer ejercicios
do homework	hacer la tarea
do housework	limpiar la casa

do laundry	lavar la ropa
do dishes	lavar los platos

make = crear, fabricar, construir

make a cake, pie, sandwich	hacer un pastel, un postre, un sándwich
make a dress, suit	hacer un vestido, un traje
make a paper airplane	hacer un avión de papel

make + **complemento directo** + **verbo básico** = obligar a alguien a hacer algo

Don't make me go.	No me obligue a ir.
He made her do that.	El le obligó a ella a que hiciera eso.
You can't make them study.	No se puede obligarles a estudiar.

Use *make* para ciertas expresiones.

make a bed	arreglar una cama
make a mess	desordenar
make an appointment	hacer una cita
make arrangements	organizar
make a mistake	hacer un error
make a fuss	quejarse
make money	ganar dinero

(10) *expect / wait / hope / wish*

Expect expresa confianza de que algo pasará.

I expect he will win.	Espero que él ganará.
I expect him to win.	
She expects to get a promotion.	Ella espera que le subirán de puesto.

Wait expresa el acto de quedarse en un lugar o estado hasta que ocurra algo.

I'm waiting for a letter.	Estoy esperando una carta.
He's waiting for his sister's call.	El está esperando la llamada de su hermana.

Hope expresa el deseo de algo posible.

(a) Deseo en el presente para el futuro:

I hope he wins.	Espero que él gane.
I hope he will win.	
I hope I get a promotion.	Espero que me suban de puesto.
I hope I will get a promotion.	

(b) Deseo en el presente acerca de lo que no se sabe del pasado:

I *hope* he won.	Espero que él haya ganado.
I *hope* I got a promotion.	Espero que me hayan subido de puesto.

(c) Deseo en el pasado acerca del pasado.

I *hoped* he would win.	Yo esperaba que él ganara.
I *hoped* I would get a promotion.	Yo esperaba que me subieran de puesto.

Wish expresa lamento de que una situación no sea verdadera. Después de *wish*, use el modo subjuntivo. (§16.)

(a) en el presente

I *wish* he were here.	Yo lamento que él no esté aquí.
He *wishes* I lived there.	El lamenta que yo no viva ahí.

(b) en el pasado

I *wish* he had been here.	Yo lamento que él no estuviera ahí.
She *wishes* we had bought the car.	Ella lamenta que no compráramos el carro.

(c) en el futuro

I *wish* I could travel.	Yo lamento que no pueda viajar.
She *wishes* she could go home.	Ella lamenta que no pueda ir a casa.

(11) *look at / watch*

Look at se usa con algo que no se está moviendo.

She *looks at* magazines.	Ella ve las revistas.
She *is looking at* some photographs.	Ella está mirando algunas fotos.

Watch se usa con algo que se está moviendo.

He *watches* TV a lot.	El ve mucho la televisión .
They *are watching* a baseball game.	Ellos están viendo un partido de béisbol.

Watch también puede significar "cuidar".

Her sister *is watching* the baby.	Su hermana está cuidando al niño.

(12) *look / look alike / look like / be like*

look + adjetivo = parecer

She **looks** tired.	Ella parece cansada.
He **looks** unhappy.	El parece desconsolado.
They **don't look** interested.	Ellos no parecen interesados.

alike = iguales

They are **alike**.	Son iguales.
They **look alike**.	Se parecen (físicamente).
They don't **look alike**.	No se parecen (físicamente).

look like + sustantivo = parecerse físicamente

She **looks like** her mother.	Ella se parece a su mamá.
He doesn't **look like** his brother.	El no se parece a su hermano.

be like = parecerse en todo

She **is like** her mother.	Ella es igual a su mamá.

It + **looks like** + sujeto + verbo = parecer que

It **looks like** she is tired.	Parece que ella está cansada.
It **looks like** he is unhappy.	Parece que él está desconsolado.
It **looks like** they are not interested.	Parece que ellos no tienen interés.
It **looks like** it is going to rain.	Parece que va a llover.

(13) **know / meet**

(a) know = saber / conocer

I know Miss Jones.	Conozco a la Srta. Jones.
I don't know what she is doing.	No sé qué está haciendo.

(b) meet = conocer por primera vez / encontrarse

I want to meet your mother.	Quiero conocer a tu mamá.
You met my mother last year.	Tú conociste a mi mamá el año pasado.
We meet every day at the office.	Nos encontramos todos los días en la oficina.
Let's meet for lunch at one o'clock.	Vamos a encontrarnos para almorzar a la una.

(14) **ashamed / embarassed**

(a) ashamed = con vergüenza seria / arrepentido

He is ashamed of the lies he told.	El está avergonzado de las mentiras que dijo.

(b) *ashamed* = sin orgullo

She was ashamed of her dirty house.	Ella sintió vergüenza de su casa sucia.

(c) *embarassed* = con vergüenza por timidez / con sonrojo

She was embarassed when they made her sing a solo.	Ella tenía vergüenza cuando le obligaron a cantar sola.

(15) *Belong to* tiene dos significados.
(a) ser miembro de un grupo u organización

I belong to the Jockey Club.	Soy miembro del Club de los Jinetes.
She belongs to the Women's Association.	Ella es miembro de la Asociación de Mujeres.

(b) pertenecer a alguien

That book belongs to me.	Ese libro es mío.
Those dogs belong to our neighbors.	Esos perros pertenecen a nuestros vecinos.

(16) *Depend on* tiene dos significados.
(a) necesitar a alguien

They depend on their parents for everything.	Ellos dependen de sus padres para todo.
He depends on me to take him to work.	El me necesita para que lo lleve a su trabajo.

(b) basada en

Whether we go on a picnic or not depends on the weather.	Si vamos de picnic o no depende del tiempo.
It depends on the time.	Depende de la hora.

§14.

Verbos—Voz Pasiva

En las secciones anteriores, los tiempos de verbos se han presentado en <u>la voz activa</u>, dando importancia al sujeto de la oración—la persona que hace la acción.

Ejemplos de la voz activa:

My husband painted the house.	Mi esposo pintó la casa.
Thomas Edison invented the light bulb.	Thomas Edison inventó la luz eléctrica.
Shakespeare wrote "Twelfth Night."	Shakespeare escribió "Twelfth Night."
Jeremy loves me.	Jeremy me quiere.

La <u>voz pasiva</u> (*passive voice*) se usa para cambiar el énfasis del actor al resultado de la acción. La persona que hace la acción no es el foco importante de la oración.

Para formar la voz pasiva, use una forma de *be* + el *past participle*.

Present Tense	*I am* Estoy invitado.	*invited*
Present Progressive	*I am being* Me están invitando ahora.	*invited*
Future	*I am going to be* Me van a invitar.	*invited*
	I will be Me invitarán.	*invited*
Present Perfect	*I have been* Me han invitado.	*invited*
Past	*I was* Fui invitado.	*invited*
Past Progressive	*I was being* Me estaban invitando.	*invited*
Past Perfect	*I had been* Me habían invitado.	*invited*

Para usar la voz pasiva con un auxiliar modal, use el **modal** + *be* + *past participle*.

Presente	*I can be* Puedo estar invitado.	*invited*
Futuro	*I could be* Podría estar invitado.	*invited*

Pasado	*I could have been* *invited* Pude haber estado invitado.
Presente	*I may be* *invited* Puede que esté invitado.
Futuro	*I might be* *invited* Puede que esté invitado.
Presente	*I might have been* *invited* Es posible que me hayan invitado.
Presente / Futuro	*He must be* *invited* Es preciso que lo inviten. *He has to be* *invited* Es preciso que lo inviten.
Pasado	*He had to be* *invited* Fue preciso que lo invitaran.

En las oraciones de voz pasiva, el resultado de la acción es lo importante.

*The house **was painted** last month.*	La casa fue pintada el mes pasado.
*The light bulb **was invented** a long time ago.*	La luz eléctrica fue inventada hace mucho tiempo.
*"Twelfth Night" **was written** in old English.*	"Twelfth Night" fue escrito en inglés antiguo.
*I **am loved** and I am happy.*	Yo soy amada, y soy feliz.

La voz pasiva se usa también para evitar mención del autor de la acción.

*She **is spoiled**.*	La miman.
*He is **being punished**.*	Lo están castigando.
*I'm going to **be promoted**.*	Me van a subir de puesto.
*We will **be helped**.*	Nos van a ayudar.
*He **was told** the truth.*	Le dijeron la verdad.
*You **were being deceived**.*	Te estaban engañando.

Se puede expresar la acción que refiere a personas no específicas de varias maneras.

*English **is spoken** here.*	Aquí se habla inglés.
***They speak** English here.*	Aquí hablan inglés.
*How **is** that word **spelled**?*	¿Cómo se escribe esa palabra?
*How do **you spell** that word?*	

How is that word pronounced?	¿Cómo se pronuncia esa palabra?
How do you pronounce that word?	
How do you say "pretty" in Spanish?	¿Cómo se dice "pretty" en español?
You say "bonita."	Se dice "bonita".

§15.

Verbos—Modo Imperativo

Para dar mandatos, órdenes, y sugerencias, use el modo imperativo. Para formar el imperativo, use el verbo básico sin sujeto.

Use *please* (por favor) antes del verbo o al final de la frase.

Please come here!	Venga acá, por favor.
Come here, please!	
Please write soon.	Escriba Ud. pronto, por favor.
Sign your name, please.	Firme Ud., por favor.

Para hacer un mandato negativo, use *don't* + el verbo básico:

Please don't come back!	¡No vuelvas, por favor!
Don't come back, please!	

Please don't drive fast.	Por favor, no manejes rápido.
Don't be late.	No llegues tarde.
Don't forget to call me.	No olvides llamarme.

Ejemplos

Para explicar cómo hacer algo

To get to my house, get on Route 66, going west.	Para llegar a mi casa, pase por la Ruta 66, rumbo al oeste.
Take Exit 67 E.	Salga en la salida 67 E.
Go straight for three miles.	Siga derecho por tres millas.
Turn right on Spring Street.	Doble a la derecha en la Calle Spring.
Pass three traffic lights.	Siga derecho, pasando tres semáforos.
Turn left at the fourth light, onto Maple Avenue.	Doble a la izquierda al cuarto semáforo, en la Avenida Maple.
Look for my house on on the right. It is the red brick colonial with the dogwood tree in front.	Busque mi casa al lado derecho. Es la casa de ladrillos rojos, estilo colonial, con árbol cornejo por delante.
Don't park on the street.	No se estacione en la calle.
Turn into my driveway, and park there.	Entre en la calzada y deje el carro ahí.

Para dar instrucciones

To use the microwave, put the food on a paper, plastic or glass plate.	Para usar el microondas, ponga la comida en un plato de papel, de plástico, o de vidrio.
Do not use a plate with any metal parts.	No utilice plato que tenga partes metálicas.
Cover the food loosely with a paper towel.	Cubra la comida sueltamente con una toalla de papel.
Pull the door open.	Jale la puerta para abrirla.
Put the plate in the center of the oven.	Coloque el plato en el centro del horno.
Close the oven door.	Cierre la puerta del horno.
Press the timer button.	Aprete el boton "timer."
Indicate the number of minutes needed for the dish.	Indique el número de minutos necesarios para la comida.
Press the start button.	Aprete el botón "start."
Wait the required time.	Espere el tiempo indicado.
Listen for the beep.	Espere el tono.
Pull the door open, and remove your warmed food.	Jale la puerta para abrirla, y saque su comida calentada.

§15.2
SUGERENCIAS

Para hacer sugerencias que incluyen al hablador, use *let's (not)* + verbo básico.

Please let's go home. Let's go home, please!	Vamos a casa, ¡por favor!
Let's eat out.	Comamos en un restaurante.
Let's not stay late, please!	No nos quedemos tarde, por favor.
Let's not argue.	No discutamos.
Let's not spend too much money.	No gastemos demasiado dinero.

§15.3
SUGERENCIAS
FORMALES

Para hacer una sugerencia más formal, use *Shall we* + verbo básico + **?** .

Shall we dance?	¿Bailemos?
Shall we eat at 8 o'clock?	¿Comamos a las ocho?

§15.4
YOU
IMPERSONAL

Para pedir o dar instrucciones en una conversación, se usa *you* para referir a "uno" (§6.11)

How **do you** start the machine?	¿Cómo se arranca la máquina?
You push the button.	Se aprieta el botón.
How **do you** get to the airport from here?	¿Cómo se llega al aeropuerto desde aquí?
You cross the bridge and go straight ahead.	Se cruza el puente y se sigue adelante.

§15.5
MANDATOS
INDIRECTOS

Si Ud. quiere que otra persona (con quien no esté hablando) haga algo, use *want* + el nombre de la persona (o pronombre) + el infinitivo. (§12.12)

Ejemplos

I want Liz to call me.	Quiero que Liz me llame.
I want her to call me.	Quiero que ella me llame.
They want Barry to go home.	Ellos quieren que Barry se vaya a casa.
They want him to go home.	Quieren que él se vaya a casa.
She wants Helena to stay a little longer.	Ella quiere que Helena se quede un poquito más tiempo.
She wants her to stay a little longer.	Quiere que ella se quede un poquito más tiempo.
He wants his friends to lend him the money.	El quiere que sus amigos le presten el dinero.
He wants them to lend him the money.	Quiere que ellos le presten el dinero.
We wanted Max to finish college.	Queríamos que Max terminara sus estudios en la universidad.
We wanted him to finish college.	Queríamos que él terminara sus estudios en la universidad.
Do you want me to help you?	¿Quieres que yo te ayude?
Yes, I want you to help me.	Sí, quiero que me ayudes.

§16.

Verbos—Modo Subjuntivo

Se usa el subjuntivo
- después de los verbos que expresan sugerencias o demandas de acción;
- después de las expresiones que indican necesidad;
- después de *wish* y después de *if* para expresar situaciones no verdaderas.

§16.1 SUGERENCIAS Y NECESIDAD DE ACCIÓN

La forma fundamental del subjuntivo para todos los sujetos es el <u>verbo básico</u>.

(1) *Be* ser / estar

that I	be	that we	be
that you	be	that you	be
that he	be	that they	be
that she	be		
that it	be		

(2) Todos los otros verbos

that I	work	that we	work
that you	work	that you	work
that he	work	that they	work
that she	work		
that it	work		

Se usa esta forma después de cualquier tiempo de los verbos siguientes

suggest	sugerir
recommend	recomendar
propose	proponer
ask	pedir
request	solicitar
insist	exhortar / insistir
require	requerir
demand	exigir

y después de cualquier tiempo de las expresiones siguientes.

it is necessary that	es necesario que
it is important that	es importante que
it is vital that	es imprescindible que

Ejemplos
(a) tiempo presente

I suggest that you **be** *quiet.*	Sugiero que estés tranquilo.
He recommends that we **be** *on time.*	El recomienda que lleguemos a tiempo.
She asks that they **be** *responsible.*	Ella pide que ellos sean responsables.
We demand that you **be** *honest.*	Exigimos que Ud. sea honesto.
They insist that we **be** *patient.*	Ellos insisten que tengamos paciencia.
It is necessary that you **be** *careful.*	Es necesario que tengas cuidado.
It is important that I **be** *strong.*	Es importante que yo sea fuerte.
We suggest that he **study** *more.*	Sugerimos que él estudie más.
They recommend that we **try** *again.*	Ellos recomiendan que intentemos de nuevo.
She asks that he **return** *next week.*	Ella pide que él vuelva la semana que viene.
It is necessary that he **come** *home.*	Es necesario que él venga a casa.
It is important that she **bring** *the paper tomorrow.*	Es importante que ella traiga el periódico mañana.

(b) tiempo pasado

I suggested that you **be** *quiet.*	Sugerí que estuvieras tranquilo.
She asked that they **be** *responsible.*	Ella pidío que fueran responsables.
They insisted that we **be** *patient.*	Ellos insistieron que tuviéramos paciencia.
It was necessary that you **be** *careful.*	Fue necesario que tuvieras cuidado.
We suggested that he **study** *more.*	Sugerimos que él estudiara más.
She recommended that we **try** *again.*	Ella recomendó que intentáramos de nuevo.
She asked that he **return** *next week.*	Ella ha pedido que él volviera la semana que viene.
It was necessary that he **come** *home.*	Fue necesario que él viniera a casa.

were

(c) tiempo futuro

He will recommend that we be on time.	El va a recomendar que lleguemos a tiempo.
We will demand that you pay the bill.	Vamos a exigir que Ud. pague la cuenta.

§16.2
THE PRESENT SUBJUNCTIVE

Las formas regulares del *Present Subjunctive* son iguales a las formas indicativas del *Past Tense*.

worked

I wish I worked here.	Lamento que yo no trabaje aquí.
If I worked here, ...	Si yo trabajara aquí, ...

Hay una forma irregular.
El verbo *be* después de *I, he, she*, y *it* es *were*, no *was.*

I wish I were	Lamento que yo no sea / esté
If I were	Si yo fuera / estuviera
I wish he were	Lamento que él no sea / esté
If he were	Si él fuera / estuviera
She wishes she were	Ella lamenta que no sea / esté
If she were	Si ella fuera / estuviera
We wish it were	Lamentamos que no sea / esté
If it were	Si fuera / estuviera

(1) Se usa el *Present Subjunctive* después de **wish** para lamentar que algo no sea verdad.

Ejemplos

I wish I were thin.	Lamento que no esté delgada.
He wishes he were here.	El lamenta que no esté aquí.
She wishes her daughter lived near.	Ella lamenta que su hija no viva cerca.

(2) Use el *Present Subjunctive* después de *if* para expresar una reacción probable con algo no verdadero.

Modelo: *If* + sujeto + ***present subjunctive*** + sujeto + **would** + verbo básico

If I wanted that dress, I would buy it.	Si yo quisiera ese vestido, lo compraría.
If I were you, I would call her.	Si yo fuera tú, la llamaría.
If you worked here, you would understand.	Si tú trabajaras aquí, entenderías.

§16.3
THE PAST SUBJUNCTIVE

Las formas del *Past Subjunctive* son iguales a las formas indicativas del *Past Perfect*.

had been	fuera / estuviera / hubiera sido / hubiera estado
had worked	trabajara / hubiera trabajado

(1) Use el *Past Subjunctive* después de *wish* para lamentar que algo no fuera verdad en el pasado.

I wish I had been thin in my youth.	Lamento que no fuera delgada en mi juventud.
He wishes she had been here last night.	El lamenta que ella no estuviera aquí anoche.
She wishes Kathy had stayed with her when she was sick.	Ella lamenta que Kathy no se quedara con ella cuando estaba enferma.
We wish we had had a car when we were in Los Angeles.	Lamentamos que no tuviéramos un carro cuando estábamos en Los Angeles.
They wish John had worked harder.	Ellos sienten que John no trabajara más.

(2) *if* + *Past Subjunctive* = si hubiera ...
Modelo: If + sujeto + *past subjunctive* + sujeto + *would* + *present perfect*

If I had wanted that dress, I would have bought it.	Si yo hubiera querido ese vestido, lo habría comprado.
If I had been there, I would have called her.	Si yo hubiera estado ahí, la habría llamado.
If you had worked here, you would have understood.	Si tú hubieras trabajado aquí, habrías comprendido.

§16.4
EL SUBJUNTIVO VS. EL INDICATIVO DESPUÉS DE *IF*

(1) Use el indicativo después de *if* para pronosticar
(a) acción posible y resultado cierto;
Modelo: If + sujeto + verbo en el presente, coma *(then)* sujeto + verbo en el presente

If I eat too much, I get sick.	Si yo como demasiado, me enfermo.
If he is tired, he is grouchy.	Si él está cansado, está de mal humor.

(b) accion probable y resultado cierto.
Modelo: *If* + sujeto + verbo en el presente, coma *(then)* sujeto + verbo en el futuro

If I *work* tomorrow, the boss *will be* happy.	Si yo trabajo mañana, el jefe estará contento.
If we *go* to South America, we *will go* to Bolivia.	Si vamos a Sudamérica, iremos a Bolivia.

(2) Use el <u>subjuntivo</u> después de *if*
(a) para indicar acción improbable y resultado condicional;
Modelo: *If* + sujeto + <u>subjuntivo</u>, *(then)* sujeto + *would* + verbo básico

If I *worked* tomorrow, the boss *would be* happy.	Si yo trabajara mañana, el jefe estaría contento.
If we *went* to South America, we *would go* to Bolivia.	Si fuéramos a Sudamérica, iríamos a Bolivia.

(b) para pedir permiso con mucha cortesía.
Modelo: *Would* + sujeto + *mind* + *if* + sujeto + verbo en el subjuntivo + ?

Would you *mind if* I *opened* the window?	¿Te importaría si abro la ventana?
Would Mr. Smith *mind if* we *borrowed* his ladder?	¿Está bien si le pedimos prestada la escalera del Sr. Smith?

§17.

Preposiciones

La preposición es una palabra o serie de palabras que intervienen entre una palabra y un complemento (sustantivo o pronombre) para explicar la relación entre ellos.

§17.1 PREPOSI- CIONES DE LUGAR

over	arriba de
The white box is over the black box.	La caja blanca está arriba de la caja negra.
above	arriba de
The white box is above the black box.	La caja blanca está arriba de la caja negra.
below	debajo de
The black box is below the white box.	La caja negra está debajo de la caja blanca.
beneath	debajo de
The black box is beneath the white box.	La caja negra está debajo de la caja blanca.
under	debajo de
The black box is under the white box.	La caja negra está debajo de la caja blanca.
underneath	debajo de
The black box is underneath the white box.	La caja negra está debajo de la caja blanca.
behind	detrás de
Chair A is behind chair B.	La silla A está detrás de la silla B.
in back of	detrás de
Chair A is in back of chair B.	La silla A está detrás de la silla B.
in front of	delante de
Chair B is in front of chair A.	La silla B está delante de la silla A.
ahead of	delante de
Chair B is ahead of chair A.	La silla B está delante de la silla A.
across from	enfrente de
Chair C is across from chair B.	La silla C está enfrente de la silla B.
opposite	enfrente de
Chair C is opposite chair B.	La silla C está enfrente de la silla B.

199

against   pegado a
Chair A is against   La silla A está pegada a la
chair B.   silla B.
by   al lado de
Chair B is by chair C.   La silla B está al lado de la
                                    silla C.
beside   al lado de
Chair B is beside chair C.   La silla B está al lado de la
                                    silla C.
next to   al lado de
Chair B is next to chair C.   La silla B está al lado de la
                                    silla C.

between   entre (dos cosas)
Chair 2 is between chair   La silla 2 está entre la silla 1 y
1 and chair 3.   la silla 3.

among   entre (más de dos cosas)
The black spot is among   La mancha negra está entre
the white spots.   las manchas blancas.

near   cerca de
Chair A is near chair B.   La silla A está cerca de la
                                    silla B.
close to   cerca de
Chair A is close to   La silla A está cerca de la
chair B.   silla B.

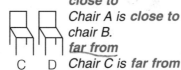

far from   lejos de
Chair C is far from   La silla C está lejos de la
chair B.   silla B.
beyond   más allá de
Chair D is beyond   La silla D está más allá de la
chair C.   silla C.

on   encima de
The white lamp is on   La lámpara blanca está encima
the table.   de la mesa.
upon   encima de
The white lamp is upon   La lámpara blanca está encima
the table.   de la mesa.
off   fuera de
The black lamp is off   La lámpara negra está fuera de
the table.   la mesa.

in	dentro de
The apple is in the box.	La manzana está dentro de la caja.
inside	dentro de
The apple is inside the box.	La manzana está dentro de la caja.
within	dentro de
The apple is within the box.	La manzana está dentro de la caja.
out of	fuera de
The apple is out of the box.	La manzana está fuera de la caja.
outside of	fuera de
The apple is outside of the box.	La manzana está fuera de la caja.

Para indicar lugar, se usa

in con los continentes, los países, los estados, las ciudades, los pueblos, y los rincones;

Quito is in South America.	Quito está en Sudamérica.
My friend is in Ecuador.	Mi amigo está en el Ecuador.
The house is in Quito.	La casa está en Quito.
The table is in the corner.	La mesa está en el rincón.

on con las costas, las playas, los lados, las calles, los pisos, y las esquinas:

Ocean City is on the Atlantic coast.	Ocean City está en la costa Atlántica.
We live on the south side of the city.	Vivimos en la parte del sur de la ciudad.
We live on Maple Avenue.	Vivimos en la Avenida Maple.
Our house is on the corner.	Nuestra casa está en la esquina.
We live on the 10th floor.	Vivimos en el piso número 10.

at con los edificios y con los números de una dirección:

She is at the market.	Ella está en el mercado.
We are at my friend's house.	Estamos en casa de mi amigo.
I live at 2345 Maple Avenue.	Yo vivo en la Avenida Maple, número 2345.

at también con ciertos lugares comunes:

at home	en casa
at work	en el taller, la oficina u otro lugar de trabajo
at school	en la escuela para estudiar o trabajar (§7.12)

in   con los lugares específicos dentro de un lugar más grande:

Mary is at school in her classroom.	Mary está en la escuela en su clase.
Mom is at home in the kitchen.	Mi mamá está en casa en la cocina.
He works at the grocery store in the meat department.	El trabaja en la carnicería del supermercado.

at   *con un lugar aún más específico después de in.*

Mary is at school in her classroom at her desk.	Mary está en la escuela en su clase sentada en su pupitre.
Mom is at home in the kitchen at the stove.	Mi mamá está en casa en la cocina ante el horno.

§17.2 PREPOSI-CIONES DE RUMBO

	across *The line goes across the box.*	através de La línea va através de la caja.
	along *The line goes along the box.*	a lo largo de La línea va a lo largo de la caja.
	by *The line goes by the box.*	por La línea va por la caja.
	past *The red line goes past the box.* *The black line goes past the box.*	por enfrente de La línea roja va por enfrente de la caja. mas allá de La línea negra va más allá de la caja.
	through *The line goes through the box.*	por / a través de La línea va por la caja.
	around *The line goes around the box.*	alrededor de La línea va alrededor de la caja.

down	hacia abajo
The black line goes down the hill.	La línea negra va de la colina abajo.
up	hacia arriba
The red line goes up the hill.	La línea roja va de la colina arriba.

to	a / hasta
The black line goes to the box.	La línea negra va hasta la caja.
toward	hacia / rumbo a
The dotted line is going toward the box.	La línea interrumpida va hacia la caja.
(away) from	hacia afuera
The red line goes from the box.	La línea roja va de la caja hacia afuera.

back to	regresar a
The black line goes back to the box.	La línea negra regresa a la caja.

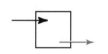

into	hacia adentro
The black line goes into the box.	La línea negra va hacia adentro de la caja.
out of	hacia afuera
The red line goes out of the box.	La línea roja va hacia afuera de la caja.

onto	hacia encima de
The black line goes onto the table.	La línea negra va hacia encima de la mesa.
off	hacia abajo de
The red line goes off the table.	La línea roja va de la mesa hacia abajo.

§17.3 PREPOSI- CIONES DE TIEMPO

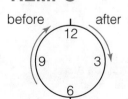

before	antes de
The players practiced before the game.	Los jugadores practicaron antes del juego.
after	después de
They celebrated after the game.	Celebraron después del juego.

during   durante de
The fans cheered *during*   Los aficionados gritaron
the game.   alegremente durante el juego.

since   desde
She hasn't eaten *since*   Ella no ha comido desde
last night.   anoche.

until, up to   hasta
I will stay *until* noon.   Me quedaré hasta mediodía.

around, about   aproximadamente
We will be there *around*   Estaremos ahí aproximadamente
9:30.   a las nueve y media.

by   a esa hora o antes
Please call me *by*   Por favor, llámame no más
4 o'clock.   tarde que las cuatro.

for   (indica un período de tiempo)
She waited *for* 30   Ella esperó treinta minutos.
minutes.

through   durante
He slept *through* the   El dormía durante el juego.
game.

Para expresar tiempo se usa
in   con los siglos, las décadas, los años, las estaciones,
       los meses, los períodos del día:
       in the 1800s   en el siglo diecinueve
       in the 1950s   en los cincuenta
       in 1991   en 1991
       in the spring   en la primavera
       in February   en febrero
       in the morning   por la mañana
       in the afternoon   por la tarde
       in the evening   por la tarde
       in time   con suficiente tiempo para no
                             perder el evento

He arrived *in time* to see   El llegó a tiempo para ver todo
the whole show.   el espectáculo.

on   con los días, las fechas, los días de fiesta:
We are leaving *on*   Nos vamos el lunes.
Monday.

We are leaving *on the 15th.*	Nos vamos el quince.
We celebrate *on Independence Day.*	Celebramos el Día de la Independencia.
She had a party *on her birthday.*	Ella dio una fiesta el día de su cumpleaños.
He has a class *on Fridays.*	El tiene clase los viernes.
They relax *on weekends.*	Ellos descansan los fines de semana.

on time = a tiempo:

Mary is always *on time for class.*	Mary siempre llega a tiempo para la clase.

at   con *night,* y con horas específicas:

at night	en la noche
at 4 o'clock	a las cuatro
at midnight	a medianoche
at noon	a mediodía

at present = ahora

At present we are studying grammar.	Ahora estudiamos la gramática.

at the moment = en este momento

I am busy *at the moment*	En este momento estoy ocupado.

§17.4 PREPOSI- CIONES DE OTRAS AFINIDADES

as   como

She works *as a secretary.*	Ella trabaja como secretaria.

by   (a) método de comunicación

He sent the memo *by fax.*	El mandó el memo por fax.

(b) método de transporte

They went to town *by bus.*	Ellos fueron a la ciudad por bus.

(c) autor de la acción

The dress was made *by my mother.*	El vestido fue hecho por mi mamá.
She made the dress *by herself.*	Ella hizo el vestido sola.

(d) método de construcción

She made it *by* hand and *by* machine.	Ella lo hizo a mano y con la máquina.

except aparte de

Everybody was happy *except* Kathy.	Todo el mundo, aparte de Kathy, estaba contento.

for   (a) por

We marched *for* peace.	Marchamos por la paz.
She came *for* a reason.	Vino por algo.

(b) para

The gift is *for* you.	El regalo es para Ud.
I left *for* Mexico.	Yo salí para México.

(c) como parte de una comida

He had potatoes *for* dinner.	El comió papas para la cena.

from   origen

The bowl is *from* India.	El tazón es de la India.
The present is *from* Barbara.	El regalo es de Bárbara.

of   (a) materia de composición

The table is made *of* glass.	La mesa es hecha de vidrio.

(b) pertenecimiento

He is a friend *of* mine.	El es amigo mío.
Santiago is the capital *of* Chile.	Santiago es la capital de Chile.

with   con

He fixed the shelf *with* a hammer.	El reparó el estante con un martillo.
I opened the door *with* my key.	Yo abrí la puerta con mi llave.
I went *with* Stephen.	Yo fui con Stephen.
He left *with* his suitcase.	El salió con su maleta.

without   sin

They left *without* her.	Salieron sin ella.
He is *without* money.	El está sin dinero.

instead of   en lugar de

Bill came *instead of* Bob.	Bill vino en lugar de Bob.

in   (a) en un idioma

The letter is in English.   La carta es en inglés.

    (b) durante un tiempo, como la lluvia, el buen tiempo

Let's walk in the rain.   Vamos a caminar bajo la lluvia.

He stays home in bad   El se queda en casa cuando
weather.   hace mal tiempo.

    (c) de condiciones

Mark is always in a   Mark siempre está de buen
good mood.   humor.

Your mother is in good   Su madre está de buena salud.
health.

She's in good shape   Ella está en forma porque hace
because she exercises.   ejercicio.

    (d) vestido de

He arrived in shorts and   El llegó vestido de pantalones
a red shirt.   cortos y una camisa roja.

    (e) de moda

Flat shoes are in style.   Los zapatos sin tacón están de
     moda.

    (f) de prisa

Let's go. We are in a   Vamos. Tenemos prisa.
hurry.

    (g) encargado de

You're the boss; you're   Ud. es el jefe; está encargado
in charge.   de todo.

    (h) en materia escrita

I read that story in a   Yo leí ese cuento en una
magazine.   revista.

    (i) materia de escribir

Please write in ink.   Por favor, escriba con tinta.

    (j) cualidad de la voz

She speaks in a low,   Ella habla en voz baja y
mysterious voice.   misteriosa.

    (k) dentro de un vehículo en donde no se puede
       caminar, como un carro, bote pequeño, avión
       pequeño, helicóptero

He's going in the car.   El va en el carro.

on   (a) dentro de un vehículo en donde sí se puede cami-
       nar, como un bus, tren, avión grande, barco

They're riding on the bus. Ellos van en el bus.

    (b) con transporte individual, como bicicleta, moto,
       patines, caballo

We came on the   Vinimos en la moto.
motorcycle.

(c) a pie

I went on foot.　　　　　　　　Fui a pie.

(d) método de comunicación oral

He's going to be on　　　　El va a aparecer en la televisión
television today.　　　　　　hoy.

I heard the news on the　　Oí las noticias en la radio.
radio.

Your mother is on the　　　Tu mamá está hablando por
phone.　　　　　　　　　　teléfono.

(e) en llamas

Look out! The pan is on　　¡Cuidado! El sartén está en
fire!　　　　　　　　　　　llamas.

(f) por escrito

Please write it down on　　Por favor, hágalo por escrito.
paper.

(g) de huelga

They didn't get their　　　　Ellos no recibieron sus
benefits, so they are on　　beneficios, y por eso están de
strike.　　　　　　　　　　huelga.

§17.5 PREGUNTAS CON PREPOSICIONES

La preposición generalmente va al final de las preguntas que empiezan con una palabra interrogativa.
Modelo: palabra interrogativa + *be* o verbo auxiliar + sujeto + verbo + preposición + ?

Where are you from?　　　　¿De dónde es Ud.?

Who(m) are they with?　　　¿Con quién están ellos?

Who(m) is she going with?　¿Con quién va ella?

What are you waiting for?　¿Qué espera Ud.?

What are you thinking　　　¿En qué piensas?
about?

Which street do you live　　¿En qué calle vives?
on?

Who(m) does he work　　　¿Para quién trabaja él?
for?

What city were you born　　¿En qué ciudad naciste?
in?

Who(m) did they talk to?　　¿Con quién hablaron ellos?

Who(m) did you sit next　　¿Al lado de quién te sentaste?
to?

What did he do that for?　　¿Para qué hizo él eso?

§17.6 PREPOSI-CIONES DESPUÉS DE ADJETIVOS

Como la elección de la preposición no es siempre lógica, hay que aprender cada combinación de adjetivo + preposición como unidad completa.

about

angry *about* (a thing)	enojado por
I am **angry about** the strike.	Estoy enojado por la huelga.
anxious *about*	ansioso de
They are **anxious about** her poor health.	Ellos están ansiosos por su mala salud.
concerned *about* / worried *about*	preocupado por
We are **concerned about** your grades.	Estamos preocupados por tus notas.
crazy *about*	enloquecido con
I am **crazy about** my new boyfriend.	Estoy enloquecida con mi nuevo novio.
excited *about*	emocionado por
She is **excited about** her date.	Ella está emocionada por su compromiso.
happy *about*	contento por
We are all **happy about** the good news.	Estamos contentos por las noticias buenas.
honest *about*	honesto acerca de
He is **honest about** his motives.	El es honesto acerca de sus motivos.
nervous *about*	nervioso ante
They are really **nervous about** the exam.	Ellos están muy nerviosos ante el examen.
sad *about*	triste por
She is so **sad about** her father's death.	Ella está muy triste por la muerte de su papá.
sorry *about*	arrepentido de
I am **sorry about** not calling you.	Estoy arrepentido de no haberte llamado.

at

amazed at	sorprendido ante
I am amazed at the news of your wedding.	Estoy sorprendida ante la noticia de tu boda.
amused at	entretenido por
She was amused at the idea.	Ella estaba entretenida por la idea.
angry at / mad at (a person)	enojado con
Everybody was angry at the teacher.	Todos estaban enojados con la maestra.
annoyed at	fastidiado con
The teacher was annoyed at me.	La maestra estaba fastidiada conmigo.
good at (skilled)	bueno en
Mary is good at tennis.	Mary es buena en el tenis.

by

amused by	divertido por
The children were amused by the clown.	Los niños estaban divertidos por el payaso.
annoyed by	fasitidiado por (algo)
I am annoyed by the traffic.	Estoy fastidiada por el tráfico.
bored by	aburrido con
He was so bored by his father's jokes.	El estaba muy aburrido con los chistes de su papá.
confused by	confundido con
I am confused by so many rules.	Estoy confundido con tantas reglas.
disgusted by	asqueado por
The neighbors were disgusted by the smell of the garbage.	Los vecinos estaban asqueados por el odor de la basura.
embarrassed by	avergonzado de
She was embarrassed by her brother's bad manners.	Ella estaba avergonzada del comportamiento de su hermano.

by for

fascinated *by* He was *fascinated by* her beautiful manners.	fascinado con El estaba fascinado con sus modales exquisitos.
frustrated *by* They are *frustrated by* so many delays.	frustrado con Ellos están frustrados con tantas demoras.
irritated *by* Are you *irritated by* the noise?	molesto por ¿Estás molesto por el ruido?
shocked *by* We were *shocked by* their foul language.	asombrado de Estábamos asombrados de su lenguaje cochino.
for bad *for* Too much fat is *bad for* your health.	malo para Demasiada grasa es mala para la salud.
difficult *for* It is *difficult for* me to hear you.	difícil para Es difícil para mí oírte.
eager *for* We are *eager for* our vacation.	ansioso por Estamos ansiosos por nuestras vacaciones.
easy *for* It is *easy for* her to stand on her head.	fácil para Es fácil para ella pararse de cabeza.
good *for* Walking is *good for* you.	bueno para Es bueno para Ud. caminar.
grateful *for* (a thing) She is so *grateful for* your help.	agradecido de Ella está muy agradecida de tu ayuda.
hard *for* It is *hard for* me to understand you.	difícil para Es difícil para mí comprenderte.
hungry *for* I am *hungry for* a steak and French fries.	con ganas de comer Tengo ganas de comer un bistec y papas fritas.

known for
She is **known for** her
dirty tricks.

conocido por
Ella es conocida por sus trucas
malas.

prepared for
We are not **prepared**
for the exam.

preparado para
No estamos preparados para el
examen.

qualified for
He is very well **qualified**
for that job.

capacitado para
El está capacitado para ese
trabajo.

ready for
She is **ready for** the
concert.

listo para
Ella está lista para el concierto.

remembered for
She will be **remembered**
for her kindness.

recordado por
Ella será recordada por su
bondad.

responsible for (a thing)
You are **responsible** for
buying the food.

encargado de
Tú estás encargado de
comprar la comida.

sorry for
I am **sorry for** disturbing
you.

arrepentido de
Siento molestarte.

suitable for
Those casual clothes are
not **suitable for** the office.

apropiado para
Esa ropa informal no es
apropiada para la oficina.

thirsty for
Are you **thirsty for** a
soda? I am!

con ganas de tomar
¿Tienes ganas de tomar una
soda? Yo, ¡sí!

from
absent from
She was **absent from**
class today.

ausente de
Hoy estaba ausente de la clase.

different from
Your shoes are **different**
from mine.

diferente a
Tus zapatos son diferentes a
los míos.

divorced **from**
Her mom is **divorced**
from her dad.

divorciado de
Su mamá está divorciada de su
papá.

exhausted **from**
They were **exhausted**
from working.

agotado de
Estaban agotados de tanto
trabajar.

safe **from**
At home he feels **safe**
from all harm.

protegido de
En casa, él se siente protegido
de todo daño.

in
disappointed **in**
Her mother was
disappointed in her.

desilusionado con
Su mamá estaba desilusionada
con ella.

interested **in**
They are **interested in**
the history of the city.

con interés en
Ellos tienen mucho interés en la
historia de la ciudad.

involved **in**
He is **involved in** that
situation.

involucrado en
El está involucrado en esa
situación.

dressed **in**
She arrived **dressed in**
shorts.

vestido de
Ella llegó vestida de pantalones
cortos.

of
afraid **of** / scared **of** /
frightened **of**
No wonder she is **afraid**
of mice.

miedoso de

Con razón ella tiene miedo a
los ratones.

ashamed **of**
His family is **ashamed**
of his problems.

avergonzado de
Su familia está avergonzada de
sus problemas.

aware **of**
We were not **aware of**
the problem.

consciente de
No estábamos conscientes del
problema.

capable **of**
She is **capable of** doing
better work.

capaz de
Ella es capaz de hacer mejor
trabajo.

composed of　　　compuesto de
*The ocean is **composed*** El océano está compuesto de
of salt water.　　　agua salada.

convinced of　　　convencido de
*I am **convinced of** his* Estoy convencida de su
innocence.　　　inocencia.

envious of　　　envidioso
*She is so **envious of** my* Ella es envidiosa de mi amiga.
friend.

fond of　　　encariñado con
*He is very **fond of** her.* El está muy encariñado con ella.

full of　　　lleno de
*This glass is **full of** cider.* Este vaso está lleno de cidra.

guilty of　　　culpable de
*They found him **guilty*** Lo juzgaron culpable del
of the crime.　　　crimen.

in charge of　　　encargado de
*We are **in charge of*** Estamos encargados de los
the party arrangements. arreglos de la fiesta.

in favor of　　　a favor de
*He is **in favor of** the* El está a favor de la nueva ley.
new law.

in danger of　　　en peligro de
*You are **in danger of*** Estás en peligro de ser robado.
being robbed.

innocent of　　　inocente de
*She is **innocent of*** Ella es inocente de toda culpa.
any wrongdoing.

jealous of　　　celoso de
*You are just **jealous*** Tú nada más estás celosa de
of her.　　　ella.

kind of　　　amable de
*It was so **kind of** you to* Ud. fue tan amable en
help us.　　　ayudarnos.

made of
This bread is made of
all natural ingredients.

hecho de
Este pan está hecho de puros
ingredientes naturales.

proud of
I am very proud of you
for graduating.

orgulloso de
Estoy muy orgullosa de ti por
graduarte.

rid of
They are rid of that
old car.

libre de
Están libres de ese carro viejo.

sure of
Are you absolutely sure
of that?

seguro de
¿Está Ud. seguro de eso?

tired of
We are tired of playing
games.

cansado de
Estamos cansados de jugar.

on
dependent on
She is completely
dependent on her father.

dependiente de
Ella es dependiente de su papá
para todo.

to
accustomed to
We are not accustomed
to driving in traffic.

acostumbrado a
No estamos acostumbrados a
manejar en el tráfico.

addicted to
Unfortunately, he is
addicted to drugs.

adicto a
Por desgracia, él es adicto a las
drogas.

bad to (a person)
They are bad to their
mother.

abusivo con
Ellos son abusivos con su
mamá.

clear to
It is clear to everyone
that you are lying.

claro a
Está claro a todo el mundo que
estás mintiendo.

committed to
We are committed to
finishing on time.

dedicado a
Estamos dedicados a terminar
a tiempo.

compared to comparado con
Compared to her, you Comparado con ella, tú tienes
are lucky! suerte.
connected to conectado con
This street is not Esta calle no está conectada
connected to that street. con ésa.

courteous to cortés con
You should be courteous Debieras ser cortés con los
to others. otros.

dedicated to leal a
He is dedicated to his El es leal a su jefe.
boss.

devoted to dedicado a
She is devoted to her Ella está dedicada a su trabajo,
job, too. también.

engaged to comprometido con
Her brother is engaged Su hermano está comprometido
to my sister. con mi hermana.

equal to equivalente a
Her act is equal to Su acción es equivalente a la
treason. traición.

exposed to vulnerable ante
At the beach you are En la playa, uno es vulnerable
exposed to the sun. ante el sol.

faithful to fiel a
She is faithful to her Ella es fiel a su esposo.
husband.

friendly to amistoso con
They are friendly to Ellos son amistosos con toda la
all newcomers. gente nueva.

good to (a person) cariñoso con
Those children are very Esos niños son muy cariñosos
good to their mother. con su mamá.

grateful to (a person) agradecido con
She is grateful to them Ella está agradecida con ellos
for their kindness. por su bondad.

inferior to
These products are
inferior to the old ones.

inferior a
Estos productos son inferiores a
los anteriores.

kind to
He is always kind to
strangers.

amable con
El siempre es amable con los
desconocidos.

limited to
With that license, you are
limited to driving during
the day; you cannot drive
at night.

limitado a
Con esa licencia, estás limitado
a manejar durante el día; no
debes manejar en la noche.

married to
She was married to
him once.

casado con
Ella estuvo casada con él una
vez.

nice to
Thank you for being
nice to me.

amable con
Gracias por ser amable
conmigo.

opposed to
Our senator is opposed
to that proposal.

opuesto a
Nuestro senador se opone a
ese propósito.

polite to
Your son is always
polite to me.

cortés con
Su hijo siempre es cortés
conmigo.

related to
How are you related to
him? Is he your cousin?

de la misma familia
¿Qué parentesco tienen Uds.?
Es él tu primo?

relevant to
Please speak later; your
ideas are not relevant to
our discussion.

pertinente a
Por favor, hable más tarde; sus
ideas no son pertinentes a
nuestra plática.

responsible to (a person)
I am responsible to the
Department Chairman.

subordinado a
Yo estoy subordinado al director
del departamento.

similar to
Your new car is similar
to mine.

parecido a
Su carro nuevo es parecido al
mío.

superior *to*
His new car isn't
superior to yours, but it
was more expensive.

superior a
Su carro nuevo no es superior
al carro de Ud., pero fue más
caro.

with
acquainted with
(a person)
Are you acquainted with
your classmates?

familiarizado con
(una persona)
¿Has conocido a tus
compañeros de clase?

annoyed with
I think my friend is
annoyed with me.

fastidiado con
Creo que mi amigo está
fastidiado conmigo.

associated with
He is associated with
a new company.

asociado de
El está asociado con una
compañía nueva.

blessed with
You are blessed with
many talents.

dichoso de tener
Tú eres dichoso de tener
mucho talento.

bored with
They seem to be bored
with school.

aburrido de
Ellos parecen estar aburridos
de la escuela.

careless with
Don't be careless with
your credit card.

irresponsable con
No sea irresponsable con su
tarjeta de crédito.

cluttered with
The floor was cluttered
with dirty clothes.

desordenado con
El piso estaba desordenado con
ropa sucia.

content with
I am really content
with my situation.

contento con
Estoy muy contenta con mi
situación.

coordinated with
Our program is
coordinated with yours.

coordinado con
Nuestro programa está
coordinado con el suyo.

crowded with
The airport is crowded
with stranded travelers.

lleno de
El aeropuerto está lleno de
viajeros extraviados.

with

disappointed with
He was disappointed with the teachers.

desilusionado con
El estaba desilusionado con los maestros.

disgusted with
I am disgusted with this dirty place.

con asco
Este lugar sucio me da asco.

equipped with
The car is equipped with air bags.

equipado con
El carro está equipado con bolsas de aire.

familiar with (a thing)
Are you familiar with this computer?

familiarizado con (una cosa)
¿Estás familiarizado con esta computadora?

fascinated with
The baby is fascinated with his new toy.

fascinado con
El niño está fascinado con su juguete nuevo.

filled with
The tank is filled with gas.

lleno de
El tanque está lleno de gasolina.

finished with
We are finally finished with the painting.

terminado con
Por fin terminamos con la pintura.

friendly with
He is friendly with all the newcomers.

amistoso con
El es amistoso con toda la gente nueva.

furnished with
The apartments are furnished with extra beds.

amueblado con
Los apartamentos están amueblados con camas extras.

honest with
Thank you for being honest with me.

honesto con
Gracias por ser honesto conmigo.

patient with
The nurses were very patient with us.

paciente con
Las enfermeras fueron muy pacientes con nosotros.

pleased with	contento con
I am pleased with the results of the test.	Estoy contento con los resultados del examen.
satisfied with	satisfecho con
They were not satisfied with the outcome.	No estaban satisfechos con el resultado.
upset with	perturbado con
The woman was upset with her son.	La señora estaba perturbada con su hijo.

§17.7 PREPOSI- CIONES DESPUÉS DE VERBOS

Aprenda cada combinación como unidad completa.

about

argue about	discutir
They argued about the new rule all night.	Discutieron la nueva regla toda la noche.
ask about	preguntar sobre
She was asking about the homework.	Ella preguntaba sobre la tarea.
complain about	quejarse de
He complains about his chores.	El se queja de sus tareas.
dream about	soñar con
I dream about you every night.	Sueño contigo todas las noches.
forget about	olvidarse de
Don't forget about the party you promised us.	No te olvides de la fiesta que nos prometiste.
know about	saber de
We don't know anything about this place.	No sabemos nada de este lugar.
laugh about	reírse de
You will laugh about this later on.	Te reirás de esto en el futuro.
talk about	hablar de
Don't talk about me when I'm not here.	No hable de mí cuando no esté aquí.

tell *about*	contar de
They **told** us **about** your accident.	Nos contaron de tu accidente.
think *about*	pensar en
Whom are you **thinking about**?	¿En quién piensa?
	pensar hacer
What are you **thinking about** doing?	¿Qué piensa hacer?
They are **thinking about** moving.	Ellos piensan mudarse.
worry *about*	preocuparse de
Try not to **worry about** this problem.	Trate de no preocuparse de este problema.

at

arrive **at** (a building)	llegar a (un edificio)
She will **arrive at** the airport at 6:10.	Ella va a llegar al aeropuerto a las 6:10.
laugh at	burlarse de
Please don't **laugh at** me when you see my haircut.	Por favor, no te burles de mí al ver mi corte de pelo.
stare *at*	mirar con curiosidad
The child **stared at** the stars.	El niño miró las estrellas con curiosidad.
succeed *at*	tener éxito con
To **succeed at** this job, you need to work hard.	Para tener éxito con este empleo, tienes que trabajar fuerte.

for

apologize *for*	pedir disculpa por
She **apologized for** being late.	Ella pidió disculpa por llegar tarde.
blame *for*	culpar por
She **blamed** him **for** upsetting her.	Ella lo culpó a él por haberla alterado.
care *for*	querer
He **cares for** her a lot.	El la quiere mucho.

excuse for
*Please **excuse** me for* interrupting.

perdonar por
Por favor, perdóneme por interrumpir.

fight for
Sometimes you have to ***fight** for your rights.*

luchar por
A veces uno tiene que luchar por sus derechos.

forgive for
*He **forgave** her for* telling a lie.

perdonar por
El la perdonó por haber mentido.

hope for
*We are **hoping** for* better weather.

esperar
Esperamos que el tiempo se mejore.

pay for
*You can **pay** for that at* the cash register.

pagar por
Puedes pagar por eso en la caja.

pray for
*He **prayed** for peace.*

rezar por
Rezó por la paz.

substitute for
*Ms. Smith is **substituting** for the teacher today.*

trabajar en lugar de
Ms. Smith está trabajando en lugar de la maestra hoy.

thank for
*I want to **thank** you for* all your help.

agradecerle
Quiero agradecerle toda su ayuda.

vote for
*Please don't **vote** for him!*

votar por
Por favor, ¡no vote por él!

from
borrow from
*She **borrowed** the* sweater ***from** Sally.*

pedir prestado de
Ella pidió prestado el suéter de Sally.

*distinguish **from***
*I can't **distinguish** X* ***from** Y on the chart.*

distinguir
Yo no puedo distinguir la X y la Y en el diagrama.

*escape **from***
*They managed to **escape** **from** the building.*

escapar de
Pudieron escapar del edificio.

graduate from
When are you going to
graduate from college?

graduarse de
¿Cuándo vas a graduarte de la
universidad?

hear from (get news)
I finally heard from my
boyfriend.

tener noticias de
Por fin tengo noticias de mi
novio.

hide from
She is trying to hide
from her old boyfriend.

esconderse de
Ella está tratando de
esconderse de su antiguo novio.

prevent from
She can't prevent him
from calling her.

evitar que
Ella no puede evitar que él la
llame.

prohibit from
The law prohibits you
from parking here.

prohibirse de
La ley se le prohíbe de
estacionarse aquí.

protect from
The cream will protect
you from sunburn.

protegerse de
La crema te va a proteger de
las quemaduras del sol.

recover from
She is recovering from
the flu.

recuperarse de
Ella se está recuperando de la
gripe.

rescue from
He rescued her from
the burning building.

rescatar de
El la rescató del edificio que se
estaba quemando.

rest from
You need to rest from
studying so much.

descansar de
Tienes que descansar de tanto
estudiar.

separate from
Try to separate the yolks
from the whites.

separar de
Trate de separar las yemas de
las claras.

stop from
You can't stop them
from trying.

evitar que
No puedes evitar que ellos
hagan el esfuerzo.

subtract *from*
To get the balance,
subtract the debits
from the credits.

restar de
Para figurar el saldo, reste las
déudas de los créditos.

in
arrive *in* (a city, a country)
When did you **arrive in**
this country?

llegar a (una ciudad, un país)
¿Cuándo llegó Ud. a este país?

believe in
Do you **believe in** love
at first sight?

creer en
¿Crees tú en el amor a primera
vista?

excel in
Your son **excels in**
mathematics.

sobresalir en
Su hijo sobresale en las
matemáticas.

participate in
I hope you will **participate**
in this activity.

participar en
Espero que Ud. participe en
esta actividad.

succeed in
I hope he **succeeds in**
getting them to come.

tener éxito con
Espero que él tenga éxito en
hacer que ellos vengan.

of
accuse *of*
They **accused** us *of*
stealing the money.

acusar de
Nos acusaron de robar el
dinero.

approve of
Her mother doesn't
approve of her friends.

aprobar
La mamá de ella no aprueba de
sus amigas.

consist of
This mixture **consists**
of flour and water.

consistir de
Esta mezcla consiste de harina
y agua.

dream of
They are **dreaming of**
better times.

soñar con
Ellos sueñan con mejores días.

take advantage of	aprovecharse de
Try to **take advantage of** this opportunity.	Trata de aprovecharte de esta oportunidad.
Don't let other people **take advantage of** you.	No dejes que los otros se aprovechen de ti.

take care **of**	cuidar
She **takes care of** her sick aunt.	Ella cuida a su tía enferma.
If your faucet leaks, the plumber will **take care of** it.	arreglar Si el grifo gotea, el plomero lo arreglará.

on

| concentrate **on** | concentrar en |
| I can't **concentrate on** my lesson. | No me puedo concentrar en la lección. |

| count **on** / rely **on** / depend **on** | contar con |
| I know I can **count on** my friends. | Sé que puedo contar con mis amigos. |

| decide **on** | decidir |
| They can't **decide on** a date for the wedding. | No pueden decidir la fecha de la boda. |

| insist **on** | empeñarse en |
| He **insisted on** staying here. | El se empeñó en quedarse. |

| plan **on** | pensar hacer |
| When do you **plan on** coming? | ¿Cuándo piensa Ud. venir? |

to

| add **to** | añadir a |
| Now **add** water **to** this mixture. | Ahora, añada agua a esta mezcla. |

| admit **to** | admitir |
| He **admitted to** being late three times. | El admitió llegar tarde tres veces. |

| apologize **to** (a person) | disculparse con |
| She had to **apologize to** the whole family. | Ella tuvo que disculparse con toda la familia. |

apply *to (a place)*   mandar una solicitud a
I am **applying to** *the*   Voy a mandar una solicitud a la
state university.   universidad del estado.

belong *to*   ser miembro de
Do you **belong to** *a club?* ¿Eres miembro de un club?
    pertenecer a
Does this car **belong**   ¿Te pertenece a ti este carro?
to *you?*

compare *to*   comparar con
Compare *your schedule*   Compare su horario con el mío.
to mine.

complain *to (a person)*   quejarse a
Don't **complain to** *me;*   A mí no se me queje; quéjese
complain to *the boss.*   al jefe.

contribute *to*   contribuir a
Your ideas **contribute**   Sus ideas contribuyen a la
to *the solution.*   solución.

lend *to*   prestarle (dar prestado)
Will you **lend** *some*   ¿Le presta dinero a ella?
money **to** *her?*

listen *to*   escuchar
She **listens to** *the radio* Ella escucha la radio en el
in the car.   carro.

look forward *to*   le dará gusto a uno
We **look forward to**   Nos dará gusto verlo a Ud. en
seeing you in October.   octubre.

object *to*   oponerse a
He **objected to** *her*   El se oponía a la actitud de ella.
attitude.

respond *to*   responder a
I hope he **responds to** Ojalá que él responda a mi
my letter.   carta.

subscribe *to*   subscribirse a
Which magazines do you ¿A cuáles revistas se subscribe
subscribe to*?*   Ud.?

talk *to* (a person)	hablar con
I need *to* talk *to* you today.	Tengo que hablar contigo hoy.
with	
agree *with*	estar de acuerdo con
I don't agree *with* you about that.	No estoy de acuerdo con Ud. en eso.
argue *with*	discutir
They always argue *with* each other.	Ellos siempre discuten.
compare *with*	comparar con
You can't compare apples *with* oranges.	No se puede comparar las manzanas con las naranjas.
cover *with*	cubrir con
Be sure to cover the food *with* plastic wrap.	Procura cubrir la comida con plástico.
disagree *with*	no estar de acuerdo con
She disagrees *with* all his ideas.	Ella no está de acuerdo con ninguna de las ideas de él.
discuss *with*	platicar con
Can we discuss our plan *with* you?	¿Podemos platicar nuestro plan con Ud.?
help *with*	ayudar con
Please help *with* the cleaning.	Por favor, ayúdame con la limpieza.
provide *with*	proporcionar
The hotel provides you *with* room service.	El hotel le proporciona servicio de habitación.

§17.8 MODISMOS CON PREPOSICIONES

Una preposición puede seguir un verbo y así cambiar su significado. Estas combinaciones son de dos tipos: las separables y las inseparables.

§17.81
Combinaciones
Separables

Con las combinaciones separables,

(a) Si el complemento es <u>sustantivo</u>, el sustantivo va antes o después de la preposición.

Modelos:

sujeto	verbo	complemento (sustantivo)	preposición
He	*put*	*the toys*	*away*.

El puso los juguetes en su lugar.

sujeto	verbo	preposición	complemento (sustantivo)
He	*put*	*away*	*the toys*.

El puso los juguetes en su lugar.

(b) si el complemento es <u>pronombre</u>, el pronombre separa el verbo de la preposición.

Modelo:

sujeto	verbo	complemento (pronombre)	preposición
He	*put*	*them*	*away*.

Los puso en su lugar.

Ejemplos

Verbo + Complemento + Preposición

put	*it*	*away*	ponerlo en su lugar

Please put the picture away.
Por favor, ponga el cuadro en su lugar.
Please put away the picture.

throw	*it*	*away*	botarla

Please throw that ball away.
Por favor, bota esa pelota.
Please throw away that ball.

get	*it*	*back*	tenerlo de nuevo

I hope I get my book back. Espero tener mi libro de nuevo.
I hope I get back my book.

give	*it*	*back*	devolverlo

She will have to give my book back.
Ella tendrá que devolver mi libro.
She will have to give back my book.

pay   *it*   *back*   pagar (un préstamo)
We will pay the money   Vamos a devolver el dinero
back soon.   pronto.
We will pay back the
money soon.

put   *it*   *back*   devolverlo a su lugar
Please put that chair back. Por favor, devuelve esa silla a
Please put back that chair. su lugar.

cut   *it*   *down*   acortarlo
Cut the report down; it's   Acorte el reporte; es muy largo.
too long.
Cut down the report; it's
too long.

put   *it*   *down*   soltarlo
Put my money down.   Suelte mi dinero.
Put down my money.

put   *her*   *down*   criticarla
He always puts his   El siempre critica a su novia.
girlfriend down.
He always puts down his
girlfriend.

tear   *it*   *down*   destruirlo
They tore that building   Destruyeron ese edificio.
down.
They tore down that
building.

turn   *it*   *down*   negar una oportunidad
She turned the job offer   Ella no quiso la oferta de
down.   empleo.
She turned down the job
offer.

                               bajar el volumen
I had to turn my radio   Tuve que bajar el volumen de
down.   mi radio.
I had to turn down my
radio.

turn   him   down   negarle su petición
She turned the young   Ella no quiso la oferta del joven.
man down.
She turned down the
young man.

write   it   down   apuntarlo
Write my phone number   Apunte mi número de teléfono.
down.
Write down my phone
number.

fill   it   in   completarlo
You have to fill this form in. Tienes que completar esta
You have to fill in this form. forma en blanco.

hand   them   in   entregarlos
Students, hand your   Estudiantes, ¡entreguen sus
papers in!   papeles!
Students, hand in your
papers!

turn   it   in   entregarlo
I forgot to turn my paper in. Olvidé a entregar mi papel.
I forgot to turn in my paper.

bring   it   on   causar
The weather brought my   El tiempo causó mi resfriado.
cold on.
The weather brought on
my cold.

have   it   on   tener puesto
She has a new sweater   Ella tiene puesto un suéter
on.   nuevo.
She has on a new sweater.

keep   it   on   no dejar de tenerlo puesto
Be sure to keep your   No dejes de usar tu anillo.
ring on.
Be sure to keep on your
ring.

put   *it*   *on*   ponérselo
I can't wait to put my   Tengo muchas ganas de
new dress on.   ponerme mi vestido nuevo.
I can't wait to put on my
new dress.

try   *it*   *on*   probárselo
Did you try the dress on   ¿Te probaste el vestido en la
at the store?   tienda?
Did you try on the dress
at the store?

turn   *it*   *on*   prenderlo
Turn the TV on.   Prende la televisión.
Turn on the TV.

call   *it*   *off*   cancelarlo
They called the baseball   Cancelaron el partido de
game off.   béisbol.
They called off the
baseball game.

drop   *it*   *off*   entregarlo
Drop the package off   Entrega el paquete esta noche.
tonight.
Drop off the package
tonight.

put   *it*   *off*   posponerlo
They put the picnic off   Pospusieron el picnic hasta el
until Friday.   viernes.
They put off the picnic
until Friday.

shut   *it*   *off*   apagarlo
Shut the alarm clock off!   Apaga el despertador.
Shut off the alarm clock!

take   *it*   *off*   quitarlo
Please take your hat off.   Por favor, quítese el sombrero.
Please take off your hat.

tear   *it*   *off*   quitarlo rápidamente
He tore his shirt off and   Se quitó la camisa e hizo una
made a bandage.   venda.
He tore off his shirt and
made a bandage.

turn	*it*	*off*	apagarlo

She was ready to turn the computer off.
She was ready to turn off the computer.

Ella estaba lista para apagar la computadora.

check	*it*	*out*	inspeccionarla

Will you check my heater out?
Will you check out my heater?

¿Me quiere inspeccionar la calefacción?

cut	*it*	*out*	dejar de hacerlo

Cut that annoying habit out.
Cut out that annoying habit.

Deja esa costumbre fastidioso.

cortar con tijeras

I cut the article out of the newspaper.
I cut out the article.

Corté el artículo del periódico.

cross	*it*	*out*	marcar un error

Please cross the mistake out.
Please cross out the mistake.

Por favor, marca el error.

figure	*it*	*out*	resolverlo

I can't figure the riddle out.
I can't figure out the riddle.

No puedo resolver la adivinanza.

figure	*her*	*out*	comprenderla

They will never figure their sister out.
They will never figure out their sister.

Ellos nunca van a comprender a su hermana.

fill	*it*	*out*	completarla

Fill this form out.
Fill out this form.

Completa esta forma en blanco.

get	*it*	*out*	sacarla

Can you get this splinter out?
Can you get out this splinter?

¿Puedes tú sacar esta astilla?

hand *them* *out*		entregarlos
The teacher handed the papers out to the students.		La maestra les entregó los papeles a los alumnos.
The teacher handed out the papers to the students.		

leave *it* *out*		omitirlo
Leave that part out.		Omita Ud. esa parte.
Leave out that part.		

pass *it* *out*		distribuirla
Can you pass this information out?		¿Puede Ud. distribuir esta información?
Can you pass out this information?		

pick *it* *out*		escogerlo
My boyfriend picked the ring out.		Mi novio escogió el anillo.
My boyfriend picked out the ring.		

point *it* *out*		señalar
She pointed her house out.		Ella señaló su casa.
She pointed out her house.		

put *it* *out*		extinguir
He was able to put the fire out.		El pudo extinguir el fuego.
He was able to put out the fire.		

take *it* *out*		sacarla
Take the key out.		Saca la llave.
Take out the key.		

tear *it* *out*		sacar una página
He tore the paper out of his notebook.		El sacó la página de su cuaderno.
He tore out the paper.		

throw *it* *out*		botar a la basura
I'm glad you threw that shirt out.		Me alegro de que botaras esa camiseta.
I'm glad you threw out that shirt.		

try   it   out   usar como prueba
Let's try this bike out.   Vamos a montar esta bicleta
Let's try out this bike.   para probarla.

turn   it   out   apagarla
I'm sleepy; turn the   Tengo sueño; ¡apaga la luz!
light out.
Turn out the light.

do   it   over *   hacerlo de nuevo
I had to do the test over.   Tuve que hacer el examen de
                                       nuevo.

look   it   over   examinarlo
Will you look my letter   ¿Me examinas la carta?
over?
Will you look over my
letter?

pick   them   over *   escoger los buenos
Some of these cherries   Algunas de estas cerezas no
are not ripe; you will have   están maduras; tendrás que
to pick them over.   escoger las buenas.

start   it   over   empezarlo de nuevo
Let's start the music over   Vamos a empezar la música de
and try again.   nuevo e intentar otra vez.
Let's start over the music
and try again.

take   it   over *   estudiarlo de nuevo
He took the course over   Estudió el curso de nuevo
because he failed it.   porque fracasó la primera vez.

think   it   over   pensar algo bien
Think our offer over.   Piense bien nuestra oferta.
Think over our offer.

turn   it   over   ponerlo de cabeza abajo
Turn the pot over to see   Déle la vuelta a la olla para
where it was made.   saber en dónde fue hecha.
Turn over the pot to see
where it was made.

call	*us*	***up***	llamarnos

He called his mother up from Hawaii.
He called up his mother from Hawaii.

El llamó a su mamá desde Hawaii.

bring	*it*	***up***	mencionarlo

Don't bring his accident up.
Don't bring up his accident.

No menciones su accidente.

cheer	*him*	***up***	darle ánimo a alguien

The sun cheers everybody up.
The sun cheers up everybody.

El sol le da ánimo a todo el mundo.

clean	*it*	***up***	limpiar / arreglar

She cleaned her room up.
She cleaned up her room.

Ella limpió su cuarto.

fill	*it*	***up***	llenarlo

I filled the tank up.
I filled up the tank.

Llené el tanque (de gasolina).

hang	*it*	***up***	colgarlo

You have to hang your coat up.
You have to hang up your coat.

Tiene que colgar su abrigo.

keep	*it*	***up***	seguir haciéndolo

Keep the dancing up; you do it well!
Keep up the dancing; you do it well!

Sigue bailando, ¡lo haces bien!

look	*it*	***up***	buscarlo en un libro

I'll look that word up in the dictionary.
I'll look up that word in the dictionary.

Buscaré esa palabra en el diccionario.

make	*it*	**up**	Hacer trabajo perdido

He can make the test up.
He can make up the test he missed.

El puede hacer el examen que perdió.

inventarlo

He made a crazy story up.
He made up a crazy story.

El inventó un cuento ridículo.

pick	*it*	**up**	levantarlo / recogerlo

He picked the boxes up.
He picked up the boxes.

El recogió las cajas.

show	*her*	**up**	sobrepasarla en público

The new singer showed the old one up.
The new singer showed up the old one.

La nueva cantante sobrepasó a la antigua.

stand	*him*	**up**	dejarlo plantado

She stood her boyfriend up last night.
She stood up her boyfriend last night.

Ella dejó plantado a su novio anoche.

take	*it*	**up**	platicarlo

They took the matter up with the boss.
They took up the matter with the boss.

Ellos platicaron el asunto con el jefe.

hacerlo más pequeño o más corto

The seamstress took my skirt up.
The seamstress took up my skirt.

La costurera me hizo la falda más corta (pequeña).

tear	*it*	**up**	destruirlo (algo hecho de papel)

I'm glad you tore that photograph up.
I'm glad you tore up that photograph.

Me alegro de que destruyeras esa foto.

turn	*it*	**up**	aumentar el volumen

I love that song! Turn the radio up.
I love that song! Turn up the radio.

¡Me encanta esa canción! Aumenta el volumen del radio.

wake	him	**up**	despertarlo

I can't wake John up.   No puedo despertar a John.
I can't wake up John.

follow	it	**through***	asegurarse de que se lleve a cabo

Follow that project through.   Asegúrate de que ese proyecto se lleve a cabo.

*Con estos ejemplos, hay que poner el sustantivo, como el pronombre, entre el verbo y la preposición.

§17.82
Combinaciones Inseparables de Verbo y Preposición

En estas combinaciones, el complemento (sustantivo o pronombre) siempre sigue la preposición.
Modelo:

Sujeto	+ Verbo	+ Preposición	+ Complemento	
She	cares	for	John.	Ella quiere a John.
She	cares	for	him.	Ella lo quiere.

¡OJO! No se puede decir "She cares John for" o "She cares him for."

Ejemplos

come **across** them / run **across** them	encontrarlos de casualidad

I came across these old photographs.   De casualidad encontré estas fotos viejas.

come **after** me	perseguirme

The reporters are coming after me.   Los reporteros me persiguen.

look **after** him	cuidarlo

His mom looks after him.   Su mamá lo cuida.

take **after** me	tener mis características

My son takes after me.   Mi hijo tiene mis características.

ask **for** it	pedirlo

You have to ask for the medicine.   Tienes que pedir la medicina.

care **for** him	quererlo

She really cares for her husband.   Ella quiere mucho a su esposo.

get back *from* it
*When did you get back
from your vacation?*

volver de un viaje
¿Cuándo volviste de tus
vacaciones?

hear *from* them
*Have you heard from
your children?*

tener noticias de ellos
Tienen Uds. noticias de sus
hijos?

get *in* it
*I can't wait to get in
the museum.*

entrarlo
Tengo muchas ganas de entrar
en el museo.

check *into* it / look *into* it
*I'm going to check into
that situation.*

investigarlo
Voy a investigar esa situación.

run *into* it
He ran into a tree!

chocar con algo
¡El chocó con un árbol!

run *into* him
*We ran into him at
the mall.*

verlo de casualidad
De casualidad, lo vimos en el
centro comercial.

hear *of* it
*I have never heard of
that language.*

tener conocimiento de algo
No conozco ese idioma.

get *out of* it
*Help me get out of
the canoe.*

salir de un vehículo pequeño
Ayúdame a salir de la canoa.

libertarse de algo

*She promised to babysit;
now she wants to get out
of it.*

Ella prometió cuidar a los niños;
ahora quiere libertarse del
compromiso.

keep *out of* it /
stay *out of* it
*You should keep out of
their fight.*

no involucrarse en algo

Tú no debes involucrarte en la
pelea de ellos.

run *out of* it
*I ran out of laundry
detergent.*

usarlo todo
He usado toda mi provisión de
detergente.

drop *out of* it
*She dropped out of that
organization.*

dejar de participar en algo
Ella dejó de participar en esa
organización.

get *off* it | salir de un vehículo en que se puede caminar

He had to get off the bus. | El tuvo que salir del autobús.

call *on* him | pedirle ayuda a él
You can call on my brother any time. | Ud. puede pedirle ayuda a mi hermano en cualquier momento.

drop *in on* him | visitarlo sin avisar de antemano
Drop in on my father when you can. | Visita a mi papá cuando puedas.

get *on* it | subir a un vehículo en que se puede caminar
They got on the train at the station. | Subieron al tren en la estación.

look *out for* it | tener cuidado de
Look out for the potholes in the street. | Tenga cuidado de los baches en la calle.

go *over* it | repasarlo
She went over her paper last night. | Ella repasó su reporte anoche.

get *over* it | recuperarse de algo
He finally got over the flu. | Por fin él se recuperó de la gripe.

run *over* it | pasar por encima de algo
A car ran over my hat. | Un carro pasó por encima de mi sombrero.

catch *up with* him | alcanzarlo
The police finally caught up with the thief. | Por fin la policía alcanzó al ladrón.
| tener noticias de él
I would like to catch up with your brother. | Quisiera tener noticias de tu hermano.

fool *around with* it | jugar con algo
Stop fooling around with your pencil and get to work. | ¡Deja de jugar con tu lápiz, y empieza a trabajar!

get *along with* them	llevarse bien con ellos
She is trying to get along with her neighbors.	Ella trata de llevarse bien con sus vecinos.
get *away with* it	salir sin castigo
He got away with the crime.	El salió sin castigo después de haber hecho el crimen.
get *through with* it	terminar con algo difícil
She finally got through with her thesis.	Por fin ella terminó con su tesis.
keep *up with* them	mantener el nivel de ellos
I'm trying to keep up with the best students.	Estoy tratando de mantener el mismo nivel de los mejores estudiantes.
put *up with* her	tolerarla
I'm trying to put up with my roommate, who annoys me.	Estoy tratando de tolerar a mi compañera de cuarto, quien me fastidia.

§17.83
Combinaciones Intransitivas

En estas expresiones, no se expresa un complemento, y la "preposición" sirve para cambiar el significado del verbo.

Ejemplos

get along	llevarse bien
She and her classmates get along.	Ella y sus compañeros de clase se llevan bien.
get around	informarse
Teenagers really get around.	Los jóvenes se informan de todo.
hang around	holgazanear
Sometimes they just hang around.	A veces ellos nada más holgazanean.
drop by	visitar sin noticia
My sister dropped by this afternoon.	Mi hermana me visitó sin noticia hoy en la tarde.
check in	registrar
Upon arrival at the hotel, you should check in.	En cuanto llegue al hotel, debe registrarse.

drop in
Will you drop in later?

visitar informalmente
¿Me visitas más tarde?

get in
Please unlock the door;
I can't get in.

entrar
Por favor, abre la puerta con
llave; no puedo entrar.

turn in
It's time to turn in.

acostarse
Es la hora de acostarse.

drop off
I dropped off when I
was reading.

dormirse
Me dormí mientras leía.

take off
What time does the
plane take off?

despegar
¿A qué hora despega el avión?

I'm going to take off
tomorrow.

tomar el día libre
Mañana no voy a trabajar.

drop out
It's too bad he dropped
out.

dejar los estudios
Es una lástima que él dejara los
estudios.

check out
We have to check out
before noon.

desocupar el cuarto de un hotel
Tenemos que desocupar el
cuarto antes de mediodía.

find out
I don't know where she
lives, but I'll try to find out.

averiguar
No sé donde vive, pero trataré
de averiguarlo.

get out

I'll pick you up when
you get out.

salir de clase, o de otro lugar
encerrado
Te voy a recoger cuando
salgas.

keep out
You're not welcome;
keep out.

no entrar
Usted no está bienvenido; ¡no
entre!

look out
Look out! A car is coming!

tener cuidado
¡Tenga cuidado! ¡Viene un carro!

pass out
She passed out in the hall.

desmayarse
Ella se desmayó en el pasillo.

try out
The auditions are tomorrow; are you going to try out?

ensayar
Las audiciones serán mañana; ¿vas a ensayar?

turn out
How did the auditions turn out?

resultar
¿Cómo resultaron las audiciones?

watch out
This is a dangerous corner; you have to watch out.

tener cuidado
Esta es una esquina peligrosa; tienes que tener cuidado.

start over
I made a mistake; I want to start over.

empezar de nuevo
Hice un error; quiero empezar de nuevo.

take over
Don't invite him; he always takes over.

tomar la iniciativa /ventaja
No lo invites; siempre toma la iniciativa.

cheer up
I sure hope he cheers up.

ponerse de buen humor
Ojalá que él se ponga de buen humor.

get up
What time do you get up?

levantarse
¿A qué hora se levanta Ud.?

give up
Keep trying; never give up.

darse por vencido
Sigue tratando; no te des por vencido.

grow up
Where did you grow up?

crecerse / criarse
¿Dónde te criaste cuando eras niño?

keep up
It is hard to keep up when you have two jobs.

mantener el paso
Es difícil mantener el paso cuando uno tiene dos empleos.

make up
I'm glad they finally made up.

reconciliar
Me alegro de que ellos se reconciliaran.

show up
What time did he
show up?

aparecer
¿A qué hora apareció él?

throw up
The sick child threw up
at school.

vomitar
El niño enfermo vomitó en la
escuela.

turn up
Her old boyfriend just
turned up!

aparecer de milagro
El antiguo novio de ella
apareció de milagro.

wake up
I woke up three times
last night.

despertarse
Me desperté tres veces anoche.

get through

When are you going to
get through?

I'm calling, but I can't
get through.

terminar (con algo difícil o
aburrido)
¿Cuándo vas a terminar?

hacer contacto
Estoy llamando, pero no puedo
hacer contacto.

El uso de las preposiciones puede ser complicado. No son lógicas, a veces tienen más de un significado, y a veces cambian de significado. ¡Apréndalas como las encuentre!

§18.

Adverbios

Las palabras interrogativas, *Where?, When?,* y *How?,* y las palabras individuales que contestan estas preguntas son adverbios.

§18.1 ADVERBIOS DE LUGAR

Después del verbo *be*, el adverbio puede indicar el lugar del sujeto. Después de otros verbos, el adverbio puede indicar el lugar de la acción.

Preposiciones usadas como Adverbios de Lugar

Ciertas preposiciones, cuando no tienen complemento, funcionan como adverbios.

in	aquí
inside	adentro
out	no aquí
outside	afuera
near	cerca
behind	detrás
up	arriba
down, below,	abajo
under, underneath	

Where is he?	¿Dónde está él?
He isn't in.	
He is out.	No está aquí.

Where do they live?	¿Dónde viven ellos?
They live inside.	Viven adentro.

Otros Adverbios de Lugar

here	aquí
there	ahí
everywhere	en todas partes
nowhere	en ninguna parte
not anywhere	en ninguna parte
anywhere	en cualquier lugar
away	en otro lugar
close, nearby	cerca
far	lejos
in front	delante

in back	detrás
indoors	dentro de un edificio
inside	adentro
outdoors	fuera de un edificio
outside	afuera
upstairs	en el piso arriba
downstairs	en el piso abajo
high	alto
low	bajo
underneath	por debajo

Los adverbios de lugar generalmente siguen el verbo.

Where is the airport?	¿Dónde está el aeropuerto?
It is there.	Está ahí.
Where are Alice and Jerry?	¿Dónde están Alice y Jerry?
They are away.	Están en otro lugar.
Where are the stores?	¿Dónde están las tiendas?
They are nearby / near / close.	Están aquí cerca.
Where is Joe?	¿Dónde está Joe?
He is here.	Está aquí.
Where are you going?	¿Adónde va Ud.?
I am not going far.	No voy lejos.
Where does he work?	¿Dónde trabaja él?
He works upstairs.	Trabaja arriba.
Where did she go?	¿Adónde fue ella?
She went outside.	Fue afuera.
Where have they gone?	¿Adónde han ido ellos?
They have gone ahead.	Han ido adelante.
Where will we see each other?	¿Dónde nos vemos?
We will see each other below.	Nos vemos abajo.

Para indicar sorpresa o emoción, ponga el adverbio antes del sujeto:

Here he is!	¡Aquí está él!
Up you go!	¡Te vas para arriba!
Away they went!	¡Se fueron!

§18.2 ADVERBIOS DE RUMBO

Preposiciones como Adverbios de Rumbo

across	hacia aquí / ahí / através de otra parte
around	hacia aquí/ ahí / alrededor de otra parte
by	por aquí / ahí
down	hacia abajo
in	hacia adentro
past	por aquí / ahí
out	hacia afuera
over	hacia aquí / ahí
through	por aquí / ahí
up	hacia arriba

Otro adverbio de rumbo es

away	a otra parte

Ejemplos

How did you get across the river?	¿Cómo cruzó el río?
I came across in a boat.	Vine en bote.
What is her temperature?	¿Cuál es su temperatura?
It's going down.	Está bajando.
Where did your balloon go?	¿Adónde fue tu globo?
It went up.	Fue hacia arriba.
Where did his friend go?	¿Adónde fue su amiga?
She went away.	Se fue a otra parte.

§18.3
ADVERBIOS
DE TIEMPO

El adverbio puede indicar cuándo pasa la acción.

Preposiciones como adverbios
Cuando no tiene objeto, la preposición *before* funciona como adverbio.

Was he here?	¿Estaba aquí él?
Yes. He was here before.	Sí, estaba aquí antes.

Otros adverbio de tiempo

now	ahora
then	entonces
soon	pronto
later	más tarde
afterwards	después de eso
early	temprano
late	tarde
momentarily	muy pronto / por un instante
yet	todavía
already	ya
recently	recientemente
lately	últimamente
still	todavía
not anymore	ya no
ago	hace (un período de tiempo)
today	hoy
tonight	esta noche
yesterday	ayer
tomorrow	mañana

Combinaciones usadas como adverbios

the day before yesterday	anteayer
the day after tomorrow	pasado mañana
every other day	un día sí, otro no
this morning	esta mañana / hoy en la mañana
this afternoon	esta tarde / hoy en la tarde
this evening	esta tarde / esta noche

this week	esta semana
this Tuesday	el martes de esta semana (futuro o pasado)
this month	este mes
this February	el febrero más cercano (futuro o pasado)

last night	anoche
last week	la semana pasada
the week before last	hace dos semanas
last Friday	el viernes pasado
last month	el mes pasado
last May	el mayo pasado
last year	el año pasado

next week	la semana próxima
the week after next	de hoy en dos semanas
next Friday	el viernes de esta semana o de la próxima semana
next month	el próximo mes
next May	el próximo mayo
next year	el próximo año

Los adverbios de tiempo generalmente se colocan después del verbo.

What time is it?	¿Qué hora es?
It is early.	Es temprano.
When is your birthday?	¿Cuándo es tu cumpleaños?
It is this Friday.	Es el viernes.
When is the best time to do it?	¿Cuál es la mejor hora para hacerlo?
It is now.	Es ahora.
When are the parties?	¿Cuándo son las fiestas?
They are tomorrow.	Son mañana.
When was the wedding?	¿Cuándo fue la boda?
It was last week.	Fue la semana pasada.

When are you coming?	¿Cuándo vienes?
I'm coming now.	Voy ahora.
When were they studying?	¿Cuándo estudiaban ellos?
They were studying then.	Estudiaban a esa hora.
When did she tell it to you?	¿Cuándo se lo contó?
She told it to me recently.	Me lo contó recientemente.
When did they move here?	¿Cuándo se mudaron acá?
They moved here five years ago.	Se mudaron acá hace cinco años.
Is she here yet?	¿Ya está ella aquí?
Yes, she is already* here.	Sí, ya está aquí.
No, she isn't here yet.	No, no está aquí todavía.
Are they still* talking?	¿Siguen hablando ellas?
Yes, they are still talking.	Sí, todavía están hablando.
No, they are not talking anymore.	No, ya no están hablando.

already se coloca

(a) después de una forma de *be:*

I am already a doctor.	Ya soy médico.

(b) después de un verbo auxiliar:

I have already finished medical school.	Yo ya terminé con los estudios de medicina.
He is already working on his thesis.	El ya está trabajando en su tesis.

(c) antes de otros verbos o al final de la frase:

I already studied Chemistry.	Yo ya estudié la química.
I studied Chemistry already.	

*still se coloca

(a) después de una forma de *be:*

I am still here.	Todavía estoy aquí.
We are still upstairs.	Todavía estamos arriba.

(b) después de un verbo auxiliar:

We are still waiting.	Seguimos esperando.
You should still go.	Debes ir de todos modos.

(c) antes de otros verbos:

He still plays golf every day.	El sigue jugando golf todos los días.
I still want to win the prize.	Sigo esperando ganar el premio.

§18.4 ADVERBIOS DE OCASIÓN

El adverbio puede indicar el número de veces que ocurre la acción. Estos adverbios generalmente van después del verbo.

once	una vez
twice	dos veces
again	una vez más

Combinaciones de Adjetivo + Sustantivo usadas como adverbios:

three times	tres veces
ten times	diez veces
a hundred times	cien veces

How many times are you going to call?	¿Cuántas veces vas a llamar?
I'm going to call once.	Voy a llamar una vez.

How many times did you see the movie?	¿Cuántas veces viste tú la película?
I saw it twice.	La ví dos veces.

Will they come back?	¿Regresarán ellos?
They will come back again.	Regresarán otra vez.

How many times did you go to the market?	¿Cuántas veces fueron Uds. al mercado?
We went four times.	Fuimos cuatro veces.

§18.5
ADVERBIOS DE FRECUENCIA

El adverbio puede indicar la frecuencia de la acción. Estos adverbios se colocan antes del verbo.

How often do you study?	¿Con qué frecuencia estudia Ud.?
I never study.	No estudio nunca.
I hardly ever study.	
I rarely study.	No estudio casi nunca.
I seldom study.	
I occasionally study.	Estudio de vez en cuando.
I often study.	
I frequently study.	Estudio frecuentemente.
I usually study.	Generalmente estudio.
I always study.	Siempre estudio.

sometimes generalmente se coloca después del verbo o antes del sujeto:

I study sometimes.	Estudio a veces.
Sometimes I study.	A veces estudio.

once, twice, o *x-times a week* se coloca después del verbo o antes del sujeto:

I study twice a week.	Estudio dos veces a la semana.
Twice a week I study.	

§18.6
ADVERBIOS DE MANERA

El adverbio puede indicar cómo pasa la acción. Estos adverbios por lo general se forman con el adjetivo + *ly*.

slowly	despacio
quickly	rápido
softly	de bajo volumen / suavemente
loudly	de todo volumen / alto / fuerte / ruidosamente
sweetly	dulcemente
sourly	desagradablemente
nicely	amablemente
carefully	cuidadosamente
carelessly	descuidadamente

Si el adjetivo termina con *y*, elimine la *y*, y añada *ily*.

crazy	*crazily*	locamente
noisy	*noisily*	ruidosamente
busy	*busily*	laboriosamente
happy	*happily*	felizmente

Si el adjetivo termina con *le,* cambie el *le* a *ly.*

responsible	*responsibly*	responsablemente
capable	*capably*	bien / con habilidad
comparable	*comparably*	comparablemente

Los adverbios siguientes tienen la misma forma que los adjetivos correspondientes.

fast	rápido / rápidamente
hard	con fuerza
late	tarde / con demora
early	temprano

Otros adverbios de manera son:

well	bien
badly	mal

Si no hay complemento, el adverbio se coloca después del verbo.

How do you dance?	¿Cómo bailas tú?
I dance well.	Bailo bien.
I dance fast.	Bailo rápido.
I dance badly.	Bailo mal.
I dance slowly.	Bailo despacio.

Si hay complemento, el adverbio lo sigue.

How do you dance the waltz?	¿Cómo bailas el vals?
I dance the waltz well.	Bailo bien el vals.
I dance the waltz fast.	Bailo rápido el vals.
I dance the waltz badly.	Bailo mal el vals.
I dance the waltz slowly.	Bailo despacio el vals.

¡OJO! No coloque el adverbio entre el verbo y el complemento.

Por ejemplo, no se dice, "I dance well the waltz".

¡OJO! Las siguientes palabras, que terminan con *ly,* no son adverbios, sino adjetivos; no tienen adverbios correspondientes.

friendly	amigable
lively	activo
ugly	feo
lovely	hermoso
sickly	débil

lonely	solitario y triste
deadly	letal
cowardly	cobarde
heavenly	divino

§18.7
COMPARACIÓN DE ADVERBIOS

(a) Antes de los adverbios que terminan con *ly,* para una comparación positiva, use *more* + adverbio + *... than:*

She works more slowly than I do.	Ella trabaja más despacio que yo.
Brenda checks her work more carefully than Thomas does.	Brenda comprueba su trabajo más cuidadosamente que Thomas.

para el superlativo, use *the most* + adverb + *...of all.*

She works the most slowly of all.	Ella trabaja lo más despacio que todos.
Brenda checks her work the most carefully of all.	Brenda comprueba su trabajo lo más cuidadosamente de todos.

Use *not as* + adverbio + *as* para hacer una comparación negativa.

I don't work as slowly as she does.	Yo no trabajo tan despacio como ella.

Rara vez se usa el superlativo negativo. Es mejor emplear el adjetivo.

No natural:

Thomas works the least carefully of all.	Thomas trabaja el menos cuidadosamente de todos.

Mejor:

Thomas is the least careful of all.	Thomas es el menos cuidadoso de todos.

Aún mejor:

Thomas is not as careful as the others.	Thomas no es tan cuidadoso como los otros.

(b) Con *fast, slow, hard, late, early, near,* y *close*, añada *er* para una comparación positiva:

I work faster than she does.	Yo trabajo más rápido que ella.
She works slower than I do.	Ella trabaja más despacio que yo.
Brenda works harder than Thomas does.	Brenda trabaja con más esfuerzo que Thomas.

Brenda works later than Thomas does.	Brenda trabaja hasta más tarde que Thomas.
Thomas leaves earlier than Brenda does.	Thomas sale más temprano que Brenda.
You live nearer than I do.	Tú vives más cerca que yo.

use *the* + <u>adverbio</u> + *est* para el superlativo:

She works the fastest of all.	Ella trabaja más rápido que todos.
Brenda works the hardest of all.	Brenda trabaja con más esfuerzo que los otros.
Brenda works the latest of all.	Brenda trabaja hasta más tarde que los otros.
Thomas leaves the earliest of all.	Thomas sale más temprano que los otros.
He lives the nearest of all.	El vive más cerca que todos.

use *not as* + <u>adverbio</u> + *as* para una comparación negativa:

She doesn't work as fast as I do.	Ella no trabaja tan rápido como yo.
Thomas doesn't work as hard as Brenda does.	Thomas no trabaja con tanto esfuerzo como Brenda.
Brenda doesn't leave as early as Thomas does.	Brenda no sale tan temprano como Thomas.

use *not as* + <u>adverbio</u> + *as* **+** *the others* para el superlativo negativo:

He does not work as fast as the others.	El no trabaja tan rápido como los demás.
He does not work as hard as the others.	El no trabaja con tanto esfuerzo como los demás.
He does not work as late as the others.	El no trabaja hasta tan tarde como los demás.
She does not leave as early as the others.	Ella no sale tan temprano como los demás.

(c) *well* bien

better	mejor
She works better than he does.	Ella trabaja mejor que él.
the best	mejor
Brenda works the best of all.	Brenda trabaja mejor que todos.

worse	peor
She plays worse *than her friend.*	Ella juega peor que su amiga.
the worst	peor
She plays the worst *of all.*	Ella juega peor que todos.

(d) *badly* mal

not as badly as	no tan mal como
worse	peor
the worst	peor
She plays tennis badly, but not as badly as *her sister.*	Ella juega mal al tenis, pero no no tan mal como su hermana.

(e)

far	lejos
farther	más lejos
the farthest	el más lejos
further	más a fondo
the furthest	el más a fondo
We walked farther *than they did.*	Nosotros caminamos más lejos que ellos.
They investigated the crime further.	Ellos investigaron más a fondo el crimen.

§18.8 ADVERBIOS QUE MODIFICAN LOS VERBOS

Un adverbio puede indicar la intensidad de la acción del verbo.

almost	casi
nearly	casi
hardly	casi no
scarcely	casi no
only	solamente
just	un poco
somewhat	algo
well enough	bastante
really	realmente

Almost, *nearly*, *hardly*, *scarcely*, *only*, *just*, y *really* se colocan antes del verbo.
The machine almost *runs.* La máquina casi funciona.

Con un tiempo progresivo, estas palabras separan *be* y *ing*. (§9.21)

The machine is almost *running.*	La máquina casi funciona.

A little, *very little*, *somewhat*, *well enough*, y *well* se colocan después del verbo.

The machine runs a little. La máquina funciona un poco.

The machine runs well. La máquina funciona bien.

§18.9 ADVERBIOS QUE MODIFICAN LOS ADJETIVOS Y LOS ADVERBIOS

Ciertos adverbios indican la intensidad de los adjetivos y de los adverbios.

How good is the new secretary?	¿Qué tan buena es la nueva secretaria?
She is fairly good.	Es regular.
She is pretty good.	Es buena.
She is rather good. *She is quite good.*	} Es bastante buena.
She is very good.	Es muy buena.
She is extremely good.	Es excelente.
She is much better than the others.	Es mucho mejor que las otras.
She is unusually good.	Es sobresaliente.
She is too good.	Es tan buena que no nos conviene.

How does she work?	¿Cómo trabaja ella?
She works fairly well. *She works pretty well.* *She works rather well.* *She works quite well.*	} Trabaja bastante bien.
She works very well.	Trabaja muy bien.
She works extremely well.	Trabaja extremadamente bien.
She works much better than the others.	Trabaja mucho mejor que las otras.
She works too well.	Trabaja tan bien que no es bueno.

¡OJO! *hardly* = muy poco
hard = duro, o mucho

He is hardly working.	El está trabajando muy poco.
He is working hard.	El está trabajando duro.

§19.

Conjunciones

La conjunción (*conjunction*) conecta palabras, frases, y oraciones, y define la relación entre ellas.

§19.1 CONJUN- CIONES COOR- DINATIVAS

Las conjunciones coordinativas conectan las partes de la oración que tienen la misma forma gramatical.

(a) *and* y

The skirt is yellow.	La falda es amarilla.
The blouse is yellow.	La blusa es amarilla.
The skirt and blouse are yellow.	La falda y la blusa son amarillas.
Sally was singing.	Sally cantaba.
Sally was dancing.	Sally bailaba.
Sally was singing and dancing.	Sally cantaba y bailaba.
David worked slowly.	David trabajó despacio.
David worked carefully.	David trabajó con cuidado.
David worked slowly and carefully.	David trabajó despacio y con cuidado.

(b) *or* o

I want an apple or an orange.	Quiero una manzana o una naranja.
She is from Chicago or New York.	Ella es de Chicago o de Nueva York.

(c) *but* pero

Generalmente, se pone una coma antes de *but*.

Jane went to the movies, but I didn't (go to the movies).	Jane fue al cine, pero yo no fui (al cine).
I like oranges, but not grapefruit.	Me gustan las naranjas, pero no las toronjas.
I like oranges, but he likes grapefruit.	A mí me gustan las naranjas, pero a él le gustan las toronjas.
David worked slowly, but not carefully.	David trabajó despacio, pero no con cuidado.

(d) *Yet* indica diferencia que no es lógica.
Se pone una coma antes de *yet*.

*Jane was tired, **yet** happy.*	Jane estaba cansada, pero contenta.
*I dieted, **yet** lost no weight.*	Estuve de dieta, pero no perdí peso.
*David worked hard, **yet** he didn't receive payment.*	David trabajó mucho, pero no recibió ningún pago.

(e) *For* conecta un hecho con su motivo.
Se pone una coma antes de *for*.

*Mary went home, **for** she was sick.*	Mary fue a casa porque estaba enferma.
*I am sure Bob was there, **for** I saw him.*	Estoy segura de que Bob estaba ahí, porque yo lo vi.
*They are late, **for** they got lost.*	Ellos llegaron tarde porque se perdieron.

(f) *so* y por eso
Se pone una coma antes de *so*.

*Mary was sick, **so** she went home.*	Mary estaba enferma y por eso fue a casa.
*They got lost, **so** they were late.*	Ellos se perdieron, y por eso llegaron tarde.

§19.11 Conjunciones Coordinativas que unen las Oraciones

La conjunción coordinativa puede conectar dos oraciones para hacer una oración.

(a) Ejemplos

*John is my brother, **and** Mary is my sister.*	John es mi hermano, y Mary es mi hermana.
*I sold my house yesterday, **but** I didn't sell my car.*	Ayer vendí mi casa, pero no vendí mi carro.

(b) Use *too, so, either, y neither* con las conjunciones coordinativas, para dar énfasis a la relación indicada.

(1) Para conectar dos oraciones afirmativas, use
and + sujeto + verbo + *too* o *and so* + verbo + sujeto.

*John is tall, **and** Bob is **too**.*	John es alto, y Bob también.
*John is tall, **and so** is Bob.*	
*Mary is singing, **and** Carol is **too**.*	Mary está cantando, y Carol también.
*Mary is singing, **and so** is Carol.*	

Ted drives to work, and Joe does too. *Ted drives to work, and so does Joe.*	Ted maneja al trabajo, y Joe también.

(2) Para conectar dos oraciones negativas, use
   and + sujeto + verbo + *not either*   o *and neither* + verbo + sujeto.

John isn't tall, and I'm not either. *John isn't tall, and neither am I.*	John no es alto, ni yo tampoco.

Mary isn't singing, and Carol isn't either. *Mary isn't singing, and neither is Carol.*	Mary no está cantando, ni Carol tampoco.

Ted didn't drive to work, and Joe didn't either. *Ted didn't drive to work, and neither did Joe.*	Ted no manejó al trabajo, ni Joe tampoco.

(3) Para conectar una oración afirmativa con una oración negativa, use
   but + sujeto + *be* o verbo auxiliar + *not*.

Mary is short, but Donna isn't.	Mary es baja, pero Donna no.
He lives here, but I don't.	El vive aquí, pero yo no.
Carol was singing, but Joe wasn't.	Carol estaba cantando, pero Joe no.
Joe drove to work, but Ted didn't.	Joe manejó al trabajo, pero Ted no.

(4) Para conectar una oración negativa con una oración afirmativa, use
   but + sujeto + *be* o verbo auxiliar.

Donna isn't short, but Mary is.	Donna no es baja, pero Mary sí.
I don't live here, but he does.	Yo no vivo aquí, pero él sí.
Joe wasn't singing, but Carol was.	Joe no estaba cantando, pero Carol sí.
Ted didn't drive to work, but Joe did.	Ted no manejó al trabajo, pero Joe sí.

§19.2 CONJUNCIONES CORRELATIVAS

Las conjunciones correlativas son pares de conjunciones. La primera conjunción enfatiza el sentido de la segunda.

(a) *both...and*
She wants *both* ice cream *and* cake.

tanto...como
Ella quiere tanto helado como pastel.

(b) *not only...but also*
She wants *not only* ice cream, *but also* cake.

no solo..., sino...también
Ella quiere no solo helado, sino pastel también.

(c) *either...or*
She wants *either* ice cream *or* cake.

o...o
Ella quiere o el helado o el pastel.

(d) *neither...nor*
She wants *neither* ice cream *nor* cake.

ni...ni
Ella no quiere ni helado ni pastel.

(e) *whether...or not*
She will eat ice cream *whether or not* she eats cake.
She will eat ice cream *whether* she eats cake *or not*.

si...o no
Ella va a comer helado si come pastel o no.

§19.3 CONJUNCIONES SUBORDINADAS

La conjunción subordinada empieza una cláusula subordinada, y demuestra su relación con la cláusula principal.

(a) relaciones de tiempo

before	antes de
after	después de
until	hasta que
when	cuando
while	mientras

La cláusula subordinada puede empezar la oración, y se sigue por una coma.

Before we went home, we washed the dishes.

Antes de ir a casa, lavamos los platos.

After I went to bed, I fell asleep.

Después de acostarme, me dormí.

Until he gets here, I am going to stay.

Hasta que él llegue, yo me quedo.

When he gets here, I am going to leave.	Cuando él llegue, me voy.
While she sleeps, he watches the baby.	Mientras ella duerme, él cuida al niño.

La cláusula principal puede empezar la oración, y no se usa la coma.

We washed the dishes before we went home.	Lavamos los platos antes de ir a casa.
I fell asleep after I went to bed.	Me dormí después de acostarme.
I will stay until he gets here.	Me quedo hasta que él llegue.
I am leaving when he gets here.	Me voy cuando él llegue.
He watches the baby while she sleeps.	El cuida al niño mientras ella duerme.

(b) relaciones que indican motivo

as	como
because	porque
since	desde que

As you are here, we can start the party. /	Como tú estás aquí, podemos empezar la fiesta.
Since you are here, we can start the party. /	
Because you are here, we can start the party. /	
We can start the party since you are here. /	
We can start the party because you are here.	

(c) relaciones resultantes

so that	para que

So that she can read, she wears glasses. /	Para que pueda leer, ella usa lentes.
She wears glasses so that she can read.	

(d) relaciones condicionales

if	si
unless	si no
whether...or not	aunque

If you come early, I will   Si vienes temprano, bailo
dance with you. /   contigo.
I will dance with you if
you come early.
Unless you come early,   Si no vienes temprano, no bailo
I won't dance with you. /   contigo.
I won't dance with you
unless you come early.
Whether you come early   Aunque vengas temprano, no
or not, I won't dance   bailo contigo.
with you. /
I won't dance with you
whether or not you come
early.

(e) relaciones inesperadas
    though / although / aunque
    even though

Though he was afraid,   Aunque tenía miedo, no lloró.
he didn't cry. /
He didn't cry though he
was afraid. /
Although he was afraid,
he didn't cry. /
He didn't cry although
he was afraid. /
Even though he was
afraid, he didn't cry. /
He didn't cry even though
he was afraid.

(f) otras relaciones
    where   donde
    as if   como si
    rather than   en preferencia a
    that   que
    whether   si

Where you live, there is   Donde Ud. vive, hay mucho
a lot of traffic. /   tráfico.
There is a lot of traffic
where you live.
As if they weren't scared,   Como si no tuvieran miedo,
they got on the plane. /   subieron al avión.
They got on the plane as
if they weren't scared.

*Rather than upset her mother, she stayed home. /
She stayed home rather than upset her mother.*
En preferencia a trastornar a su mamá, ella se quedó en casa.

*That he is a genius is certain. /
It is certain that he is a genius.*
Es cierto que él es un genio.

I don't know whether he went to work.
Yo no sé si él fue al trabajo.

¡OJO!	Note los dos tipos de puntuación con el uso de las conjunciones subordinadas.

§19.4 ADVERBIOS CONJUNTIVOS

Los adverbios conjuntivos son palabras de transición que definen la relación entre dos cláusulas independientes. Es preciso separar las cláusulas con punto, o con punto y coma. Con la excepción de *then*, se pone una coma después del adverbio conjuntivo.

§19.41 Relaciones de Tiempo

meanwhile	mientras tanto
then	después de eso
next	luego
subsequently	después de eso
finally	finalmente

*He fell asleep on the couch. Meanwhile, she continued to read. /
He fell asleep on the couch; meanwhile, she continued to read.*
El se durmió en el sofá, mientras tanto, ella seguía leyendo.

*She finished her magazine. Then she went into the kitchen. /
She finished her magazine; then she went into the kitchen. /
She finished her magazine. Next, she went into the kitchen. /
She finished her magazine; next, she went into the kitchen.*
Ella terminó la revista, y después fue a la cocina.

She finished her magazine.
Subsequently, *she went*
into the kitchen. /
She finished her magazine;
subsequently, *she went*
into the kitchen.

She ate a sandwich. ***Finally,*** *she went to bed. / She ate a sandwich;* ***finally,*** *she went to bed.*	Ella comió un sándwich, y finalmente fue a su cama.

¡OJO! *then* no se sigue por una coma.

§19.42
Enfasis

Algunos adverbios conjuntivos se usan para enfatizar un hecho.

indeed	de verdad
that is	eso es
likewise	de la misma manera
similarly	de semejante manera
accordingly	por lo tanto / así que
specifically	específicamente
for example	por ejemplo

He even lets me use his car. ***Indeed,*** *he is a wonderful brother. / He even lets me use his car;* ***indeed,*** *he is a wonderful brother.*	Aún me deja manejar su carro. De verdad es un hermano bueno.

Of course, I am willing to help him, too. ***That is,*** *I am there when he needs me. / Of course, I am willing to help him, too;* ***that is,*** *I am there when he needs me.*	Por supuesto, yo estoy dispuesto a ayudarlo a él también, eso es, yo estoy cuando él me necesita.

He laughs when I laugh. ***Likewise,*** *he cries when I cry. / He laughs when I laugh;* ***likewise,*** *he cries when I cry. /*	El se ríe cuando yo me río, y de la misma manera, él llora cuando yo lloro.

He laughs when I laugh. Similarly, he cries when I cry. /
He laughs when I laugh; similarly, he cries when I cry.

He is there when I need him. Accordingly, he doesn't complain when I borrow money. /
He is there when I need him; accordingly, he doesn't complain when I borrow money.

El siempre está cuando yo lo necesito, así que no se queja cuando se le pido prestado el dinero.

Sometimes I do nice things for him. Specifically, I wash his car on weekends, and I fill it up with gas. /
Sometimes I do nice things for him; specifically, I wash his car on weekends, and I fill it up with gas.

A veces yo le hago favores, específicamente, le lavo el carro los fines de semana, y lo lleno de gasolina.

Sometimes I do nice things for him. For example, I wash his car on weekends, and I fill it up with gas. /
Sometimes I do nice things for him; for example, I wash his car on weekends, and I fill it up with gas.

A veces yo le hago favores, por ejemplo, durante los fines de semana, le lavo el carro y lo lleno de gasolina.

§19.43 Adverbios Conjuntivos que Presentan Información Adicional

Un adverbio conjuntivo a veces sirve para presentar más información.

also	también
besides	además
furthermore	adicionalmente

He is my brother. Also, he is my best friend.
He is my brother; also, he is my best friend.

El es mi hermano, también es mi mejor amigo.

He is my brother. Besides,
he is my best friend. /
He is my brother; besides,
he is my best friend.

El es mi hermano, además
es mi mejor amigo.

He is my brother.
Furthermore, he is my
best friend. /
He is my brother;
furthermore, he is my
best friend.

El es mi hermano,
adicionalmente, es mi mejor
amigo.

§19.44
Consecuencia

Ciertos adverbios conjuntivos dicen la consecuencia de un
hecho.

consequently / therefore / thus   por eso / así que

I wasn't having fun.
Consequently, I went
home. /
I wasn't having fun;
consequently, I went
home.

Yo no la estaba pasando
bien, por eso, me fui a casa.

She ate too many cookies.
Therefore, she got sick. /
She ate too many cookies;
therefore, she got a
stomach ache.

Ella comió demasiados
bizcochos, por eso, se
enfermó.

All his relatives moved to
another place. Thus, he is
alone here. /
All his relatives moved to
another place; thus, he is
alone here.

Todos sus familiares se
mudaron a otra parte, así
que él está solo aquí.

anyway indica una consecuencia ilógica. Se pone al final
de la frase.

She didn't eat many
cookies. She got sick
anyway.

Ella no comió muchos
bizcochos. De todos modos
se enfermó.

§19.45
Información
Contraria

El adverbio conjuntivo puede introducir información contraria.

however	sin embargo
still	de todos modos
nevertheless	no obstante
instead	en vez de eso
otherwise	si no

Ejemplos

He has little formal education; however, he is a wise man.	El tiene poca instrucción, sin embargo, es un hombre sabio.
He has little formal education; still, he is considered an intellectual.	El tiene poca instrucción, de todos modos está considerado como un hombre intelectual.
He has little formal education; nevertheless, he is considered an intellectual.	El tiene poca instrucción, no obstante, está considerado como un hombre intelectual.
He didn't go to college; instead, he learned by reading.	El no fue a la universidad, en vez de eso, aprendió leyendo.
He will be promoted this year; otherwise, he will move to another company.	Lo subirán de puesto este año, si no, se mudará a otra compañía.

¡OJO! Note los dos tipos de puntuación con el uso de los adverbios conjuntivos.

Tópicos Especiales

§20.

Los Números

**§20.1
LOS
NUMEROS
INTEGROS**

Lea y diga los números entre 0–99 como están escritos:

1 *one*	26 *twenty-six*	51 *fifty-one*	76 *seventy-six*
2 *two*	27 *twenty-seven*	52 *fifty-two*	77 *seventy-seven*
3 *three*	28 *twenty-eight*	53 *fifty-three*	78 *seventy-eight*
4 *four*	29 *twenty-nine*	54 *fifty-four*	79 *seventy-nine*
5 *five*	30 *thirty*	55 *fifty-five*	80 *eighty*
6 *six*	31 *thirty-one*	56 *fifty-six*	81 *eighty-one*
7 *seven*	32 *thirty-two*	57 *fifty-seven*	82 *eighty-two*
8 *eight*	33 *thirty-three*	58 *fifty-eight*	83 *eighty-three*
9 *nine*	34 *thirty-four*	59 *fifty-nine*	84 *eighty-four*
10 *ten*	35 *thirty-five*	60 *sixty*	85 *eighty-five*
11 *eleven*	36 *thirty-six*	61 *sixty-one*	86 *eighty-six*
12 *twelve*	37 *thirty-seven*	62 *sixty-two*	87 *eighty-seven*
13 *thirteen*	38 *thirty-eight*	63 *sixty-three*	88 *eighty-eight*
14 *fourteen*	39 *thirty-nine*	64 *sixty-four*	89 *eighty-nine*
15 *fifteen*	40 *forty*	65 *sixty-five*	90 *ninety*
16 *sixteen*	41 *forty-one*	66 *sixty-six*	91 *ninety-one*
17 *seventeen*	42 *forty-two*	67 *sixty-seven*	92 *ninety-two*
18 *eighteen*	43 *forty-three*	68 *sixty-eight*	93 *ninety-three*
19 *nineteen*	44 *forty-four*	69 *sixty-nine*	94 *ninety-four*
20 *twenty*	45 *forty-five*	70 *seventy*	95 *ninety-five*
21 *twenty-one*	46 *forty-six*	71 *seventy-one*	96 *ninety-six*
22 *twenty-two*	47 *forty-seven*	72 *seventy-two*	97 *ninety-seven*
23 *twenty-three*	48 *forty-eight*	73 *seventy-three*	98 *ninety-eight*
24 *twenty-four*	49 *forty-nine*	74 *seventy-four*	99 *ninety-nine*
25 *twenty-five*	50 *fifty*	75 *seventy-five*	

Para el número 100 diga *one hundred*   o   *a hundred*
                    200   *two hundred*
                    300   *three hundred*
                    400   *four hundred*
                    500   *five hundred*
                    600   *six hundred*
                    700   *seven hundred*
                    800   *eight hundred*
                    900   *nine hundred*

Para los números entre los cientos, diga

            256   *two hundred (and) fifty-six*
            649   *six hundred (and) forty-nine*
            706   *seven hundred (and) six*

Para el número
        1,000 diga *one thousand o a thousand*
       20,000   *twenty thousand*
       36,000   *thirty-six thousand*
      400,000   *four hundred thousand*
      512,000   *five hundred twelve thousand*
      603,000   *six hundred three thousand*

Para los números entre los miles, diga
        1,637   *one thousand, six hundred (and)*
                     thirty-seven
       15,742   *fifteen thousand, seven hundred*
                     (and) forty-two
       59,825   *fifty-nine thousand, eight hundred*
                     (and) twenty-five
      500,032   *five hundred thousand (and)*
                     thirty-two
      999,999   *nine hundred ninety-nine*
                     thousand, nine hundred (and)
                     ninety-nine

Para   1,000,000 diga *one million o a million*
       46,000,000   *forty-six million*
      792,000,000   *seven hundred (and) ninety-two*
                         million

Para los números entre los millones, diga

        2,364,572   *two million, three hundred (and)*
                         sixty-four thousand, five
                         hundred (and) seventy two

Los números más altos generalmente se estiman con palabras.

1,000,000,000	*one trillion*	o	*a trillion*

o *about a trillion*
around a trillion
almost a trillion
more than a trillion

*Con los números entre los cientos, *and* se usa frecuentemente en la conversación. No lo use en la escritura.

§20.2 FRACCIONES

Para leer o decir las fracciones de números,

$1/2$	diga	*one-half* o *a half*
$3^{1}/_2$		*three and a half*
$2/3$		*two-thirds*
$6^{2}/_3$		*six and two-thirds*
$3/4$		*three-fourths* o *three quarters*
$4^{3}/_4$		*four and three-quarters*
$3/5$		*three-fifths*
$2^{3}/_5$		*two and three-fifths*
$5/8$		*five-eighths*
$5^{5}/_8$		*five and five-eighths*

Para decir las fracciones con las medidas, (Véase a la Tabla de Medidas en el Apéndice)

$1/2$ *cup*	diga	*half a cup* o *a half-cup* o *one half-cup*
$1/2$ *mile*		*half a mile* o *a half-mile* o *one half-mile*
$2/3$ *teaspoon*		*two-thirds of a teaspoon*
$3/4$ *yard*		*three-quarters of a yard*
$5/8$ *inch*		*five-eighths of an inch*

$1^{1}/_2$ *cups*	*one and a half cups* o *a cup and a half*
$3^{1}/_2$ *cups*	*three and a half cups*
$2^{2}/_3$ *teaspoons*	*two and two-thirds teaspoons*
$3^{5}/_8$ *yards*	*three and five-eighths yards*

¡OJO! Se usa *and a half* solamente después de *one*. No se dice "three cups and a half" o "two teaspoons and two-thirds".

§20.3
DECIMALES

Para leer o decir los números decimales,

3.5	diga *three point five*	o	*three and five tenths*
4.9	*four point nine*		*four and nine tenths*
6.75	*six point seven five*		*six and seventy-five hundredths*
8.32	*eight point three two*		*eight and thirty-two hundredths*

Para hablar de las monedas o los billetes de dinero,

diga		o		o	
	a penny		*one cent*	o	*a cent*
	a nickel		*five cents*		
	a dime		*ten cents*		
	a quarter		*twenty-five cents*		
	a dollar		*a one*		
	a five-dollar bill		*a five*		
	a ten-dollar bill		*a ten*		
	three twenty-dollar bills		*three twenties*		

Las cantidades de dinero se expresan así:

$	5.63	*five dollars and sixty-three cents*
	10.72	*ten dollars and seventy-two cents*
	564.03	*five hundred (and) sixty-four dollars and three cents*
	3,729.17	*three thousand, seven hundred (and) twenty-nine dollars and seventeen cents*

§21.

Días y Fechas

Los días de la semana son

Sunday	domingo
Monday	lunes
Tuesday	martes
Wednesday	miércoles
Thursday	jueves
Friday	viernes
Saturday	sábado

What day is it?	¿Qué día es hoy?
It's Friday.	Es viernes.

Para decir el día de un suceso, use *on:*

When does your vacation start?	¿Cuándo empiezan tus vacaciones?
It starts on Monday.	Empiezan el lunes.

When are you leaving?	¿Cuándo te vas?
I'm leaving on Tuesday.	Me voy el martes.

¡OJO! La semana empieza con *Sunday*.
Los nombres de los días empiezan con mayúscula.

Los meses son:

January	enero
February	febrero
March	marzo
April	abril
May	mayo
June	junio
July	julio
August	agosto
September	septiembre
October	octubre
November	noviembre
December	diciembre

What month is it?	¿En qué mes estamos?
It's May.	Estamos en mayo.

Para decir el mes de un suceso, use *in:*

When does your vacation start?	¿Cuándo empiezan tus vacaciones?
It starts in August.	Empiezan en agosto.
When are you leaving?	¿Cuándo te vas?
I'm leaving in September.	Me voy en septiembre.

Para escribir la fecha, use el mes + númeral cardinal + coma + año.

March 24, 1915	24 de marzo de 1915
October 18, 1963	18 de octubre de 1963
November 20, 1995	20 de noviembre de 1995

Para decir la fecha, use el número ordinal. (§7.12)

Modelos:
the + el número ordinal + *of* + mes o mes + el número ordinal

It's the 29th of March.	Es el 29 de marzo.
It's March 29th.	
It's the 1st of May.	Es el primero de mayo.
It's May 1st.	
It's the 4th of July.	Es el cuatro de julio.
It's July 4th.	
It's the 31st of December.	Es el 31 de diciembre.
It's December 31st.	
What's the date?	¿Cuál es la fecha?
It's February 6th.	Es el 6 de febrero.

Para decir la fecha de un suceso, use *on:*

When does your vacation start?	¿Cuándo empiezan tus vacaciones?
It starts on the 28th of August.	Empiezan el 28 de agosto.
When are you leaving?	¿Cuándo te vas?
I'm leaving on September 3rd.	Me voy el 3 de septiembre.

Las Estaciones

spring	la primavera
summer	el verano
fall / autumn	el otoño
winter	el invierno

What season is it?	¿En qué estación estamos?
It's the middle of summer.	Estamos en pleno verano.

Para decir la estación, use *in:*

When is your birthday?	¿Cuándo es tu cumpleaños?
It's in the fall.	Es en el otoño.

Para decir el año,

1776	*seventeen seventy-six*
	mil setecientos setenta y seis
1852	*eighteen fifty-two*
	mil ochocientos cincuenta y dos
1965	*nineteen sixty-five*
	mil novecientos sesenta y cinco
1999	*nineteen ninety-nine*
	mil novecientos noventa y nueve

Para decir el año de un suceso, use *in:*

When does your vacation start?	¿Cuándo empiezan tus vacaciones?
It starts in 1998.	Empiezan en 1998.

When are you leaving?	¿Cuándo te vas?
I'm leaving in 1999.	Me voy en 1999.

22

La Hora

Para decir la hora actual, se dice

It + *is* + la hora + *o'clock*

o

It + *is* + la hora + A.M. o P.M.

A.M. = de la mañana
P.M. = de la tarde/ de la noche

What time is it?	¿Qué hora es?
It is one o'clock.	Es la una.
It is one A.M.	Es la una de la mañana.
It is two o'clock.	Son las dos.
It is two P.M.	Son las dos de la tarde.
It is seven o'clock.	Son las siete.
It is seven A.M.	Son las siete de la mañana.
It is eleven o'clock.	Son las once.
It's eleven P.M.	Son las once de la noche.
It is noon.	Es mediodía.
It's twelve P.M.	
It's midnight.	Es medianoche.
It's twelve A.M.	

Para decir los minutos antes o después de la hora, use
la forma digital: *It is* + la hora + el número de minutos
después de la hora

o

la forma tradicional: *It is* + el número de minutos antes o
después de la hora.

What time is it?	¿Qué hora es?
It's one-oh-five. *It's five after one.* *It's five past one.*	Es la una y cinco.
It's two-ten. *It's ten after two.* *It's ten past two.*	Son las dos y diez.

It's three-fifteen.
It's fifteen after three. } Son las tres y quince.
It's fifteen past three.
It's a quarter after three. } Son las tres y cuarto.
It's a quarter past three.

It's four-twenty.
It's twenty after four. } Son las cuatro y veinte.
It's twenty past four.

It's five-twenty-five.
It's twenty-five after five. } Son las cinco y veinticinco.
It's twenty-five past five.

It's six-thirty.
It's half past six. } Son las seis y media.

It's seven-thirty-five.
It's twenty-five to eight. } Son las ocho menos veinticinco.
It's twenty-five of eight.

It's eight-forty.
It's twenty to nine. } Son las nueve menos veinte.
It's twenty of nine.

It's nine-forty-five.
It's fifteen to ten. /
It's a quarter to ten. } Son las diez menos cuarto.
It's fifteen of ten. /
It's a quarter of ten.

It's ten-fifty.
It's ten to eleven. } Son las once menos diez.
It's ten of eleven.

It's eleven-fifty-five.
It's five to twelve. } Son las doce menos cinco.
It's five of twelve.

Para decir la hora de un suceso, use *at* + la hora.

What time is the   ¿A qué hora es el concierto?
    concert?
It's at eight o'clock. } Es a las ocho.
It's at eight P.M.

What time does the class start?	¿A qué hora empieza la clase?
It starts at five-fifteen.	Empieza a las cinco y cuarto.
What time are we leaving?	¿A qué hora nos vamos?
We're leaving at six A.M.	Nos vamos a las seis de la mañana.

Para decir "en punto", use *on the dot* o *sharp*

What time does the class start?	¿A qué hora empieza la clase?
It starts at five-fifteen on the dot.	Empieza a las cinco y cuarto en punto.
What time are we leaving?	¿A qué hora nos vamos?
We're leaving at six A.M. sharp.	Nos vamos a las seis en punto.

23

El Tiempo

Para hablar del tiempo, use *It* + *is* + adjetivo.

How's the weather?	¿Qué tiempo hace?
It's nice.	⎫ Hace buen tiempo.
It's pleasant.	⎭
It's dreary.	Hace mal tiempo.
It's sunny.	Hace sol.
It's cloudy.	Está nublado.
It's rainy.	Llueve mucho.
It's foggy.	Está brumoso.
It's hot.	Hace calor.
It's warm.	Hace un poco de calor.
It's cool.	Hace fresco.
It's chilly.	Hace un poco de frío.
It's cold.	Hace frío.
It's freezing.	Hace mucho frío.
It's windy.	Hace viento.
It's humid.	Es húmedo.

Mostly indica que la mayor parte del día tendrá ese tiempo.

Today will be mostly sunny.	Hoy habrá sol durante la gran parte del día.

Cuando hay precipitación actualmente, use *It* + *is* + *present participle*.

It is raining.	Está lloviendo.
It is snowing.	Está nevando.
It is sleeting.	Está cellisqueando.
It is hailing.	Está granizando.

Otros tipos de tiempo incluyen:

What's happening?	¿Qué está pasando?
There is lightning.	Hay relámpagos.
There is thunder.	Hay truenos.
It's a storm.	Es una tormenta.
It's a hurricane.	Es un huracán.
It's a gale.	Es un ventarrón.
It's a cyclone.	Es un ciclón.
It's a tornado.	Es un tornado.
It's a flood.	Es un diluvio.
It's an earthquake.	Es un terremoto.

Examen

§1.

Letras y Palabras

1. Llene los espacios en blanco:
    Today, fast, happily, y *here* son ejemplos de
    _____.
    Tall, new, red, y *pretty* son _____.
    Mon., Sept., ch., Mr., y *Mrs.* son _____.
    I, he, him, them, us, y *her* son _____.
    a, e, i, o, y *u* son _____.
    went, gone, have, y *sing* son _____.
    for, out, by, y *to* son _____.
    l, m, t, y *s* son _____.
    but, so, and, y *however* son _____.
    nurse, town, y *books* son _____.

2. Escriba las abreviaturas:
    médico __Dr._____
    el título de una mujer casada __Mrs._____
    etcetera __etc._____
    el título de un dentista __DSS._____
    eso es _____
    doctor de leyes __Lic._____
    Robert Runyon, cuyo padre tiene el mismo nombre
    __Robert Runyon, Jr._____
    de la mañana _____
    por ejemplo _____
    el título para negocios de una mujer
    _____

§2.

Uso de Mayúsculas

3. Escriba mayúsculas donde necesario:
mr. jones is from canada.

Mr. Jones Is From Canada

do you think i am john's brother?

Do you think I'm John's brother.

he was born on tuesday, the 5th of february.

He was born on

_____

my good friend, carol, is from new york, but she lives in washington, d. c.

_____

_____

california, michigan, and texas are all states of the united states of america.

_____

_____

§3.

La Puntuación

4. Escriba la puntuación y las mayúsculas donde necesario:

   here comes miss phillips our new secretary

   where are the computer discs

   nancy bought three tables a sofa and two chairs

   i need the following things paper pencils a stapler and some staples

   mrs johnson doesn't have a book so she is using marys

§4.

Las Oraciones

5. Subraya los sujetos de las oraciones siguientes:
    John and James are here.
    My friends play tennis.
    Her brother likes swimming and diving.
    Swimming and diving are fun.
    It is nice to see you.

6. Subraya los predicados de las oraciones siguientes:
    John and James are here.
    My friends play tennis.
    Her brother likes swimming and diving.
    He swims and dives every day.
    Swimming is fun.

7. Subraya los atributos de las oraciones siguientes:
    Mary is my sister.
    She seems tired today.
    The tests look difficult.
    Are you sure?
    I don't want to get sick.

8. Subraya los complementos directos de las oraciones siguientes:
    Susan called Mary yesterday.
    I love candy and flowers.
    We need money.
    Do you have friends here?
    He bought three tickets.

9. Subraya los complementos indirectos de las frases siguientes:
    He gave her the money.
    Did you tell us to go home?
    We are going to show you the presents tomorrow.
    David sent Mary a letter.
    I told them the secret.

§5.

Sustantivos

10. Escriba las formas plurales de los sustantivos siguientes:

    girl   _____
    series   _____
    tomato   _____
    person   _____
    city   _____
    leaf   _____
    box   _____
    piano   _____
    child   _____
    man   _____

11. Escriba los nombres de los sustantivos no-contables:

    tables, chairs, and beds = _____
    letters and postcards = _____
    tools and supplies = _____
    nickels, dimes, and quarters = _____
    necklaces, bracelets, and rings = _____
    facts of interest = _____
    notes, sounds, and songs = _____
    cleaning and dusting = _____
    assignments for after school = _____
    suggestions of help = _____

12. Marque los sustantivos correctos:

    I need a _____
        ring   rings   jewelry
    She wants three _____.
        ring   rings   jewelry
    They need a few _____.
        money   dollars   dollar
    I made a little _____.
        money   dollars   dollar
    He spoke to each _____.
        children   girls   child
    We have some _____.
        friend   friends   neighbor
    Both _____ *are nice.*
        sisters   brother   daughter

They made an _____.
   car   appointments   appointment
He doesn't have any _____.
   friend   sister   brothers
She has many _____.
   friends   sister   family
Give them every _____.
   box   boxes
They have too much _____.
   chairs   tables   furniture
We have too many _____.
   chairs   table   furniture

13. En las frases siguientes, escriba de nuevo el
     sustantivo entre paréntesis, haciéndolo plural donde
     necesario.
     I drank two (coffee) _____ before lunch.
     They grow a lot of (coffee) _____ in
     Colombia.
     She served (chicken) _____ and
     French fries for dinner.
     She raises (chicken) _____ on her
     farm.
     He wears (glass) _____ for reading.
     I would love a (glass) _____ of water.
     Are these cups made of (glass) _____?
     I used a lot of (paper) _____ when I
     wrote that (paper) _____ on the
     economy.

14. Identifique y escriba con mayúsculas los sustantivos
     propios:
     They left in july.
     We are going next friday.
     Her birthday party is at her sister charlotte's new
     house.
     Do you want to vist the white house when you are in
     washington?
     Mr. and mrs. harrison live in new york city.
     They lived in the state of louisiana before.
     You have to cross an old bridge to get across old
     creek.

15. Combine cada par de oraciones a una sola oración, usando un apositivo.
Mary is John's wife. She is a doctor.
I like Barbara. She is my new neighbor.
You should call Jack. He is the computer expert.
The market has fresh vegetables. The market is our favorite place to shop.
Carolyn is the best singer in the choir. She is my sister.

16. Escriba las formas posesivas de los sustantivos.
*A house that the Harrises own is the
_____ house.*
Dresses that Sally has are _____ dresses.
The cars that my friends have are _____ cars.
The money that the people have is _____ money.
A book that James has is _____ book.

17. Escriba las formas posesivas de los sustantivos:
My friend has a mother.
_____.
The book has a name.
_____.
The school has an address.
_____.
My friend has an address.
_____.
The team has a captain.
_____.
The country has a president.
_____.
The suit has a color.
_____.
The teacher has a name.
_____.
The cat has a leg.
_____.
The table has a leg.
_____.
Fred has a leg.
_____.

18. Use *more, less,* o *fewer* para combinar cada par de oraciones a una sola oración.
    I have five books. You have three books.
    She has four rings. Her friend has two rings.
    I have a lot of information. He has a little information.
    They have little money. We have some money.

19. Use *the same* para combinar cada par de oraciones a una sola oración.
    He has three pencils. She has three pencils.
    My shoes are size six. Your shoes are size six.
    This turkey weighs twenty pounds. That turkey weighs twenty pounds.
    Your husband is six feet tall. My husband is six feet tall.
    This fabric is four yards long. That fabric is four yards long.
    A man is here to see you. He was here before.

§6.

Pronombres

20. Cambie los sustantivos subrayados a pronombres de sujeto:
    Angela was here yesterday.
    Ken and Sharon walked home.
    Amy and Tracy told us about the movie.
    Tom really liked it.
    Tom and I are going out tomorrow night.

21. Llene los espacios con los pronombres impersonales correctos:
    I am new in town. Where do _____ buy school supplies here?
    Oh, _____ sell them at the drugstore.
    At the drugstore? Do _____ sell hardware there, too?
    Yes, _____ do. _____ can buy sewing supplies there, too!
    _____ can buy a lot of things at the drugstore!

22. Cambie los sustantivos subrayados a pronombres de complementos.
    We are buying the basket for Marilyn.
    She told Sally and me that she liked the basket.
    I'm not sending David the pictures.
    I'd rather send the pictures to his mother.
    She always calls me and my husband when she's here.

23. Cambie los sustantivos subrayados a pronombres:
    Janice and Cheryl liked Doug's car.
    Please give the tickets to Joel.
    Tony wanted to buy the ring for Patricia.
    These hats are Bonnie's and Judy's.
    Joe hurt Joe on Joe's way to Christina's house.

24. Use pronombres reciprocales para combinar cada
    par de oraciones a una sola oración.
    Jim likes Ellie. Ellie likes Jim.
    Matt helps Paul. Paul helps Matt.
    Lisa called William. William called Lisa.
    *The teachers promised the students. The students
    promised the teachers.*

25. Escriba los pronombres correctos en los espacios.
    (My friend and I)
    *_____ are tired. Please give _____ a drink of
    water. Thank you for helping my friend and _____.*
    (James and Judy)
    I saw _____ at the football game. (James)
    _____ was watching the game, but (Judy)
    *_____ wasn't. _____ and I began to talk. Later,
    I told _____ good-bye, and I waved to _____,
    too. _____ both waved back to _____.*
    (David)
    *_____ called me last night and told _____ that
    _____ was coming to study with _____. I told
    _____ that _____ could come to my house at
    eight o'clock, and that he should bring_____
    book.*
    (Sandra and Cheryl)
    *Sandra and _____ are sisters. They don't live
    near _____, but they talk to _____ on the
    phone every day. Cheryl said that _____ had
    talked to _____ sister for two hours yesterday.*

26. Escriba los correctos pronombres reflexivos o inten-
    sivos:
    Who made your dress?
    *   I did. I made it _____.*
    Who went with Julie?
    *   Nobody. She went _____.*
    Nobody can help him; he needs to help

    _____.
    *I can't get back in the store because the door locked
    _____ behind me.*
    *If you want a birthday party, why don't you plan it
    _____ ?*

27. Escriba los pronombres posesivos:
    This dish belongs to Pat and Sam. It is _____.
    That pizza is Joe's. It is _____.
    Those sandwiches are Patricia's. They are

    _____.
    You brought the cake. It is _____.
    Peter and I made the apple pie. It is _____.
    Cecil gave me this plate. It is _____.

28. Escriba las frases de nuevo, usando *"belong to."*
    That's Jan's purse.
    This is our car.
    Those are the neighbors' flowers.
    Which coat is yours?

29. Complete lo siguiente, empleando los pronombres
    relativos correctos.
    She is a girl. She sold us the cookies.
    Who is she? She is the girl _____ sold us the
    cookies.
    I bought the cookies. They had chocolate icing.
    Which cookies did you buy? I bought the ones
    _____ had chocolate icing.
    I paid the man. He is standing over there.
    Whom did you pay? The man _____ I paid is
    standing over there.
    He is a man. His daughter sold us the cookies.
    Who is he? He is the man _____ daughter sold
    us the cookies.

30. Indique el significado de cada partida
_____ *a little*	*a. too many*
_____ *not one or the other*	*b. several*
_____ *a large number*	*c. some*
_____ *more than is good*	*d. neither*
_____ *three or four*	*e. another*
_____ *not one person*	*f. few*
_____ *a small number*	*g. either*
_____ *one place*	*h. someone*
_____ *one person*	*i. somewhere*
_____ *one or the other*	*j. not anyone*
_____ *more than one*	*k. a few*
_____ *not enough*	*l. a lot*
_____ *one more*	*m. a small amount*

31. Escoja *another, the other, others,* o *the others* para completar las frases:
New York is a big city. There are many _____.
New York is a city in the east. Washington is _____.
Do you know any of _____?
There are two New Yorks. One is a city, and _____ is a state.

32. Llene los espacios con los pronombres correctos de la lista.

another   *anywhere*   *someone*
something   *nothing*   *anything*
anybody   *each*   *somewhere*
one

There are no people here. There isn't _____ in the store.
I hear a voice. _____ is in the store.
I can't find my watch _____.
I hope I find it _____.
We can't find _____ to eat.
I need to eat _____.
The box is empty. There is _____ in it.
She is a doctor, and I am _____, too.
He ate two cookies. Now he wants _____.
We gave tickets to all the participants. _____ has a ticket.

§7.

Adjetivos

33. Escoja *a, an, the,* o deje en blanco:
    She is _____ artist.
    We are _____ friends.
    That is _____ book I sent you.
    Those are not _____ flowers I sent you.
    New York is _____ big city.
    That is _____ interesting question.
    That is _____ interesting information.
    He sends me _____ flowers every day.
    Can you give me _____ advice?
    He is _____ big boy now.

34. Escoja *the* o deje en blanco antes de los sustantivos propios siguientes:

    _____ Joann   _____ Chile
    _____ September   _____ Clarks
    _____ Philippines   _____ Atlantic Ocean
    _____ India   _____ University of
    _____ United States   Michigan
    _____ Wednesday   _____ Mrs. Martin
                                 _____ Western
                                 Hemisphere

35. Escoja *the* o deje en blanco para llenar correctamente los espacios:
    The student is on his way to _____ school now.
    Peter is going to _____ jail to visit his friend.
    I didn't go to _____ work today.
    I stayed at _____ home.
    I always eat _____ dinner by myself.
    She had _____ dinner at that restaurant _____ last night.
    _____ last week was _____ last week of our vacation.

36. Exprese con palabras los números ordinales siguientes:

1st _____

3rd _____

8th _____

12th _____

16th _____

22nd _____

34th _____

45th _____

67th _____

99th _____

37. Llene los espacios con los correctos adjetivos posesivos:

That's my brother's book. It's _____ book.

Mary says it's hers. She says it's _____ book.

No, it isn't hers; it's ours. I say it's _____ book.

Maybe it belongs to Mark and Patty. Maybe it's _____ book.

You are all wrong. It's mine. It has _____ name inside the front cover.

38. Escoja los determinantes correctos:

I need _____ jewelry.

    a   a little   a few

She wants _____ bracelets.

    a   a little   a few

They need _____ money.

    a lot   a lot of   a few

I made _____ dollars.

    another   a few   any

He spoke to _____ children.

    all of the   every   each

We have _____ neighbor.

    some   a few   one

He doesn't have _____ neighbors.

    a few   any   one

She bought _____ new chairs.

    another   any   three

He has _____ problems.

    much   too many   too much

I have _____ homework.

    many   too many   too much

39. Escoja *this, that, these,* o *those* para llenar correctamente los espacios:

_____ ring I am wearing was my mother's.

I gave him _____ shirt he has on.

Are _____ dresses over there on sale?

I can't find _____ information you sent me.

My feet hurt. I need to take _____ shoes off.

I came here because _____ shop is my favorite.

40. Escriba los adjetivos propios:

He is a citizen of the United States. He is an

_____ citizen.

She is from Italy. She is _____.

That is the flag of Mexico. It is the

_____ flag.

This wine is from France. It is _____ wine.

The shoes were made in Spain. They are

_____ shoes.

41. Escoja los adjetivos correctos:

I bought a _____ box.

   jewelry   earring   earrings

My sister works at a _____ store.

   dresses   curtains   shoe

The book was so _____ that I got

_____ and fell asleep.

   boring   bored

We were _____ because the show was

_____.

   fascinating   fascinated

The dress was expensive; it was a _____ dress.

   three-hundred-dollar   three-hundred-dollars

Her husband is big; he is a _____ athlete.

   six-foot, two-hundred-pound

   six-feet, two-hundred pounds

42. Escriba las formas correctas de los adjetivos:
    This hat is (elegant) _____ of all.
    Those are (nice) _____ houses in the neighborhood.
    You have an (easy) _____ assignment than I.
    Your teacher is (patient) _____ than mine.
    The weather is much (hot) _____ than last month's.
    She is a (good) _____ player than her sister.
    Her dishes are (same) _____ mine.
    Her furniture is (different) _____ mine.
    The weather is getting (warm, gradually) _____.
    That movie is (bad) _____ than the one we saw last week.

43. Escriba la forma correcta del adjetivo *cheap* o *expensive*:

    My shoes cost $20. Your shoes cost $30. Bob's shoes cost $30. Jane's shoes cost $60.

    My shoes are _____ yours.
    Your shoes are _____ mine.
    Bob's shoes are _____ yours.
    Jane's shoes are _____ ours.
    Jane's shoes are _____ of all.
    My shoes are _____ of all.

44. Escriba la forma correcta del adjetivo *light* o *heavy*.

    Bobby weighs fifty pounds. Billy weighs fifty-five pounds. Jimmy weighs fifty-five pounds. John weighs sixty pounds.

    Bobby is _____ Jimmy.
    Jimmy is _____ Billy.
    John is _____ Jimmy.
    John is _____ of all.
    Bobby is _____ of all.

45. Escriba los adjetivos en orden correcto:
    _____ *skirt.*
    yellow / long / beautiful / her
    _____ *blouse*
    ugly / red / old / my
    _____ *tie*
    lovely / his / silk / blue
    _____ *coat*
    your / wool / new / nice
    _____ *shoes*
    dirty / leather / old / those

46. Use *else* para expresar lo siguiente:
    I don't see another person.

    _____

    We don't need another thing.

    _____

    We want to go to another place.

    _____

    I think he is looking for another thing.

    _____

    No other place will please him.

    _____

    I can't live with a different person.

    _____

§8.

Verbos—Introducción

47. Marque las palabras correctas:
   Para indicar la hora de la acción de una oración, use el _____ correcto.
       tense (tiempo)   *mood* (modo)   *voice* (voz)
   Para enfatizar el sujeto de una oración, use

   _____.
       the subjunctive mood (el modo subjuntivo)
       the active voice (la voz activa)
       the passive voice (la voz pasiva)
   Para enfatizar el complemento de la acción, use

   _____.
       the subjunctive mood (el modo subjuntivo)
       the active voice (la voz activa)
       the passive voice (la voz pasiva)
   El infinitivo es _____.
       la forma básica + *-ed*
       la forma básica + *-ing*
       to + la forma básica
   Para hallar un verbo en el diccionario, busque

   _____.
       el infinitivo
       el *present tense*
       la forma básica

48. Escriba el *present participle* de cada uno de los verbos siguientes:

cry	_____	*sleep*	_____
freeze	_____	*whip*	_____
bring	_____	*choose*	_____
die	_____	*study*	_____
shop	_____	*occur*	_____

49. Escriba el *past participle* de cada uno de los verbos siguientes:

try	_____	*dance*	_____
permit	_____	*sew*	_____
agree	_____	*clean*	_____
fold	_____	*play*	_____
ship	_____	*study*	_____

§9.

Verbos—Tiempos del Presente

50. Llene los espacios con la forma correcta de *be* del *Present Tense:*

They _____ fine.

She _____ beautiful.

No. there (not) _____ any spoons.

I _____ from New York.

It _____ Mary's book.

We _____ the secretaries.

The car _____ in the parking lot.

Their parties _____ on Sundays.

Her new dress _____ purple.

No, John (not) _____ my brother.

51. Forme una pregunta para cada una de las frases anteriores.

_____

_____

_____

_____

_____

_____

_____

_____

_____

52. Conteste las preguntas siguientes con una respuesta corta positiva:

Are you well?

_____

Is he happy?

_____

Are they here?

_____

Is she alone?

_____

Are we late?

_____

Is it O.K.?

_____

Am I your friend?

_____

Is there a telephone here?

_____

Are there any good restaurants near here?

_____

Is it cold?

_____

53. Conteste las preguntas siguientes con una respuesta corta negativa:
Are you well?

_____

Is he happy?

_____

Are they here?

_____

Is she alone?

_____

Are we late?

_____

Is it O.K.?

_____

Am I your assistant?

_____

Is there a telephone here?

_____

Are there any good restaurants near here?

_____

Is it hot?

_____

54. Para cada una de las frases siguientes, escriba la respuesta que indica sorpresa.
We are sisters.

_____

He isn't hungry.

_____

She is asleep.

_____

They aren't at home.

_____

I'm not tired.

_____

You are beautiful.

_____

He is my boyfriend.

_____

She isn't married.

_____

§9.12
Present Tense —
Otros Verbos

55. Escriba las formas correspondientes a *he / she / it* de los verbos siguientes:

have	He _____
go	Mr. Jones _____
laugh	He _____
come	It _____
cry	Billy _____
take	She _____
sing	Miss Carson _____
do	Jessica _____
work	it _____
love	He _____

56. Escriba las formas negativas:

have	Kim _____
go	Larry _____
laugh	Lisa _____
come	It _____
cry	She _____
take	He _____
do	Ms. Martin _____
work	he _____
exercise	she _____

57. Escriba las respuestas que indican sorpresa:
I don't have a car.

_____

She doesn't like me.

_____

We love it here.

_____

He needs help.

_____

They don't live here anymore.

_____

58. Escriba las frases de nuevo, colocando las palabras entre paréntesis en el lugar correcto:
    We go to the movies on Saturdays. (usually)

    _____

    We eat dinner. (at eight o'clock)

    _____

    He helps us. (often)

    _____

    He helps us. (sometimes)

    _____

    He helps us. (on the weekends)

    _____

    She takes trips. (occasionally)

    _____

    I wear a bathing suit. (in the summer)

    _____

    They visit me. (rarely)

    _____

    I call them. (always, at night)

    _____

    She studies. (never, in the afternoon)

    _____

    He exercises. (every day, at six o'clock)

    _____

    We exercise. (often, in the morning)

    _____

59. Escriba la pregunta contestada por la palabra subrayada en cada una de las frases siguientes:
    We like Peggy.

    _____

    We call Peggy.

    _____

    Peggy is our friend.

    _____

    We take her to the zoo.

    _____

    We take her to the zoo.

    _____

    We see animals.

    _____

    They smell bad.

    _____

60. Escriba la pregunta contestada por la palabra subrayada en cada una de las frases siguientes:
    I have <u>six</u> cousins.

    _____

    They live <u>here</u> now.

    _____

    <u>They</u> eat a lot.

    _____

    My aunt cooks <u>chicken</u>.

    _____

    <u>My aunt</u> cooks chicken.

    _____

    My cousins eat <u>a lot of</u> chicken.

    _____

    My aunt buys the chicken <u>at the market</u>.

    _____

    She usually shops <u>on Saturdays</u>.

    _____

61. Llene los espacios con la forma correcta de cada verbo:
    They (go) _____ to the movies on Saturdays.
    We (like) _____ chocolate ice cream.
    No, he (live/not) _____ here.
    No, I (have/not) _____ a car.
    She (work) _____ at the bank.
    My friend and I usually (meet) _____ in the library.
    Sylvia (leave) _____ home at six o'clock.
    She (watch) _____ television every evening.

62. Escriba una pregunta para cada una de las frases anteriores.

    _____

    _____

    _____

    _____

    _____

    _____

    _____

    _____

§9.13 Auxiliares Modales

63. Use modales para traducir las frases:
Puedo cantar.

_____

Tal vez esté él en casa.

_____

Ud. tiene permiso para ir a casa.

_____

¿Podría Ud. ayudarme a cargar este paquete?

_____

¿Debiera yo llamar al médico?

_____

Ud. debe ir al médico.

_____

Yo tengo que trabajar.

_____

Ella no tiene que trabajar.

_____

No debes hacer ruido.

_____

Prefiero vivir en la ciudad.

_____

64. Llene los espacios, usando modales:
Can you dance?
_Yes, I _____._
Can your sister play the piano?
_Yes, she _____._
Can your brothers sing?
_No, they _____._
Where is Mike?
_I don't know. He _____ sick._
Where are Debbie and Scott?
_I don't know. _____ they are lost._
May we go home now, Miss Gibbs?
_Yes, you _____._
May Johnnie go home, too?
_No, he _____._

§9.2 _PRESENT PROGRESSIVE TENSE_

65. Escriba los verbos en el _Present Progressive Tense:_
_He (sleep) _____ at present._
_She (study) _____ at the moment._

We (paint) _____ the living room
this week.
They (drive) _____ home now.
I (relax) _____ this month
because I am on vacation.
_____ you (enjoy) _____ your
vacation?

66. Haga negativas las oraciones siguientes.
    He (sleep) _____ at present.
    She (study) _____ at the
    moment.
    We (paint) _____ the living room
    this week.
    They (drive) _____ home now.
    I (relax) _____ this month
    because I am not on vacation.

67. Traduzca las oraciones, empleando el *Present
    Progressive Tense*.
    Mark sigue durmiendo.

    _____

    Me molesta que Joe me llame tanto.

    _____

    Heather ya no trabaja.

    _____

    George ya no estudia aquí.

    _____

    Sam sigue estudiando aquí.

    _____

68. Escoja el *Present Tense* o el *Present Progressive
    Tense*:
    He (like) _____ movies.
    We (eat) _____ at six-thirty every night.
    They (watch) _____ TV right now.
    She always (wash) _____ the dishes
    after dinner.
    I (write) _____ this exercise.
    My mother can't help you; she (talk)
    _____ on the telephone.
    I (want) _____ my dinner now.
    They (have) _____ a party in that room.
    They (have) _____ a lot of money now.
    My sister isn't here; she (study) _____
    at the library.

I (think) _____ he's nice.
I (think) _____ about him now.

69. Escoja el *Present Tense* o el *Present Progressive Tense* para llenar los espacios:
I am a kindergarten teacher, and I would like to tell you about my class. The children always (come) _____ to school ready for fun and games. Cindy, for example, (enjoy) _____ the toys in the corner right now. At the moment, she and Mary (play) _____ with the blocks. They (talk) _____ about their favorite colors. Cindy (like) _____ blue, and Mary (like) _____ red. Cindy (stay) _____ with a babysitter this year, and she rarely (play) _____ with other children. At home she (be) _____ quiet, and she never (invite) _____ friends to her house. Another child is Bobby. He (paint) _____ a picture this morning. He (use) _____ all the colors in the box, and (make) _____ a beautiful present for his mother. At home, he always (watch) _____ TV. Look! There (be) _____ Jennifer. She (jump) _____ rope with her friend, Kathy. They (have) _____ a good time.

§9.3 PRESENT PERFECT TENSE

70. Escriba la forma del *Present Perfect* de cada verbo:
We live. _____
They eat. _____
He sleeps. _____
She cries. _____
You come. _____
We go. _____
I work. _____
We write. _____
You study. _____
She reads. _____

71. Cambie los verbos al *Present Perfect.*
I don't change. _____
He doesn't break anything. _____
She doesn't win. _____
You don't promise, do you? _____
He doesn't help, does he? _____

72. Escoja *since* o *for* para llenar los espacios:
    I have lived here _____ 1988.
    They have been our neighbors _____
    twelve years.
    He has worked there _____ a long time.
    I have been waiting _____ five o'clock.
    They have been talking _____ midnight.

73. Escriba una pregunta para cada una de las
    oraciones de # 72.

    _____

    _____

    _____

    _____

    _____

74. Use el *Present Perfect Tense* para explicar las
    causas de las situaciones siguientes:
    She knows how to drive this car.

    _____

    I know where your house is.

    _____

    We know every scene in that movie.

    _____

    They are not hungry.

    _____

    He is very hungry.

    _____

75. Use el *Present Perfect Tense* para expresar lo
    siguiente:
    My goal is to walk six miles. I need to walk two
    more miles.
    Mi objetivo es caminar seis millas; necesito caminar
    dos millas más.

    _____

    My plan is to lose twenty pounds in total. I need to
    lose ten more pounds.
    Mi objetivo es perder veinte libras en total; necesito
    perder diez libras más.

    _____

    My budget allows me to spend $100 in total. I have
    $25 left.
    Mi presupuesto me deja gastar un total de $100; me
    quedan $25.

    _____

My assignment is to write three papers. I need to write one more.

Mi tarea es escribir tres reportes; necesito escribir uno más.

_____

76. Llene los espacios con la forma correcta del *Present Perfect:*

    We (work) _____ here for two years.
    They (help) _____ him for a long time.
    I (eat/not) _____ dinner yet.
    She (be) _____ in Alaska twice.
    He (play/never) _____ football before.
    I (answer) _____ twenty questions today so far.
    She is walking in the door right now. She (arrive)
    _____.

77. Escriba una pregunta para cada una de las oraciones anteriores.

    _____
    _____
    _____
    _____
    _____
    _____
    _____

§10.

Verbos—Tiempo Pasado

78. Llene los espacios en blanco con la forma correcta del pasado de *be:*
    I _____ *sick.*
    We _____ *in Las Vegas.*
    No, they (not) _____ *late.*
    She _____ *my favorite teacher.*
    It _____ *5:30 P.M.*

79. Escriba una pregunta para cada una de las frases anteriores.

    _____
    _____
    _____
    _____
    _____

80. Escriba las formas del *Past Tense* de los verbos siguientes:

stand	_____	*bend*	_____
try	_____	*fold*	_____
work	_____	*hold*	_____
study	_____	*know*	_____
see	_____	*show*	_____
agree	_____	*hear*	_____
teach	_____	*wear*	_____
buy	_____	*sell*	_____
bring	_____	*tell*	_____
go	_____	*do*	_____

81. Llene los espacios en blanco con las formas correctas del *Past Tense:*
    We (begin) _began_ *this morning at ten o'clock.*
    I (stop) _stopped_ *at six o'clock.*
    Mary (help) _helped_ *me yesterday.*
    No, he (go/not) _____ *to Spain last summer.*
    They (go) _____ *home two hours ago.*
    No, we (eat/not) _____ *at my friend's house last night.*
    My brother and I (leave) _____ *home at seven o'clock.*

No, Vicki and Joan (call/not) _____ me today.
Yes, I (have) _____ a good time at the party.
She (cry) _____ when he left.

82. Escriba una pregunta para cada una de las oraciones anteriores.

    _____

    _____

    _____

    _____

    _____

    _____

    _____

    _____

    _____

83. Escoja entre el *Present Perfect Tense* y el *Past Tense* para completar las oraciones siguientes:
    I am studying. I (start) _____ to study fifteen minutes ago. I (study) _____ for fifteen minutes. We live in this house. We (move) _____ here in 1991. We (live) _____ here since 1991. Nancy (meet) _____ Sharon in college. They (know) _____ each other for twelve years. When they were in college, they (do) _____ a lot of things together. They (work) _____ at the bookstore, they (take) _____ the same classes, and they (live)_____ in the same dormitory. Now they live in different cities, and they (not, see) _____ each other for a long time.

84. Cambie las oraciones siguientes del presente al pasado.
    I can work.

    _____

    Should we go?

    _____

    They may take a vacation. (Tienen permiso)

    _____

    He may be sick. (Es posible)

    _____

    He must work there. (Es probable)

    _____

    She has to study.

    _____

85. Exprese lo siguiente usando modales en el pasado:
    I wasn't able to go.

    _____

    They probably played all day.

    _____

    He was required to be there.

    _____

    I advised you to do it.

    _____

    Maybe she went.

    _____

§10.2 PAST PROGRESSIVE TENSE

86. Llene los espacios en blanco con la forma correcta del *Past Progressive:*
    I went to bed at 10 p.m. and woke up at 6 a.m. At 2 a.m. I (sleep) _____.
    Margaret sat down to eat at 6 p.m. The doorbell rang at 6:05, when Margaret (eat) _____ dinner.
    Jason rode his bike yesterday afternoon; Adam watched TV yesterday afternoon. While Jason (ride) _____ his bike, Adam (watch) _____ TV.
    My sister called her friend on the telephone this morning and they talked all day. I tried to call at noon, but the line was busy. My sister (talk) _____ to her friend.

87. Escoja entre el *Past Tense* y el *Past Progressive Tense:*
    While you were watching TV, I (sew) _____ in my room.
    While I (sew) _____, I (think) _____ about our argument.
    I (be) _____ upset, because you (seem) _____ to be so angry.
    I (want) _____ to scream, but I (begin) _____ to cry instead.
    When you (come) _____ in my room, I (cry) _____ because I (think) _____ you (love, not) _____ me anymore.

88. Escoja entre el *Past Progressive Tense* y el *Past Tense:*
Last week, while I (drive) _____ to work, I (see) _____ an accident. A woman (wait) _____ at a traffic light. When the light (turn) _____ green, her car (stall) _____.
The driver in back of her (not, pay attention) _____, and his car (run) _____ into the back of hers. It (make) _____ a loud crash. The woman (get) _____ out of her car and (start) _____ to yell at the man. She (still, yell) _____ at him when I (drive) _____ away.

89. Escoja entre el *Past Progressive Tense* y el *Past Tense:*
Last night, while I (cook) _____ dinner, I (burn) _____ my finger. I (be) _____ scared, so I (go) _____ to the emergency room at the hospital. The nurse (tell) _____ me to wait. I (wait) _____ for two hours. Finally, they (call) _____ my name and I (go) _____ to a small room. I (wait) _____ there another hour. While I (sit) _____ there I (hear) _____ a lot of noises from other rooms, and I (see) _____ several people on stretchers. One patient (get) _____ medicine through an IV tube. I (be) _____ tired and I (fall) _____ asleep. When the doctor (come) _____ in, I (sleep) _____. He (wake) _____ me up. Then he (look) _____ at my finger. He (put) _____ some cream on it and (say) _____ it was O.K. Then the nurse (give) _____ me a bill and (tell) _____ me to go home.

90. Use el *Past Progressive Tense* para expresar lo siguiente:
I planned to go to the circus; I didn't go because I didn't have enough time.

_____

We planned to call you; we didn't call you because we didn't have a quarter.

_____

They planned to have a party; they didn't have the party because the teacher disapproved.

She planned to stay at home; she didn't stay at home because her friend invited her to the movies.

---

§10.3
USED TO

91. Use *used to* para expresar lo siguiente:
    I was fat before; I am not fat now.

    We lived there before; we do not live there now.

    He smoked before; he does not smoke now.

    He was married before; he is not married now.

    She was nice before; she is not nice now.

    They were happy before; they are not happy now.

    He laughed before; he does not laugh now.

    We ate dinner together before; we do not eat dinner together now.

    ---

§10.4
WOULD

92. Use *would* para expresar lo siguiente:
    She always told jokes.

    She always made my favorite food.

    He always helped me with my homework.

    We always had lots of fun.

    They never fought.

    ---

§10.5 PAST PERFECT TENSE

93. Escriba la forma del *Past Perfect Tense* de los verbos para completar las oraciones:
    I (help) _____ before.
    She (not/be) _____ there before.
    We (sing) _____ that song many times before.
    He (go) _____ to bed early that night.
    They (eat) _____ too much.
    He (not/see) _____ our new house yet.

94. Use el *Past Perfect Tense* para explicar la causa de las situaciones siguientes:
    She wasn't hungry because she _____
    I was very hungry because I _____
    Joe knew how to drive that car because he

    _____
    Jeremy and his friends knew every scene in that movie because they _____

95. Combine cada par de frases para hacer una sola oración. Escoja entre el *Past Tense* y el *Past Perfect Tense* para poner los sucesos en el orden correcto.
    First, I didn't read the newspaper. Second, I left for the office.
    When _____
    At six o'clock, Sue ate dinner. At seven o'clock, Joel invited her to go out.
    When Joel _____
    First, we called the gas station for help. Then my dad saw us.
    When_____
    The dance started at eight o'clock. I arrived at ten o'clock.
    When _____

96. Escoja entre el *Present Perfect Tense* y el *Past Perfect Tense* para completar las oraciones siguientes:
    I am hungry because I (not/eat) _____ dinner.
    I was hungry because I (not/eat) _____ dinner.

Barbara is tired because she (work) _____
all day.
Barbara was tired because she (work) _____
all day.

James cooked a big dinner because he (invite)
_____ his friends to eat.
James is cooking a big dinner because he
(invite)_____ his friends to eat.

We are staying an extra week in the city because
we (not/see) _____ all the sights.
We stayed an extra week in the city because we
(not/see) _____ all the sights.

Alison and David were worried about the exam yesterday because they (not/study) _____.
Alison and David are worried about the exam today
because they (not/study) _____.

§10.6 PAST PERFECT PROGRESSIVE TENSE

97. Cambie las formas del *Past Tense* al *Past Perfect Progressive Tense:*
She <u>wrote</u> _____ a diary for a long time.
He <u>lived</u> _____ here for a long time.
She <u>hoped</u> _____ to get married for a
long time.
We <u>thought</u> _____ about that for a long
time.
Henry and Roxanne <u>wanted</u> _____ to
have a baby for a long time.

98. Combine las frases, usando el *Past Perfect Progressive Tense* y *because:*
We worked hard all day; we were exhausted.

_____

They danced all night; they slept until noon.

_____

She ate potato chips all day; she didn't eat her dinner.

_____

He studied for six years; he was happy to get his
degree.

_____

§11.

Verbos—Tiempo Futuro

99. Escriba las formas del *Present Progressive* en los espacios:

I (leave) _____ tomorrow.
She (come) _____ next week.
He (study) _____ at the university next year.
We (watch) _____ TV at eight o'clock.
They (not/go) _____ home until later.

100. Escriba las formas correctas de *going to be* en los espacios:

I (leave) _____ tomorrow.
She (come) _____ next week.
He (study) _____ at the university next year.
We (watch) _____ TV at eight o'clock.
They (not/go) _____ until later.

101. Indique una posibilidad de 50% para los sucesos siguientes:

He (work) _____.
She (not/come) _____
They (bring) _____ their daughter.
We (take) _____ that course.
You (not/need) _____ a coat.

102. Indique una posibilidad de 99% para los sucesos siguientes:

I (arrive) _____ by morning.
They (finish) _____ by May.
He (call) _____ at ten o'clock.
The party (be over) _____ by midnight.

103. Indique una posibilidad de 90% para los sucesos siguientes:

He (graduate) _____ in June.
They (get married) _____ next fall.
She (stop working) _____ soon.
The project (be finished) _____ by next year.

104. Indique una posibilidad de 10% para los sucesos siguientes:

I (call) _____ you tomorrow.

We (be) _____ home until late.

They (tell) _____ us their plans.

She (get married) _____ again.

105. Prometa lo siguiente:

I (call) ___Will call___.

We (bring) _____ cookies.

He (be) _____ on time.

I (write) _____ you a letter.

106. Pronostique lo siguiente:

Your son (pass) _____ the course.

It (rain) ___Will rain___ tomorrow.

It (not/snow) _____ tomorrow.

My mother (worry) _____ about me.

She (win) _____ the election.

They (get angry) _____.

He (change) _____ everything.

107. Acepte las peticiones siguientes con una respuesta corta:

Will you help me?

___yes, I will___

Will you all pay attention, please?

_____

Niegue las peticiones siguientes con una respuesta corta:

Will you help me?

___no yes, I will not___

Will you give me your telephone number?

___no I will not.___

108. Escriba el verbo en forma correcta para los sucesos siguientes:

The movie (start) _____ at seven o'clock.

The train (leave) _____ at four-thirty.

The class (end) _____ at seven-fifteen.

The games (begin) _____ tomorrow.

109. Use modales auxiliares en el futuro para expresar lo siguiente:
I cannot drive yet. I _____ soon.
He doesn't have to study now, but he _____ in the future.
We can't help you today, but we _____ tomorrow.
You may leave the room now, but you _____ after the test begins.
I want to travel to South America now, and I _____ in the future, too.

110. Llene los espacios en blanco con la forma correcta del verbo:
He will get here before I (leave) _____.
I will leave after he (get here) _____.
She will leave before he (get here) _____.
He will get here after she (leave) _____.
I will be happy as soon as they (arrive) _____.
I might cry when they (say) _____ good-bye.

111. Escriba las oraciones de nuevo usando las correctas expresiones del futuro:
John is sick; there is only a 10% possibility that he will go to work tomorrow.

_____

I plan to study tomorrow.

_____

I promise to help you next week.

_____

We are almost home. There is a 99% possibility that we will arrive at 3 P.M.

_____

Teresa is scheduled to travel next week.

_____

There is a 50% possibility that Ann will take a vacation in August.

_____

Arthur refuses to work in that place.

_____

You predict rain for tomorrow.

_____

There will be no need for her to return tonight.

_____

After three months you are going to have the ability to swim.

_____

§11.5
FUTURE PROGRESSIVE TENSE

112. Llene los espacios en blanco con las formas correctas del *Future Progressive:*

I (play) _____ tennis at four o'clock.
He (prepare) _____ his speech then.
She (run) _____ the marathon that day.
We (make) _____ a cake this afternoon.
They (practice) _____ tomorrow evening.

113. Escriba una pregunta para cada una de las oraciones anteriores.

_____

_____

_____

_____

_____

§11.6
FUTURE PERFECT TENSE

114. Llene los espacios en blanco con las formas correctas del *Future Perfect Tense.*

She (finish) _____ the project by September.
I (send) _____ my tax forms by April 15th.
We (do) _____ all our work before six-thirty.
They (call) _____ us by then.
He (move) _____ to his new house before November.

§12.

Verbos—Otros Modelos

115. Escriba los sujetos o los complementos en forma de gerundio:
     (Sing)_____ is a lot of fun.
     My cousin loves (travel) _____.
     She is not afraid of (get lost) _____.
     (Travel) _____ makes her very happy.
     I do not enjoy (drive) _____ in traffic.
     (Wait) _____ makes me nervous.
     I'll have to quit (go) _____ to work during rush hour.
     We can finish (talk) _____ about this later.

116. Llene los espacios con las formas correctas de los verbos:
     We will consider (go) _____ to the beach.
     They discussed (take) _____ a trip to Argentina.
     I hope we finish (work) _____ on that project soon.
     She admitted (tell) _____ him my telephone number.
     He finally quit (smoke) _____.

117. Exprese lo siguiente usando una expresión con gerundio:
     We want to bowl.

     _____

     They like to fish.

     _____

     He has to shop.

     _____

     She hates to camp.

     _____

     She wants to dance.

     _____

118. Use *feel like* para expresar lo siguiente:
      What do you want to do now?

      _____

      Do you want to go swimming?

      _____

      No. I wanted to go swimming yesterday.

      _____

      Today I want to dance.

      _____

119. Use la forma de gerundio para pedir con mucha
      cortesía lo siguiente:
      Take off your hat.

      _____

      Save my seat.

      _____

      Help us.

      _____

      Lend me $100.

      _____

      Take me home after the meeting.

      _____

120. Llene los espacios con las formas correctas de los
      verbos:
      These rags are good for (clean) _____.
      I am so tired of (drive) _____ in traffic.
      My new friend is crazy about (dance) _____.
      She never gives up; she keeps on (try) _____.
      Those boys are in (train) _____ for the race.
      *They get in shape by (run) _____ ten miles
      a day.*

121. Escriba las oraciones de nuevo, cambiando a
      pronombres los sustantivos posesivos: (§6.5)
      They appreciated Susan's coming.

      _____

      She regrets Tim's resigning.

      _____

      She loves Steve's dancing.

      _____

      They don't like their mother's singing.

      _____

      Jim's cooking is pretty good.

      _____

122. Escriba los sujetos o complementos de las frases siguientes en forma de infinitivo:
     They can't afford (lose) _____ that money.
     I need (learn) _____ how to use the computer.
     (Manage) _____ that would be great.
     (Forget) _____ my appointment would be a mistake.
     I didn't mean (hurt) _____ your feelings.
     Allan promised (help) _____ his co-workers.
     We finally learned (use) _____ the computer.
     Your friends appear (be) _____ comfortable.
     Brandon decided (study) _____ at the college.

123. Llene los espacios con las formas correctas de los verbos:
     He says he can't afford (buy) _____ a house.
     I guess they decided (play) _____ football.
     Has she promised (marry) _____ you?
     We intend (finish) _____ studying first.
     The children are begging (stay) _____ home today.
     I planned (save) _____ a little money this year.

124. Escriba las frases de nuevo, usando infinitivos:
     I need milk; I'm going to the store.
     _____
     They are going to Sarah's house; they want to see her.
     _____
     Melissa cannot lift that box; she is not strong enough.
     _____
     Danny can get his driver's license; he is old enough.
     _____
     I drive home; the drive lasts twenty minutes.
     _____
     Jackie cleans her room; she needs two hours.
     _____
     I heard your good news; I am glad.
     _____
     I heard your bad news; I am sorry.
     _____

125. Escoja el gerundio, el infinitivo, o el verbo básico para expresar lo siguiente:

     Please stop (drive) _____ so fast.

     Please take a break; stop (talk) _____ to me for a minute.

     Please help me (take) _____ out the trash.

     June tried (sleep) _____, but couldn't.

     She tried (take) _____ pills to help her sleep.

     The boss let her (go) _____ home early.

     Mike's mother makes him (get up) _____ early.

     He used (wake up) _____ every day at eight; now he wakes up at six.

     Now he is used to (wake up) _____ at six.

126. Escoja el gerundio, el infinitivo, o el verbo básico para completar las frases siguientes:

     I hope you don't mind (help) _____ us.

     They decided (postpone) _____ the picnic.

     Please help your brother (wash) _____ the car.

     He claims (have) _____ found the treasure.

     He was sorry (learn) _____ the truth.

     She will deny (see) _____ them.

     They tried to make him (go) _____ home.

     She will refuse (talk) _____ to us.

     It took ten minutes (drive) _____ here.

     Her mother made her (clean) _____ the room.

     How did you manage (find) _____ this?

     We really appreciate (hear) _____ about your trip.

     Don't forget (tape) _____ the program.

     Can you imagine (live) _____ in that cold climate?

     We want to go (shop) _____.

     What do you feel like (do) _____?

     He wants to keep on (work) _____.

     I regret your (lose) _____ the election.

127. Escoja el gerundio o el infinitivo para llenar los espacios en blanco.

     I enjoy (dance) _____ with you.

     He always forgets (call) _____ me.

     Al and Harry promised (write) _____ letters.

     She goes (shop) _____ every day.

     Let's keep on (work) _____ until midnight.

I intend (earn) _____ more money.
Lynn and I need (find) _____ a new apartment.
Ask Martin (help) _____ you.
I want my nephew (graduate) _____ from high school.
The students used (wear) _____ bluejeans to school.
The students are used (wear) _____ bluejeans to school.
Andy likes (listen) _____ to music.

128. Escriba la puntuación de las frases siguientes:
Molly asked   Are you coming with us
Sam said   I'm not going anywhere
I will wait here   he told her
Then he added   Don't worry about me

129. Cambie los verbos del presente al pasado para reportar lo siguiente:
Molly said, "I am going to the store."
   Molly said she __was going__ to the store.
Peter answered, "I want to go with you."
   Peter answered that he _____ to go with her.
She told him, "No, you can't go this time."
   She told him that he _____ go that time.
He cried, "I don't want to stay here."
   He cried that he _____ to stay there.
"Do you want anything from the store?" she asked.
   She asked if he _____ anything from the store.
He said, "Will you bring me a new toy?"
   He asked if she _____ him a new toy.

130. Cambie los verbos del pasado al *Past Perfect* para reportar lo siguiente:
Molly said, "I went to the store."
   Molly said that she __went__ to the store.
Peter said, "I wanted to go with you."
   Peter said that he __wanted__ to go with her.
"What did you do while I was gone?" she asked.
   She asked him what he __did__ while she was gone.

He told her, "I played with my toys while you were gone."

He told her that he _____ with his toys while she was gone.

"What did you bring me?" he asked.

He asked her what she _____ him.

131. Cambie a discurso indirecto las palabras textuales:

"Martha is clever," said Steve.

_____

"Jessica wants ice cream," said Mrs. Adams.

_____

"We can't swim," yelled the children.

_____

"They didn't do it right," reported the lady.

_____

"I'm not going to drive," said Jerry.

_____

"Is Sam going to work?" asked Joan.

_____

"Have they finished yet?" asked the reporter.

_____

"When are they going to finish?" he asked later.

_____

"Where did she go?" asked Dad.

_____

132. Cambie a palabras textuales el discurso indirecto:

Ralph said he was going home.

_____

Judy asked him if he was tired.

_____

Ralph told her that he was exhausted because he had been working all day.

_____

Judy replied that he deserved a rest.

_____

Ralph asked how many hours she had worked.

_____

Judy replied that she had worked eight hours.

_____

She said she thought she would go home, too.

_____

133. Escriba cada pregunta de nuevo, empezando con
Do you know...
Where is her house?
Do you Know where her house is?
Why is she leaving?
Do you Know why she is leaving?
Where does Monica live?
Do you Know where Monica live?
Where did Freddy buy that hat?
Do you Know where Freddy bought that hat

134. Conteste cada pregunta, empezando con *I don't know...*
Who is that lady?
I don't Know who that lady is
When is the party?
I don't Know where the party is
Where are the buses?
_____
What does Katrina do?
_____
Why did they go home?
_____

135. Escriba cada pregunta de nuevo, empezando con
Can you tell me...
Where is the president's office?
Can you tell me where the president office
Who is her boyfriend?
_____
Where is Main Street?
_____
What time is it?
Can you tell me what time it is?
When did they get here?
_____
Why did they leave?
_____
When are you going to begin?
_____

136. Use infinitivos para contestar las preguntas:
Do you know where we should go?
No, I don't know _____.
Can you tell me how I can get to the station?
Yes, I can tell you _____.
Will you find out whom we should call for
information?
Yes, I will find out _____
Do you know when we should leave for the airport?
No, I don't know _____.

137. Escriba una pregunta añadida después de cada
oración.
He is adorable.

_____

We aren't finished.

_____

She is afraid.

_____

They are cold.

_____

You like ice cream.

_____

He wants a drink.

_____

I haven't been there.

_____

You have performed already.

_____

He hasn't called us.

_____

He was there.

_____

You went to the game.

_____

He tried to help you.

_____

They didn't like the dessert.

_____

He hadn't seen the movie.

_____

She had been working all day.

_____

138.   Componga oraciones de las palabras siguientes,
       usando pronombres para los complementos directos
       e indirectos donde posible:

Subject	Verb	Indirect Object	Direct Object
David	gives	Helen	money
Helen	draws	David	pictures
Sandra	mentioned	Larry	party
Robin	asked	Sally	question
Paul	explains	the students	lessons
Richard	built	his wife	house

§13.

Verbos—Usos Especiales

139. Use la forma correcta de *get* + un adjetivo para expresar "llegar a estar":
     If I am late, my father will _____ angry.
     I don't want my mother to _____ worried.
     She is not old, but she is _____ gray.
     My father isn't old either, but he is _____ bald.
     If you run around in circles, you will _____ dizzy.
     Don't _____ excited, but I think we are _____ a new car.
     Ann _____ cold, so I brought her home.
     Brenda and Pete _____ married last July.

140. Use la forma correcta de *have* + un *past participle* para expresar lo siguiente:
     Somebody else is going to cut my hair.

     _____

     Somebody else cuts our grass every week.

     _____

     Somebody else changes his oil regularly.

     _____

     Somebody else irons his shirts for him.

     _____

     Somebody else cleaned her house last week.

     _____

     Somebody else repaired the damage last year for us.

     _____

     Somebody else is going to paint our house next week.

     _____

141. Escoja los verbos correctos para completar las oraciones:
     Please ___ask___ Barbara if she is coming home.
         ask   ask for
     Please ___ask for___ three tickets.
         ask   ask for
     Will you _____ me some money?
         borrow   lend

How much do you want to _____ from me?
    borrow   lend
I'm _____ you to _____ me $100.
    asking   asking for   borrow   lend

142. Escoja los verbos para completar las oraciones:
I ___talk___ to my mother every day.
    speak   talk
She __speaks__ only Russian.
    speaks   talks
The President is going to __speak__ on television tonight.
    speak   talk
He __spoke__ to his friends at the reception last night.
    spoke   talked

143. Escoja los verbos correctos:
The meeting is here at my house. Please (go/come) _____ to my house at two o'clock and (take/bring) _____ a cake. When you leave, be sure to (take/bring) _____ your plate.
O.K. I will (go/come) _____ to your house and (take/bring) _____ a cake. When I leave, I won't forget to (take/bring) _____ my plate.
The next meeting is at Janet's house. I'm not (going/coming) _____, are you?
Yes, I'm (going/coming) _____, but I'm not (taking/bringing) _____ anything. Janet never (takes/brings) _____ anything to my house.

144. Escriba los verbos correctos:
Don't __tell__ anything to Mickey.
    say   tell
__Tell__ him that it's a secret.
    Say   Tell
Mickey always __tells__ our secrets to everybody.
    says   tells
He __says__ it's very important to __tell__ the truth.
    says tells   say tell

145. Escriba los verbos correctos:

We have to ___do___ our homework.
    do   make
My brother will ___do___ some exercises with you.
    do   make
He never ___makes___ mistakes.
    does   makes
While he helps you ___do___ your homework,
    do   make
I will ___make___ you a sandwich.
    do   make

146. Escriba los verbos correctos:

I ___wish___ you were here now.
    hope   wish
I ___hope___ you can come tomorrow.
    hope   wish
I ___wish___ you could come tomorrow.
    hope   wish
I _____ you would win yesterday.
    hoped   wished
I _____ you had won yesterday.
    hope   wish

147. Escriba los verbos correctos:

The girls are ___looking___ some old family photographs.
    looking at   watching
Our cousins are ___watching___ some old family movies.
    looking at   watching
Beth ___looks___ beautiful today.
    looks like   looks
She certainly ___looks___ her mother.
    looks like   looks
They really ___look alike___
    look like   look alike

§14.

Verbos—Voz Pasiva

148. Cambie de la voz activa a la voz pasiva las oraciones siguientes:
Nobody understands me.

_____

Everybody loves that teacher.

_____

They make these rugs in Mexico.

_____

They care for her.

_____

People call him a lot.

_____

Somebody is helping them.

_____

149. Cambie de la voz activa a la voz pasiva las oraciones siguientes:
Nobody understood me.

_____

Everybody loved that teacher.

_____

They made these rugs in Mexico.

_____

They cared for her.

_____

People called him a lot.

_____

Somebody was helping them.

_____

Somebody wrote this poem in 1865.

_____

150. Cambie de la voz activa a la voz pasiva las
      oraciones siguientes:
      Nobody has understood me.

      _____

      They have cared for her.

      _____

      People have called him a lot.

      _____

      Somebody has helped them.

      _____

      Somebody has robbed the bank on the corner.

      _____

§15.

Verbos—Modo Imperativo

151. Exprese lo siguiente, usando la forma de mandato:
Tell someone to call you.

Tell John to send you a letter.

Tell your mother not to leave.

Tell Erin not to drive fast.

Suggest dancing with you to Pat.

Suggest going to a movie with you to a friend.

Tell your friend you don't want to argue with him.

Suggest to your friend that you and he not play tennis today.

---

152. Use el *you* impersonal para traducir lo siguiente:
¿Cómo se pone en marcha la maquina?

¿Cómo se llega a Center Street?

¿Dónde se estaciona?

¿Cuánto tiene uno que pagar para ir en metro?

¿Dónde se puede echar las cartas al correo?

---

153. Use el *you* impersonal para expresar las instrucciones siguientes.
Put the quarter in the slot. Push the start button.

Go straight ahead. Turn left.

Park on the street.

_____

Mail letters at the Post Office.

_____

154. Una maestra necesita ayuda para limpiar su salón
de clase. Exprese lo que ella quiere que hagan sus
alumnos.
"Adam, erase the blackboard."
She wants _____.
"Jessica, pick up the toys."
She wants _____.
"Amy and Lisa, put away the crayons."
She wants _____.
"David and Brian, put the chairs in place."
She wants _____.
"John, put the trash in the wastebasket."
She wants _____.

155. ¿Qué quería la maestra que hicieran sus alumnos
(#154)? Use pronombres de complemento en su
respuesta.
What help did she want from Adam?

_____

What help did she want from Jessica?

_____

What help did she want from Amy and Lisa?

_____

What help did she want from David and Brian?

_____

What help did she want from John?

_____

§16.

Verbos—Modo Subjuntivo

156. Exprese lo siguiente, usando las formas del subjuntivo:
I want him to be quiet.
I suggest _____.
She wants us to be responsible.
She insists _____.
He wants her to be careful.
He demands _____.
I want you to come home.
I insist _____.
She wants him to get a tutor.
She recommends _____.

157. Llene los espacios para expresar lo siguiente:
I don't have a ticket, but I want one.
   I wish I _____ a ticket.
I want him to go to school, but he doesn't.
   I wish he _____ to school.
She works on weekends, but I don't want her to.
   I wish she _____ on weekends.
We don't have any money, but we want some.
   We wish we _____ some money.
I don't want them to leave their dirty dishes in the sink, but they do.
   I wish they _____ their dirty dishes in the sink.

158. Llene los espacios para expresar lo siguiente:
I regret that they went home early.
   I wish they _____ home early.
I regret that you called me at six a.m.
   I wish you _____ at six A.M.
I regret that she quit her job.
   I wish she _____ her job.
I regret that he found out the truth.
   I wish he _____ the truth.
I regret that we didn't tell him in time.
   I wish that we _____ him in time.

159.   Llene los espacios para expresar lo siguiente:
       I want to take a trip to Europe, but I don't have a lot of money.
          If I _____ a lot of money, I _____ a trip to Europe.
       I want to dance with her, but she isn't here.
          If she _____ here, I _____ with her.
       He can't get a job because he doesn't have a diploma.
          If he _____ a diploma, he _____ a job.
       We want to win the lottery, but we are not lucky.
          If we _____ lucky, we _____ the lottery.

160.   Llene los espacios para expresar lo siguiente:
       I wanted to take a trip to Europe, but I didn't have a lot of money.
          If I _____ a lot of money, I _____ a trip to Europe.
       I wanted to dance with her, but she wasn't here.
          If she _____ here, I _____ with her.
       He couldn't get a job because he didn't have a diploma.
          If he _____ a diploma, he _____ a job.
       We wanted to win the lottery, but we were not lucky.
          If we _____ lucky, we _____ the lottery.

161.   Use el modo *indicativo* después de *if* para expresar lo siguiente en otras palabras.
       Every time I walk, I get tired.
          If _____.
       Whenever he reads, he falls asleep.
          If _____.
       When she drinks milk, she gets a stomach ache.
          If _____.
       Whenever he is awake, he watches TV.
          If _____.

162.   Use el modo *indicativo* después de *if* para expresar lo siguiente en otras palabras, indicando acción probable, y resultado cierto:
       I expect to go home early; my wife will be happy.
          If _____.
       I will probably get a vacation in August; I will go to Asia.
          If _____.
       He will probably marry her; he will move to California.
          If _____.

They will probably buy that house; they will make a beautiful garden.

If _____.

We expect to move in February; we will give you our furniture.

If _____.

163. Escriba las frases siguientes de nuevo, cambiando la acción probable a acción improbable:

If I go to the beach, I will buy a bathing suit. I don't think I'm going to the beach.

If _____.

If she buys that dress, she will have to lose ten pounds. I don't think she is going to buy that dress.

If _____.

If he wins the lottery, he will buy a fabulous new car. I don't think he is going to win the lottery.

If _____.

If we take a trip around the world, we will visit you. I don't think we are going to take a trip around the world.

If _____.

If they get married, they will have a lot of problems. I don't think they are going to get married.

If _____.

§17.

Preposiciones

164. Escriba las preposiciones correctas:
Where is the star?

_in__ *the box*

under *the box*

_____ *the box*

_____ *the box*

_____ *the box*

_____ *the box*

165. Escriba las preposiciones correctas:
Washington, D.C. is _____ the United States.
It is the capital _____ the United States.

Our house is _____ Springfield.
It is _____ Oak Street.
It is _____ number 1432.

166. Escriba las preposiciones correctas:
¿Hacia dónde va la línea interrumpida?

_____

_____

_____

_____

167. Escriba las preposiciones correctas:
_Her son was born _____ 1995, _____ April, _____
the 15th, _____ 3 o'clock _____ the morning.
Betty hasn't been here _____ January 14th.
We haven't seen her _____ three weeks.
We are leaving _____ 4 o'clock on the dot, so be
here _____ 3:55.
Frances is going to stay _____ June 15th. She will
stay _____ ten days.
We always go to a restaurant _____ my birthday.
Do you ever go out _____ night?_

168. Escriba las preposiciones correctas:
_Why are you _____ a hurry?
I want to be _____ time for work.
Do you want to come _____ my car?
Thanks. I usually ride _____ the bus.
Now I will get to work _____ time to have a cup
of coffee._

169. Escriba las preposiciones correctas:
_What are you looking _____?
I'm trying to find my glasses so I can look _____
these photographs._

Then I need to look _____ some telephone numbers.
Have you looked _____ top of your desk?
Look _____ the drawer. Maybe they are _____ there.

170. Escriba las preposiciones correctas:
My mother made the dress; it was made _____ her.
It is my dress; she made it _____ me.
She made it _____ her sewing machine, but she did the embroidery _____ hand.
John gave me a present; the present is _____ John.
He bought the jewelry _____ Colombia; the jewelry is _____ Colombia.
It was made _____ Colombia. It is made _____ gold.
They went to Hawaii _____ plane.
I didn't go with them; they left _____ me.
They left _____ National Airport.

171. Complete las preguntas:
Whom _____?
   (I went to the movies with Marty.)
What _____?
   (She is thinking about her trip.)
What street _____?
   (They live on Maple Street.)
What city _____?
   (He lives in Chicago.)
Whom _____?
   (We talked to everybody there.)

172. Escriba la preposición correcta:
She is very good _____ tennis.
Fruit is very good _____ your health.
Her husband is very good _____ her.
She is very good _____ young children.

173. Llene los espacios con las preposiciones correctas:
I am _____ good shape.
We met _____ chance.
He is going to be _____ television.
She is always _____ a bad mood.
They love to walk _____ the rain.
_____ a little luck, we will meet.
The fire truck came because the woods were _____ fire.

I rode _____ the bus.
He rode _____ the car.
Jeans are always _____ style.
Do you do your homework _____ home, or _____ school?

174. Llene los espacios con las preposiciones correctas:
She is excited _____ her vacation.
Are you prepared _____ the test?
They are really involved _____ their business.
You have been absent _____ class three times.
I think she is capable _____ better work.
She is finally finished _____ her assignment.
Are you scared _____ wild animals?
We were very grateful _____ them for helping us.
We were very grateful _____ the help.
I am sorry _____ that.
They were very disappointed _____ him.
He was absent _____ school for six days.

175. Llene los espacios con las preposiciones correctas:
I dreamed __about__ you last night.
Let me tell you __about__ my family.
Stop staring _____ me!
He always takes advantage _____ others.
Do you agree _____ me?
She has applied _____ six colleges.
We can count _____ him.
He is devoted _____ her.
Are you finished _____ this table?
I want to thank you _____ all your help.
Is she participating _____ this election?

176. Escriba la preposición necesaria para la traducción de las frases siguientes:
Ella discute todo.
She argues _____ everything.
Mi hermano piensa viajar.
My brother is thinking _____ travelling.
El me miró.
He looked _____ me.
Esperamos a nuestra hija.
We are waiting _____ our daughter.
El está cuidando al niño.

He is taking care ___of the___ the baby.
¡No se preocupe de eso!
Don't worry ___about___ that!
Mi papá escucha la radio.
My dad is listening ___to___ the radio.
Uds. tienen que registrar en el hotel.
You have to check _____ at the hotel.
Voy a averiguar cómo está ella.
I'm going to find ___out___ how she is.
Ud. debe pedir un consejo.
You should ask _____ advice.

177. Cambie a pronombres los complementos subrayados, y escriba la nueva frase, ordenando las palabras correctamente:
Please throw the trash away.

Are you going to pay Jim back?

I wrote down your telephone number.

We will look into the problem.

You need to hand in the reports.

May I try on the dress?

I had to ask for the number.

She had to clean up the mess.

He tried to do the work over.

She likes to pick out her own clothes.

They ran out of staples.

We will have to call our customers back.

Try to get over your anger.

They called off the picnic.

Do you think you can catch up with Tom and Ed?

---

§18.

Adverbios

178. Reemplace con adverbios las palabras entre paréntesis:
Please come (to this place) _____.
He is not at home. He is (in another place)
_____ on business.
I can't find my glasses (in any place) _____.
Have you looked (on the next floor up) _____?
Yes. I have looked (in that place) _____ and
(on the floor below) _____, too. I have looked
(a distance above) _____ and (a distance
below) _____. I have looked (in all places)
_____.

They are probably (below) _____ something.

179. Reemplace con adverbios las palabras entre paréntesis:
Please don't come (after the expected time)

_____.
I saw him three years (before now) _____.
He's going to come (the week after the present
week) _____.
I hope he calls me (a short time after now)

_____.
I haven't seen him (a short time before now)

_____.
He doesn't come to class (now, as before)

_____.
Is he (now, as before) _____ studying?

180. Reemplace con adverbios las palabras entre paréntesis:
What are you going to do (today at night)
_____?
I'm going to the library (after now) _____.
(After that) _____ I'm going to get something to
eat, and (after that) _____ I'm going home.

181.   Llene los espacios con las correctas expresiones de
        tiempo:
        (The present day) _____ *is the 18th of May.*
        _____ *was the 17th.*
        The 16th was _____.
        _____ *is the 19th.*
        The 20th is _____.

182.   Llene cada espacio con la expresión de tiempo que
        indica la parte correcta del día:
        *It is seven P.M. The weather has been changing all
        day.* _____ *at six A.M. it was sunny.*
        It began to rain at one o'clock _____.
        It stopped at three P.M.
        Then it began to rain again at six _____.
        I sure hope it stops before eleven tonight.

183.   Escriba las correctas expresiones de tiempo:
        *It is June. My co-workers and I are planning our
        vacations. Joe already took his vacation*
        _____ *month. (in May)*
        Cara is away _____ *week, and Melissa
        plans to go away* _____ *month. (in July)*
        I guess I will take off _____ *Friday (the day
        after tomorrow) and all of* _____ *week.*
        I didn't get a vacation _____ *year.*

184.   Llene los espacios para indicar el número de veces.
        The phone only rang (one time) _____.
        Maybe the caller will try (one more time)

        _____.

        People usually let the phone ring at least six

        _____.

        I always try to pick it up after it rings (two times)

        _____.

185.   Coordine los adverbios siguientes con lo que
        significan.
        sometimes   *0% of the time*
        always   *5% of the time*
        hardly ever   *25% of the time*
        never   *60% of the time*
        usually   *80% of the time*
        frequently   *100% of the time*

186. Escriba los adverbios que corresponden a los adjetivos siguientes:

good _____
careful _____
fast _____
quick _____
easy _____
hard _____
busy _____
able _____
late _____
responsible _____
early _____
bad _____
slow _____
better than _____
slower than _____
faster than _____
easier than _____
worse than _____
more careful than _____
quieter than _____
less capable than _____
the most responsible _____
not as easy as _____
not as good as _____

187. Llene los espacios para expresar lo siguiente:
My air-conditioner only cools the room to 79 degrees. It _____ works.
My neighbor's air-conditioner cools the room to 65 degrees. It _____ works.
Another neighbor's air-conditioner cools the room to 72 degrees. It works _____.
The engineer is working on mine now. It is almost fixed. He says it _____ works.

188. Coordine los adverbios con lo que significan:

fairly good   excellent
too good   bad
rather good   average
extremely good   better than average

189. Conteste cada pregunta con una oración completa, asegurándose de colocar los adverbios en la posición correcta:

Where are you going? (outside)

I'm going outside

When is he going to New York? (tomorrow)

he's going to new york tomorrow

Are they sleeping? (Yes, still)

Yes they are still sleeping

Have you finished? (Yes, already)

_____

Have you finished? (No, yet)

No, I have'nt finished yet.

Does she take lessons? (No, not as before)

_____

How often does she practice? (seldom)

_____

When do they play? (usually, in the afternoon)

_____

When does your friend call? (sometimes, in the evening)

_____

How does he paint? (very well)

_____

How tall is John? (pretty tall)

_____

§19.

Conjunciones

190. Llene los espacios con conjunciones para
demostrar la relación entre las palabras.
*June _____ Joyce were singing _____
dancing.*
I want one dessert: ice cream _____ cake.
Geoff likes chocolate _____ not vanilla.
Joel was angry _____ calm.
*Laura _____ Kevin made two trips; they went
_____ to Nashville, _____ to New Orleans.*
*We have room for one more thing: a table _____
a cabinet.*
I want both. I want a table _____ a cabinet.
George was tired, _____ he went home early.
*George went home early, _____ Josh stayed
until late.*
*Josh stayed, _____ he was having a wonderful
time.*

191. Combine cada par de oraciones a una sola oración,
usando *and ...too* o *not either.*
Kathleen is happy. Glenn is happy.

_____

Jack works hard. Mike works hard.

_____

Emily left yesterday. Jeremy left yesterday.

_____

Val was cooking. Renee was cooking.

_____

Sue isn't tired. Joel isn't tired.

_____

Kevin didn't come. Scott didn't come.

_____

Carolyn wasn't driving. Bob wasn't driving.

_____

We didn't see them. Gayle didn't see them.

_____

192. Escriba de nuevo las frases de #191, usando *and so* o *neither.*

_____
_____
_____
_____
_____
_____
_____
_____

193. Escriba los pares de conjunciones correctas:
I want two desserts. I want _____ cheesecake _____ apple pie.
He is very talented. He _____ plays the piano, _____ the trombone and the saxophone.
She is not very musical. She _____ plays _____ sings.
She made her children take music lessons, _____ they wanted them _____.
They had to study an instrument: _____ the piano _____ the guitar.

194. Escriba las conjunciones subordinadas:
We went to the movies at ten P.M. We washed the dishes at nine P.M.
We washed the dishes _____ we went to the movies.

They left at six P.M. We got there at six-thirty.
We got there _____ they left.
They didn't wait _____ we arrived.

She was sleeping from one until three. I was sleeping from one until three.
_____she was sleeping, I was sleeping.

He has graduated from college. We are going to celebrate.
We are going to celebrate _____ he has graduated from college.

She got a driver's license. Now she can drive.
She got a driver's license _____ she could drive.

They were very hungry. They didn't eat anything.
_____ they were hungry, they didn't eat anything.

He bought a ticket early. He didn't want to risk missing the concert.
He bought a ticket early _____ risk missing the concert.

She is nervous. She is singing well.
She is singing well _____ she is nervous.

195. Escriba el adverbio conjuntivo para completar las frases siguientes:
Marilyn finished her dinner at ten o'clock; (however / therefore / then) _____ she went to bed.
Mark was in the garage working on his car; (for example / meanwhile / otherwise) _____, Cecilia was in her room sewing.
Claudia is very helpful; (for example / then/ meanwhile) _____, she gives me advice and lends me equipment.
Alex hadn't eaten; (however / therefore / nevertheless) _____, he was hungry.
Jane studies a lot; (however / consequently / for example) _____, she is ready for the test.
There are several things you can do; (thus / consequently / specifically)_____, rest, take your medicine, and drink lots of water.
I studied Lesson One; (conversely / specifically / next) _____, I studied Lesson Two.
Lesson One was easy; (conversely / furthermore / then) _____, Lesson Two was difficult.
I studied a lot; (however / therefore / for example) _____, I felt ready for the test.
I made a lot of mistakes; (consequently / nevertheless / meanwhile)_____, I didn't pass the test.
I will study harder next time; (nevertheless / otherwise / for example) _____, I might not pass the course.

§20.

Números

196.   Escriba los números siguientes en su forma oral:

64

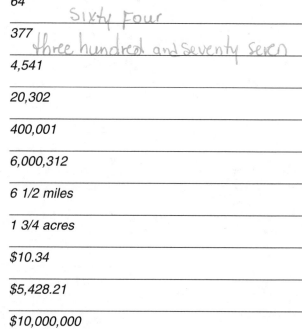

Sixty Four

377

three hundred and seventy seven

4,541

20,302

400,001

6,000,312

6 1/2 miles

1 3/4 acres

$10.34

$5,428.21

$10,000,000

§21.

Días y Fechas

197. Conteste cada pregunta con una oración completa:
What day is before Friday?

_____

What day is between Tuesday and Thursday?

_____

What are Saturday and Sunday?

_____

What month is before September?

_____

What month is after March?

_____

When is Independence Day in the United States?

_____

§22.

La Hora

198.   Escriba las horas marcadas a continuación:

a.

b.

Five O'clock

_____

c.

d.

_____

_____

e.

f.

_____

_____

g.

h.

_____

_____

i.

j.

_____

_____

k.

l.

_____

_____

§23.

El Tiempo

199. Coordine las palabras de la Columna A con los significados en la Columna B:

A	*B*
75 degrees	*hot weather*
lightning	*cold weather*
a flood	*pleasant weather*
35 degrees	*a circular storm*
thunder	*winds over 75 miles per hour*
a hurricane	*a flow of water over usually dry land*
95 degrees	*a loud noise*
a cyclone	*electricity in the sky*

Ejercicio de Repaso

200.   Conteste cada pregunta con una oración completa:
What time is it?

_____

What are you doing?

_____

How do you feel?

_____

Why do you feel that way?

_____

How many questions have you answered?

_____

What are you going to do after you finish this test?

_____

What were you doing at 9 o'clock this morning?

_____

Where were you then?

_____

What time did you arrive there?

_____

Who was there when you arrived?

_____

What was s/he doing?

_____

How long had she been there?

_____

What time did you eat lunch yesterday?

_____

Had you had breakfast?

_____

How did you feel when you got home yesterday?

_____

Why did you feel that way?

_____

Did you finish all the tests?

_____

Are you proud of yourself? You should be!

_____

Respuestas

1. adverbios adjetivos abreviaturas pronombres
   vocales verbos preposiciones consonantes
   conjunciones sustantivos

2. *M.D. Mrs. etc. D.D.S. i.e. L.L.D.*
   Robert Runyon, Jr. A.M. *e.g. Ms.*

3. *Mr. Jones is from Canada.*
   Do you think I am John's brother?
   He was born on Tuesday, the 5th of February.
   My good friend, Carol, is from New York, but she lives in Washington, D.C.
   California, Michigan, and Texas are all states of the United States of America.

4. *Here comes Miss Phillips, our new secretary!*
   Where are the computer discs?
   Nancy bought three tables, a sofa, and two chairs.
   I need the following things: paper, pencils, a stapler, and some staples.
   Mrs. Johnson doesn't have a book, so she is using Mary's.

5. *John and James   My friends   Her brother*
   Swimming and diving   It

6. *are   play   likes   swims and dives   is*

7. *my sister   tired   difficult   sure   sick*

8. *Mary   candy and flowers   money   friends*
   three tickets

9. *her   us   you   Mary   them*

10. *girls   series   tomatoes   people   cities   leaves*
    boxes   pianos   children   men

11. *furniture   mail   hardware   change   jewelry information   music   housework   homework advice*

12. *ring   rings   dollars   money   child   friends sisters   appointment   brothers   friends   box furniture   chairs*

13. *coffees   coffee   chicken   chickens   glasses glass   glass   paper   paper*

14. *July   Friday   Charlotte's   White House Washington   Mr. and Mrs. Harrison   New York City Louisiana   Old Creek*

15. *Mary, John's wife, is a doctor.*
I like Barbara, my new neighbor.
You should call Jack, the computer expert.
The market, our favorite place to shop, has fresh vegetables.
Carolyn, the best singer in the choir, is my sister.

16. *Harrises'   Sally's   my friends'   the people's James's*

17. *my friend's mother*
the name of the book
the address of the school
my friend's address
the captain of the team or the team's captain
the president of the country
the color of the suit
the teacher's name
the cat's leg or the leg of the cat
the leg of the table
Fred's leg

18. *I have more books than you do. / You have fewer books than I do.*
She has more rings than her friend does./ Her friend has fewer rings than she does.
I have more information than he does./ He has less information than I do.
They have less money than we do./ We have more money than they do.

19. *They have the same number of pencils.*
    Our shoes are the same size.
    These turkeys are the same weight.
    Our husbands are the same height.
    These fabrics are the same length.
    The same man is here to see you.

20. *She   They   They   He   We*

21. *you   they   they   they   You   You*

22. *her   us   it   him   them   her   us*

23. *They   his   them   him   He   it   her   theirs   He*
    himself   his   her

24. *Jim and Ellie like each other.*
    Matt and Paul help each other.
    Lisa and William called each other.
    The teachers and students promised each other.

25. *We   us   me*
    them   He   she   She   her   him   They   me
    He   me   he   me   him   he   his
    she   each other   each other   she   her

26. *myself   by herself   himself   itself   yourself*

27. *theirs   his   hers   yours   ours   mine*

28. *That purse belongs to Jan.*
    This car belongs to us.
    Those flowers belong to the neighbors.
    Which coat belongs to you?

29. *who   that   who(m)   whose*

30. *m   d   l   a   b   j   k   i   h   g   c   f   e*

31. *others   another   the others   the other*

32. *anybody   Someone   anywhere   somewhere*
    anything   something   nothing   one   another
    Each

33. *an   0   the   the   a   an   0   0   0   a*

34. 0   0   *the*   0   *the*   0   0   *the*   *the*   *the*   0
    the

35. 0   *the*   0   0   0   0   0   0   *the*

36. *the first   the third   the eighth   the twelfth*
    the sixteenth   the twenty-second   the thirty-fourth
    the forty-fifth   the sixty-seventh   the ninety-ninth

37. *his   her   our   their   my*

38. *a little   a few   a lot of   a few   all of the   one*
    any   three   too many   too much

39. *This   that   those   that   these   this*

40. *American   Italian   Mexican   French   Spanish*

41. *jewelry   shoe   boring   bored   fascinated*
    fascinating   three-hundred-dollar   six-foot,
    two-hundred-pound

42. *the most elegant   the nicest   easier   more patient*
    hotter   better   the same as   different from
    warmer and warmer   worse

43. *cheaper than/ less expensive than*
    more expensive than
    as expensive as /as cheap as
    more expensive than
    the most expensive
    the cheapest

44. *lighter than   as light as*
    heavier than / not as light as
    the heaviest   the lightest

45. *her beautiful long yellow*
    my ugly old red
    his lovely blue silk
    your nice new wool
    those dirty old leather

46. *I don't see anyone/anybody else.*
    We don't need anything else.
    We want to go somewhere else.
    I think he is looking for something else.
    Nowhere else will please him.
    I can't live with anyone/anybody else.

47. *tense   active voice   passive voice*
    to + the basic form   basic form

48. *crying   freezing   bringing   dying   shopping*
    sleeping   whipping   choosing   studying
    occurring

49. *tried   permitted   agreed   folded   shipped*
    danced   sewn   cleaned   played   studied

50. *are   is   aren't / are not   am   is   are   is   are*
    is   is not / isn't

51. *How are they?*
    What is she like?
    Are there any spoons?
    Where are you from?
    Whose book is it?
    Who are you?
    Where is the car?
    When are their parties?
    What color is her new dress?
    Is John your brother?

52. *Yes, I am.   Yes, he is.   Yes, they are.   Yes, she is.*
    Yes, you are.   Yes, it is.   Yes, you are.   Yes, there is.
    Yes, there are.   Yes, it is.

53. *No, I'm not.*
    No, he isn't. / he's not.
    No they aren't. / they're not.
    No, she isn't. / she's not.
    No, you aren't. / you're not.
    No, it isn't. / it's not.
    No, you aren't. / you're not.
    No, there isn't. / there's not.
    No, there aren't.
    No, it isn't. / it's not.

54.   *You are?   He isn't?   She is?   They aren't?*
      You aren't?   I am?   He is?   She isn't?

55.   *has   goes   laughs   comes   cries   takes   sings*
      does   works   loves

56.   *doesn't have   doesn't go   doesn't laugh*
      doesn't come   doesn't cry   doesn't take
      doesn't do   doesn't work   doesn't exercise

57.   *You don't?   She doesn't?   You do?   He does?*
      They don't?

58.   *We usually go to the movies on Saturdays.*
      We eat dinner at eight o'clock.
      He often helps us.
      Sometimes he helps us. / He helps us sometimes.
      He helps us on the weekends.
      She occasionally takes trips.
      I wear a bathing suit in the summer.
      They rarely visit me.
      I always call them at night.
      She never studies in the afternoon
      He exercises every day at six o'clock.
      We often exercise in the morning.

59.   *Who likes Peggy?*
      Whom do you call?
      Who is your friend?
      Who takes her to the zoo?
      Whom do you take to the zoo?
      What do you see?
      What smells bad?

60.   *How many cousins do you have?*
      Where do they live now?
      Who eats a lot?
      What does your aunt cook?
      Who cooks chicken?
      How much chicken do they eat?
      Where does she buy the chicken?
      When does she usually shop?

61.   *go   like   doesn't live   don't have   works   meet*
      leaves   watches

62. *What do they do on Saturdays? / Where do they go on Saturdays?*
    What kind of ice cream do you like? / Do you like chocolate ice cream?
    Does he live here?
    Do you have a car?
    Where does she work?
    Where do you and your friend meet?
    What time does Sylvia leave home?
    What does she do every evening? or When does she watch television?

63. *I can sing.*
    He may be at home. He might be at home. Maybe he is at home.
    You may go home.
    Will (would, could) you help me carry this package?
    Should I call a doctor?
    You should go to the doctor.
    I have to work.
    She doesn't have to work.
    You mustn't make noise.
    I would rather live in the city.

64. *can   can   can't / cannot   might / may / must be*
    Maybe   may   may not

65. *is sleeping   is studying   are painting   are driving*
    am relaxing   Are   enjoying

66. *isn't sleeping   isn't studying   aren't painting*
    aren't driving   I'm not relaxing

67. *Mark is still sleeping.*
    Joe is always calling me.
    Heather isn't working anymore.
    George isn't studying here anymore.
    Sam is still studying here.

68. *likes   eat   are watching   washes   am writing*
    is talking   want   are having   have   is studying
    think   am thinking

69. *come   is enjoying   are playing   are talking   likes*
    likes   is staying   plays   is   invites   is painting
    is using   is making   watches   is   is jumping
    are having

70. *have lived   have eaten   has slept   has cried*
    have come   have gone   have worked
    have written   have studied   has read

71. *haven't changed   hasn't broken   hasn't won*
    haven't promised, have you?   hasn't helped,
    has he?

72. *since   for   for   since   since*

73. *How long have you lived here?*
    How long have they been your neighbors?
    How long has he worked there?
    How long have you been waiting?
    How long have they been talking?

74. *She has driven this car before.*
    I have been to your house before.
    We have seen that movie before.
    They have already eaten.
    He hasn't eaten.

75. *I have (already) walked four miles.*
    I have lost ten pounds (so far).
    I have (already) spent seventy-five dollars.
    I have (already) written two papers.

76. *have worked   have helped (have been helping)*
    have not / haven't eaten   has been
    has never played   have answered   has just arrived

77. *How long have you worked (have you been working)*
    here?
    How long have they helped (have they been
    helping) him?
    Have you eaten dinner yet?
    Has she ever been in Alaska? / Has she been in
    Alaska before? / How many times has she been in
    Alaska?
    Has he ever played football? / Has he played
    football before?
    How many questions have you answered so far?
    Has she arrived yet?

78. *was   were   weren't   was   was*

79. *How were you?*
    Where were you?
    Were they late?
    Who was she?
    What time was it?

80. *stood   bent*
    tried   folded
    worked   held
    studied   knew
    saw   showed
    agreed   heard
    taught   wore
    bought   sold
    brought   told
    went   did

81. *began   stopped   helped   didn't go   went*
    didn't eat   left   did not call   had   cried

82. *What time did you begin? / When did you begin?*
    What time did you stop? / When did you stop?
    When did Mary help you? / Who helped you? /
    Whom did Mary help?
    Did he go to Spain last summer?
    When did they go home?
    Did you eat at your friend's house last night?
    What time did you leave home?
    Did Vicki and Joan call you today?
    Did you have a good time at the party?
    What did she do when he left?

83. *started   have studied / have been studying*
    moved   have lived / have been living   met
    have known   did   worked   took   lived
    have not seen

84. *I could work. / I was able to work.*
    Should we have gone?
    They were allowed to take a vacation. / They could
    have taken a vacation.
    He may have been sick. / He might have been sick. /
    Maybe he was sick.
    He must have worked there.
    She had to study.

85. *I couldn't go.*
    They must have played all day.
    He had to be there.
    You should have done it.
    She might have gone. / She may have gone.

86. *was sleeping   was eating   was riding*
    was watching   was still talking

87. *was sewing   was sewing   was thinking*
    was   seemed   wanted   began   came
    was crying   thought   didn't love

88. *was driving   saw   was waiting   turned   stalled*
    was not paying attention   ran   made   got
    started   was still yelling   drove

89. *was cooking   burned   was   went   told   waited*
    called   went   waited   was sitting   heard   saw
    was getting   was   fell   came   was sleeping
    woke   looked   put   said   gave   told

90. *I was going to go to the circus, but I didn't have*
    enough time.
    We were going to call you, but we didn't have a
    quarter.
    They were going to have a party, but the teacher
    disapproved.
    She was going to stay home, but her friend invited
    her to the movies.

91. *I used to be fat.*
    We used to live there.
    He used to smoke.
    He used to be married.
    She used to be nice.
    They used to be happy.
    He used to laugh.
    We used to eat dinner together.

92. *She would tell jokes.*
    She would make my favorite food.
    He would help me with my homework.
    We would have fun.
    They would never fight.

93. *had helped   had not been   had sung   had gone had eaten   had not seen*

94. *She had (already) eaten.*
    I hadn't eaten (yet).
    He had driven it before.
    They had seen it before.

95. *When I left for the office, I hadn't read the newspaper (yet).*
    When Joel invited her to go out, Sue had (already) eaten dinner.
    When my dad saw us, we had already called the gas station for help.
    When I arrived at the dance, it had already started.

96. *have not eaten   had not eaten   has worked had worked   had invited   has invited have not seen   had not seen   had not studied have not studied*

97. *had been writing   had been living had been hoping   had been thinking had been wanting*

98. *We were exhausted because we had been working hard all day.*
    They slept until noon because they had been dancing all night.
    She didn't eat her dinner because she had been eating potato chips all day.
    He was happy to get his degree because he had been studying for six years.

99. *am leaving   is coming   is studying   are watching aren't going*

100. *am going to leave   is going to come is going to study   are going to watch are not going to go*

101. *He may work. / He might work. / Maybe he will work.*
She may not come. / She might not come. / Maybe
she won't come.
They may bring / They might bring / Maybe they will
bring
We may take / We might take / Maybe we will take
You may not need / You might not need / Maybe you
won't need

102. *should arrive   should finish   should call*
should be over

103. *will probably graduate   will probably get married*
will probably stop working   will probably be finished

104. *probably won't call   probably won't be*
probably won't tell   probably won't get married

105. *I will call.   We will bring   He will be   I will write*

106. *will pass   will rain   won't snow   will worry*
will win   will get angry   will change

107. *Yes, I will.   Yes, we will.   No, I won't.   No, I won't.*

108. *starts   leaves   ends   begin*

109. *will be able to (drive)*
will have to (study)
will be able to (help you)
will not/won't be allowed to (leave the room)
will want to (travel to South America)

110. *leave   gets here   gets here   leaves   arrive   say*

111. *John probably won't go to work tomorrow.*
I am studying tomorrow. / I am going to study tomorrow.
I will help you next week.
We should arrive at 3 P.M.
Teresa is traveling next week.
Ann might take a vacation in August. / Ann may take
a vacation in August. / Maybe
Ann will take a vacation in August.
Arthur won't work in that place.
It will rain tomorrow.
She won't have to return tonight.
I will be able to swim in three months.

112.   *will be playing   will be preparing   will be running*
       will be making   will be practicing

113.   *What will you be doing at four o'clock?*
       What will he be doing then?
       What will she be doing that day?
       What will you be doing this afternoon?
       What will they be doing tomorrow evening?

114.   *will have finished   will have sent   will have done*
       will have called   will have moved

115.   *Singing   traveling   getting lost   Traveling   driving*
       Waiting   going   talking

116.   *going   taking   working   telling   smoking*

117.   *We want to go bowling.*
       They like to go fishing.
       He has to go shopping.
       She hates to go camping.
       She wants to go dancing.

118.   *What do you feel like doing?*
       Do you feel like (going) swimming?
       No. I felt like (going) swimming yesterday.
       Today I feel like dancing.

119.   *Would you mind taking off your hat?*
       Would you mind saving my seat?
       Would you mind helping us?
       Would you mind lending me $100?
       Would you mind taking me home after the meeting?

120.   *cleaning   driving   dancing   trying   training*
       running

121.   *They appreciated her coming.*
       She regrets his resigning.
       She loves his dancing.
       They don't like her singing.
       His cooking is pretty good.

122.   *to lose   to learn   To manage   To forget   to hurt*
       to help   to use   to be   to study

123. *to buy   to play   to marry   to finish   to stay*
     to save

124. *I'm going to the store to buy milk.*
     They are going to Sarah's house to see her.
     Melissa is not strong enough to lift that box.
     Danny is old enough to get his driver's license.
     It takes (me) twenty minutes to drive home.
     It takes Jackie two hours to clean her room
     I am glad to hear your good news.
     I am sorry to hear your bad news.

125. *driving   to talk   take   to sleep   taking   go*
     get up   to wake up   waking up

126. *helping   to postpone   wash   to have   to learn*
     seeing   go   to talk   to drive   clean   to find
     hearing   to tape   living   shopping   doing
     working   losing

127. *dancing   to call   to write   shopping   working*
     to earn   to find   to help   to graduate   to wear
     to wearing   listening or to listen

128. *Molly asked, "Are you coming with us?"*
     Sam said, "I'm not going anywhere."
     "I will wait here," he told her.
     Then he added, "Don't worry about me."

129. *was going   wanted   couldn't   didn't want*
     wanted   would bring

130. *had gone   had wanted   had done   had played*
     had brought

131. *Steve said that Martha was clever.*
     Mrs. Adams said that Jessica wanted ice cream.
     The children yelled that they couldn't swim.
     The lady reported that they hadn't done it right.
     Jerry said that he wasn't going to drive.
     Joan asked if Sam was going to work.
     The reporter asked if they had finished yet.
     He asked later when they were going to finish.
     Dad asked where she had gone.

132. Ralph said, "I'm going home."
"Are you tired?" asked Judy.
"I'm exhausted because I've been working all day,"
he told her.
"You deserve a rest," Judy replied.
"How many hours have you worked?" asked Ralph.
"I have worked eight hours," replied Judy.
"I think I will go home, too," she said.

133. Do you know where her house is?
Do you know why she is leaving?
Do you know where Monica lives?
Do you know where Freddy bought that hat?

134. I don't know who that lady is.
I don't know when the party is.
I don't know where the buses are.
I don't know what Katrina does.
I don't know why they went home.

135. Can you tell me where the president's office is?
Can you tell me who her boyfriend is?
Can you tell me where Main Street is?
Can you tell me what time it is?
Can you tell me when they got here?
Can you tell me why they left?
Can you tell me when you are going to begin?

136. where to go   how to get there   whom to call
when to leave

137. He is adorable, isn't he?
We aren't finished, are we?
She is afraid, isn't she?
They are cold, aren't they?
You like ice cream, don't you?
He wants a drink, doesn't he?
I haven't been there, have I?
You have performed already, haven't you?
He hasn't called us, has he?
He was there, wasn't he?
You went to the game, didn't you?
He tried to help you, didn't he?
They didn't like the dessert, did they?
He hadn't seen the movie, had he?
She had been working all day, hadn't she?

138. *David gives her money. / David gives it to her.*
     Helen draws him pictures. / Helen draws them for him.
     Sandra mentioned it to him.
     Robin asked her a question.
     Paul explains them to (the students) / them.
     Richard built her a house. / Richard built it for her.

139. *get   get   getting   getting   get   get   getting*
     got / was getting   got

140. *I'm going to have my hair cut.*
     We have our grass cut every week.
     He has his oil changed regularly.
     He has his shirts ironed.
     She had her house cleaned last week.
     We had the damage repaired last year.
     We are going to have our house painted next week.

141. *ask   ask for   lend   borrow   asking   lend*

142. *talk   speaks   speak   talked*

143. *come   bring   take   come   bring   take   going*
     going   taking   brings

144. *say   Tell   tells   says   tell*

145. *do   do   makes   do   make*

146. *wish   hope   wish   hoped   wish*

147. *looking at   watching   looks   looks like   look alike*

148. *I am not understood (by anybody).*
     That teacher is loved (by everybody).
     These rugs are made in Iran.
     She is cared for.
     He is called a lot.
     They are being helped.

149. *I was not understood (by anybody).*
     That teacher was loved (by everybody).
     These rugs were made in Mexico.
     She was cared for.
     He was called a lot.
     They were being helped.
     This poem was written in 1865.

150.   *I haven't been understood (by anybody).*
       She has been cared for.
       He has been called a lot.
       They have been helped.
       The bank on the corner has been robbed.

151.   *Call me!*
       Send me a letter, John.
       Don't leave, Mom.
       Don't drive fast, Erin.
       Let's dance, Pat!
       Let's go to a movie.
       Let's not argue.
       Let's not play tennis today.

152.   *How do you start the machine?*
       How do you get to Center Street?
       Where do you park?
       How much do you have to pay to ride on the metro?
       Where can you mail letters?

153.   *You put a quarter in the slot and push the start button.*
       You go straight ahead, then turn left.
       You park on the street.
       You mail your letters at the Post Office.

154.   *Adam to erase the blackboard.*
       Jessica to pick up the toys.
       Amy and Lisa to put away the crayons.
       David and Brian to put the chairs in place.
       John to put the trash in the wastebasket.

155.   *She wanted him to erase the blackboard.*
       She wanted her to pick up the toys.
       She wanted them to put away the crayons.
       She wanted them to put the chairs in place.
       She wanted him to put the trash in the wastebasket.

156.   *that he be quiet   that we be responsible*
       that she be careful   that you come home
       that he get a tutor

157.   *I wish I had a ticket.*
       I wish he went to school.
       I wish she didn't work on weekends.
       I wish we had money.
       I wish they didn't leave their dirty dishes in the sink.

158.   *I wish they hadn't gone home early.*
       I wish you hadn't called me at six A.M.
       I wish she hadn't quit her job.
       I wish he hadn't found out the truth.
       I wish we had told him in time.

159.   *If I had a lot of money, I would take a trip to Europe.*
       If she were here, I would dance with her.
       If he had a diploma, he could get a job.
       If we were lucky, we would win the lottery.

160.   *If I had had a lot of money, I would have taken a trip to Europe.*
       If she had been here, I would have danced with her.
       If he had had a diploma, he could have gotten a job.
       If we had been lucky, we would have won the lottery.

161.   *If I walk, I get tired.*
       If he reads, he falls asleep.
       If she drinks milk, she gets a stomach ache.
       If he is awake, he watches T.V.

162.   *If I go home early, my wife will be happy.*
       If I get a vacation in August, I will go to Asia.
       If he marries her, he will move to California.
       If they buy that house, they will make a beautiful garden.
       If we move in February, we will give you our furniture.

163.   *If I went to the beach, I would buy a bathing suit.*
       If she bought that dress, she would have to lose ten pounds.
       If he won the lottery, he would buy a fabulous new car.
       If we took a trip around the world, we would visit you.
       If they got married, they would have a lot of problems.

164.   *in   under   on   next to   behind   against*

165.   *in   of*
       in   on   at

166.   *toward   away from   onto   through*

167.   *in   in   on   at   in   since   for   at   by   until*
       for   on   at

168.   *in   on   in   on   in*

169.   *for   at   up   on   in   in*

170.   *by   for   with   by   from   in   from   in   of   by*
        without   from

171.   *Who(m) did you go to the movies with?*
        What is she thinking about?
        What street do they live on?
        What city does he live in?
        Who(m) did you talk to?

172.   *at   for   to   with*

173.   *in   by   on   in   in   with   on   on   in   in   at   at*

174.   *about   for   in/with   from   of   with   of   to   for*
        about   in/with   from

175.   *about/of   about   at   of   with   to   on   to   with*
        for   in

176.   *about   about   at   for   of   about   to   in   out*
        for

177.   *Please throw it away.*
        Are you going to pay him back?
        I wrote it down.
        We will look into it.
        You need to hand them in.
        May I try it on?
        I had to ask for it.
        She had to clean it up.
        He tried to do it over.
        She likes to pick them out.
        They ran out of them.
        We will have to call them back.
        Try to get over it.
        They called it off.
        Do you think you can catch up with them?

178.   *here   away   anywhere   upstairs   there*
        downstairs   high   low   everywhere   underneath

179.   *late   ago   next week   soon   recently / lately*
        anymore   still

180. *tonight   later   Then   afterward / then / later*

181. *Today   Yesterday   the day before yesterday*
     Tomorrow   the day after tomorrow

182. *This morning   this afternoon   this evening*

183. *last   this   next   this   next   last*

184. *once   again   times   twice*

185. *25% of the time   100% of the time   5% of the time*
     0% of the time   80% of the time   60% of the time

186. *well   carefully   fast   quickly   easily   hard*
     busily   ably   late   responsibly   early   badly
     slowly   better than   more slowly than   faster than
     more easily than   worse than   more carefully than
     more quietly than   less capably than
     the most responsibly   not as easily as
     not as well as

187. *hardly   really   somewhat / a little   almost*

188. *average   bad   better than average   excellent*

189. *I'm going outside.*
     He's going to New York tomorrow.
     Yes, they are still sleeping.
     Yes, I have already finished.
     No, I haven't finished yet.
     No, she doesn't take lessons anymore.
     She seldom practices.
     They usually play in the afternoon.
     Sometimes my friend calls me in the evening. or
     My friend calls me in the evening sometimes.
     He paints very well.
     John is pretty tall.

190. *and   and   or   but   yet   and   not only*
     but also   or   and   so   but   for

191. *Kathleen is happy, and Glenn is too.*
      Jack works hard, and Mike does too.
      Emily left yesterday, and Jeremy did too.
      Val was cooking, and Renee was too.
      Sue isn't tired, and Joel isn't either.
      Kevin didn't come, and Scott didn't either.
      Carolyn wasn't driving, and Bob wasn't either.
      We didn't see them, and Gayle didn't either.

192. *Kathleen is happy, and so is Glenn.*
      Jack works hard, and so does Mike.
      Emily left yesterday, and so did Jeremy.
      Val was cooking, and so was Renee.
      Sue isn't tired, and neither is Joel.
      Kevin didn't come, and neither did Scott.
      Carolyn wasn't driving, and neither was Bob.
      We didn't see them, and neither did Gayle.

193. *both   and   not only   but also   neither   nor*
      whether   or not   either   or

194. *before   after   until   While   because   so that*
      Although / Even though   rather than
      although / even though

195. *then   meanwhile   for example   therefore*
      consequently   specifically   next   conversely
      therefore   consequently   otherwise

196. *sixty-four*
      three hundred (and) seventy-seven
      four thousand, five hundred (and) forty-one
      twenty thousand, three hundred (and) two
      four hundred thousand (and) one
      six million, three hundred (and) twelve
      six and a half miles
      one and three-quarter acres
      ten dollars and thirty-four cents
      five thousand, four hundred (and) twenty-eight
      dollars and twenty one cents
      ten million dollars

197.　*Thursday is before Friday.*
Wednesday is between Tuesday and Thursday.
Saturday and Sunday are the weekend.
August is before September.
April is after March.
*Independence Day in the United States is on
July 4th. / the fourth of July.*

198.　*It's five o'clock.*
It's six-oh-five. / It's five after six. / It's five past six.
*It's seven-ten. / It's ten after seven. / It's ten past
seven.*
*It's eight-fifteen. / It's a quarter after eight. / It's a
quarter past eight.*
*It's nine-twenty. / It's twenty after nine. / It's twenty
past nine.*
*It's ten-twenty-five. / It's twenty-five after ten. / It's
twenty-five past ten.*
It's eleven-thirty.
*It's twelve-thirty-five. / It's twenty-five to one. / It's
twenty-five of one.*
It's one-forty. / It's twenty to two. / It's twenty of two.
*It's two-forty-five. / It's a quarter to three. / It's a
quarter of three.*
It's three-fifty. / It's ten to four. / It's ten of four.
It's four-fifty-five. / It's five to five. / It's five of five.

199.　*pleasant weather*
electricity in the sky
a flow of water over usually dry land
cold weather
a loud noise
winds over 75 miles per hour
hot weather
a circular storm

200. Las palabras subrayadas son ejemplos de respuestas correctas:

It's <u>nine</u> o'clock.

I'm <u>writing</u>.

I'm <u>tired</u>.

I'm <u>tired</u> because I have been <u>studying</u>.

I have answered <u>five</u> questions.

I'm going to <u>rest</u>.

I was <u>working</u>.

I was at <u>my office</u>.

I arrived there at <u>eight-thirty a.m.</u>

<u>Shirley</u>, <u>the office manager</u>, was there.

She was <u>working at her computer</u>.

She had been there <u>twenty minutes</u>.

I ate lunch at <u>one-fifteen</u>.

Yes, I had. / No, I hadn't.

I was <u>happy</u>.

I was happy because I had <u>finished all my work</u>.

Yes, I did.

Yes, I am.

APENDICE

Pesas y Medidas

PESAS

Normas estadounidenses	Equivalentes métricos
16 ounces = 1 pound	.4536 kilograma
	(casi 1/2 kilograma)
2000 pounds = 1 ton	907.18 kilogramas
1,102 tons	1 tonelada

Abreviaturas

ounce = oz.

pound = lb.

MEDIDA DE CAPACIDAD PARA LIQUIDOS

Normas estadounidenses	Equivalentes métricos
1 cup	236 mililitros
2 cups = 1 pint	473 mililitros
2 pints = 1 quart	.9463 litro
4 quarts = 1 gallon	3.7853 litros

Abreviaturas

cup = C.
pint = pt.
quart = qt.
gallon = gal.

MEDIDA DE MATERIA SECA

Normas estadounidenses	Equivalentes
1 teaspoon	1$^{1}/_{4}$ cucharadita
3 teaspoons = 1 tablespoon	
5 teaspoons	una cuchara de sopa
$^{1}/_{4}$ cup	3 cucharas de sopa
$^{1}/_{2}$ cup	6 cucharas de sopa

Abreviaturas

teaspoon = tsp. o t.
tablespoon = T.
cup = C.

MEDIDA DE LONGITUD

Normas estadounidenses	Equivalentes métricos
1 inch (una pulgada)	2.54 centímetros
12 inches = 1 foot (un pie)	30.38 centímetros
3 feet = 1 yard (una yarda)	.9144 metro
5280 feet = 1 mile (una milla)	1.6 kilómetros

Abreviaturas

inch = in. "
foot = ft. '
yard = yd.
mile = m.

MEDIDA DE SUPERFICIE

Normas estadounidenses	Equivalentes métricos
43,560 square feet = 1 acre	4,047 metros cuadrados
640 acres = 1 square mile	2,590 kilómetros cuadrados

Abreviaturas

square feet = sq. ft.
acre = ac.

TEMPERA-TURAS

Temperaturas Fahrenheit		Equivalentes Celsius
Para el tiempo:		
−10		−23
0		−17
32		0
50		10
68		20
86		30
104		40
Temperatura normal del cuerpo:		
98.6		37
Para la cocina:		
212	punto de hervir para agua	100
250	horno bajo	121
325		163
350	horno moderado	177
375		190
400		204
450	horno caliente	232
500		260

Abreviaturas

°	=	degrees (grados)
F.	=	Fahrenheit
C.	=	Celsius o Centigrade

Repaso de Usos Típicos de Verbos

Ejemplos con el verbo básico *work* (trabajar), empleando la forma de *he* (él).

I. INGLES - ESPAÑOL

Presente

he works every day	trabaja todos los días
maybe he works	es posible que trabaje
he may work *he might work*	es posible que trabaje
he likes to work *he likes working*	le gusta trabajar
he can work	puede trabjar / sabe trabajar
he knows how to work	sabe trabajar
he can work	tiene permiso para trabajar
he should work *he ought to work* *he had better work*	debiera trabajar
he would like to work	le gustaría / quisiera trabajar
he would rather work	prefiere trabajar
he must (not) work hard	me imagino que (no) trabaja duro
He mustn't work!	¡Que no trabaje!
he must work *he has to work*	tiene que trabajar
he doesn't have to work.	no tiene que trabajar
he is supposed to work	ha de trabajar
he is not supposed to work	no debe trabajar
he would work, but...	trabajaría, pero...
if he worked faster...	si trabajara más rápido...
he is working	está trabajando / trabaja ahora
he must be working	me imagino que está trabajando / trabaja ahora
he may be working *he might be working* *maybe he is working*	es posible que esté trabajando / trabaje ahora
he should be working *he ought to be working* *he had better be working*	debiera estar trabajando

he would like to be working	le gustaría estar trabajando
he would rather (not) be working	prefiere (no) estar trabajando
he would be working, but...	estaría trabajando, pero...
he has worked for two hours	hace dos horas que trabaja
he has been working for two hours	hace dos horas que está trabajando
he has just worked	acaba de trabajar
he has already worked	ya trabajó

Pasado

he was working at that time	trabajaba a esa hora / estaba trabajando a esa hora
he was going to work, but...	iba a trabajar, pero...
he would work/ he used to work / he worked	trabajaba habitualmente
he worked then	trabajaba en esos días
he worked yesterday	trabajó ayer
he used to work	trabajó, pero ya no trabaja
maybe he worked he may have worked he might have worked	es posible que haya trabajado
he could work	podía trabajar
he was able to / managed to work	pudo trabajar
he was allowed to work	tenía / tuvo permiso para trabajar
he was supposed to work	había de trabajar
he should have worked	debió trabajar
he had to work	tenía / tuvo que trabajar
he must have worked	me imagino que trabajó
he had just worked	acababa de trabajar
he had worked	había trabajado
he had been working since 4 o'clock	había estado trabajando desde las cuatro
he had been working for two hours	hacía dos horas que trabajaba
he would have worked	habría trabajado
he would have been working	habría estado trabajando
he said he worked	dijo que trabajaba
he said he had worked	dijo que trabajó
if he had worked	si hubiera trabajado

Futuro

he is going to work he is working (tomorrow)	va a trabajar / trabajará
he may work he might work maybe he will work	es posible que trabaje
he will probably work	es probable que trabaje
he probably won't work	es probable que no trabaje
he will be able to work	podrá trabajar
he will be allowed to work	tendrá permiso para trabajar
he will have to work	tendrá que trabajar
he will want to work	querrá trabajar
he will work	promete que vaya a trabajar / yo opino que vaya a trabajar
he won't work	se niega a trabajar / yo opino que no vaya a trabajar
he works at seven a.m.	siempre empieza a trabajar a lassiete de la mañana
before he works	antes de trabajar
after he works	después de trabajar
as soon as he works	en cuanto empiece a trabajar
when he works	cuando trabaje
if he works	si trabaja
he would work	trabajaría
he will be working	estará trabajando
he will have been working	habrá estado trabajando
he will have worked	habrá trabajado

II. ESPAÑOL - INGLES

Presente

trabaja todos los días	he works every day
trabaja ahora	he is working
trabaja mañana	he is working tomorrow / he is going to work tomorrow
está trabajando	he is working
quizás trabaja/ trabaje allí	maybe he works there / he may work there / he might work there
le gusta trabajar	he likes to work / he likes working
le gustaría trabajar	he would like to work
puede trabajar	he can work
tiene permiso para trabajar	he can work / he may work

sabe trabajar	*he knows how to work / he can work*
prefiere trabajar	*he would rather work*
debiera trabajar	*he should work / he ought to work / he had better work*
no debe trabajar	*he should not work / he must not work*
tiene que trabajar	*he has to work / he must work*
no tiene que trabajar	*he doesn't have to work*
ha de trabajar	*he is supposed to work*
se supone que (no) trabaja	*he must (not) work*
acaba de trabajar	*he has just worked / he has just finished working*
hace dos meses que trabaja	*he has worked for two months / he has been working for two months*
ha trabajado mucho	*he has worked a lot / he worked a lot*
ha trabajado desde las tres	*he has worked / he has been working since three o'clock*
ha estado trabajando mucho	*he has been working a lot*
se trabaja mucho aquí	*you work a lot here / they work a lot here / a lot of work is done here*

Pasado

trabajaba cuando lo ví	*he was working when I saw him*
trabajaba todos los días	*he would work every day / he used to work every day / he worked every day*
trabajó ayer	*he worked yesterday*
trabajó (dejó de trabajar)	*he used to work*
es posible que haya trabajado ayer	*maybe he worked yesterday / he may have worked / he might have worked*
podía trabajar ayer	*he was able to work yesterday*
pudo trabajar ayer	*he managed to / could work yesterday*
pudo haber trabajado ayer	*he could have worked yesterday*
tenía permiso para trabajar ayer	*he was allowed to work yesterday*
tenía que trabajar ayer tuvo que trabajar ayer	} *he had to work yesterday*
debió trabajar ayer	*he should have worked yesterday*

se supone que (no) trabajó ayer	he must (not) have worked yesterday
prefirió trabajar	he would rather have worked
había de trabajar ayer	he was supposed to work yesterday
acababa de trabajar	he had just worked
hacía tres horas que trabajaba	he had been working three hours
había trabajado desde las tres	he had been working since three o'clock
había trabajado antes	he had worked before
habría trabajado ayer	he would have worked yesterday
si hubiera trabajado ayer...	if he had worked yesterday...

Futuro

trabajará mañana / va a trabajar mañana	he is working tomorrow / he is going to work tomorrow
ha de trabajar mañana	he is supposed to work tomorrow
es probable que trabaje mañana	he will probably work tomorrow
es probable que no trabaje mañana	he probably won't work tomorrow
podrá trabajar	he will be able to work
tendrá permiso para trabajar	he will be allowed to work
tendrá que trabajar	he will have to work
querrá trabajar	he will want to work
promete que vaya a trabajar	he will work
yo opino que él vaya a trabajar	he will work
se niega a trabajar	he won't work
yo opino que él no vaya a trabajar	he won't work
antes que trabaje	before he works
antes de trabajar	before working
después que trabaje	after he works
después de trabajar	after working
cuando él trabaje mañana	when he works tomorrow
en cuanto él trabaje mañana	as soon as he works tomorrow
estará trabajando	he will be working
habrá trabajado mucho	he will have worked a lot
podría trabajar	he could work
si pudiera trabajar	if he could work
trabajaría si pudiera	he would work if he could

Mandatos

¡Trabaje(n) más rápido!	*Work faster!*
¡No trabaje tan rápido!	*Don't work so fast!*
¡Qué trabaje él!	*Let him work!*
Yo quiero que él trabaje.	*I want him to work*

Formas Irregulares de los Verbos

Forma Básica	Basic Form	Past Tense	Past Participle
ser / estar	be	was, were	been
hacerse	become	became	become
aguantar / dar a luz	bear	bore	borne / born
golpear	beat	beat	beaten
empezar	begin	began	begun
doblar con fuerza	bend	bent	bent
apostar	bet	bet	bet
unir	bind	bound	bound
morder	bite	bit	bitten
sangrar	bleed	bled	bled
soplar	blow	blew	blown
romper	break	broke	broken
criar	breed	bred	bred
traer	bring	brought	brought
construir	build	built	built
estallar	burst	burst	burst
comprar	buy	bought	bought
coger	catch	caught	caught
escoger	choose	chose	chosen
pegarse	cling	clung	clung
venir	come	came	come
costar	cost	cost	cost
gatear	creep	crept	crept
cortar	cut	cut	cut
distribuir / tratar	deal	dealt	dealt
hacer	do	did	done
cavar	dig	dug	dug
dibujar	draw	drew	drawn
beber	drink	drank	drunk
manejar	drive	drove	driven
comer	eat	ate	eaten
caer	fall	fell	fallen

Forma Básica	Basic Form	Past Tense	Past Participle
dar de comer / alimentar	feed	fed	fed
sentir	feel	felt	felt
pelear	fight	fought	fought
encontrar	find	found	found
caber	fit	fit	fit
huir	flee	fled	fled
volar	fly	flew	flown
prohibir	forbid	forbade	forbidden
olvidar	forget	forgot	forgotten
perdonar	forgive	forgave	forgiven
abandonar	forsake	forsook	forsaken
congelar	freeze	froze	frozen
obtener	get	got	gotten
dar	give	gave	given
ir	go	went	gone
moler	grind	ground	ground
crecer	grow	grew	grown
colgar	hang	hung	hung
tener	have	had	had
oír	hear	heard	heard
esconder	hide	hid	hidden
pegar	hit	hit	hit
tener / coger	hold	held	held
herir	hurt	hurt	hurt
guardar	keep	kept	kept
saber / conocer	know	knew	known
colocar	lay	laid	laid
guiar	lead	led	led
dejar / salir	leave	left	left
prestar (dar)	lend	lent	lent
dejar	let	let	let
acostarse	lie	lay	lain
encender / iluminar	light	lit	lit
perder	lose	lost	lost
hacer	make	made	made
significar	mean	meant	meant

Forma Básica	Basic Form	Past Tense	Past Participle
encontrarse / conocer por primera vez	meet	met	met
equivocarse	mistake	mistook	mistaken
pagar	pay	paid	paid
poner	put	put	put
dejar	quit	quit	quit
leer	read	read	read
deshacerse	rid	rid	rid
pasear en vehículo	ride	rode	ridden
sonar	ring	rang	rung
levantarse / subir	rise	rose	risen
correr	run	ran	run
decir	say	said	said
ver	see	saw	seen
buscar	seek	sought	sought
vender	sell	sold	sold
mandar	send	sent	sent
determinar / poner	set	set	set
sacudir	shake	shook	shaken
desprenderse	shed	shed	shed
brillar	shine	shone	shone
disparar	shoot	shot	shot
mostrar	show	showed	shown
encoger	shrink	shrank	shrunk
cerrar	shut	shut	shut
cantar	sing	sang	sung
sentarse	sit	sat	sat
dormir	sleep	slept	slept
resbalar	slide	slid	slid
lanzar	sling	slung	slung
cortar	slit	slit	slit
hablar	speak	spoke	spoken
andar rápido	speed	sped	sped
gastar	spend	spent	spent
girar / hilar	spin	spun	spun
dividir	split	split	split

Forma Básica	Basic Form	Past Tense	Past Participle
untar / esparcir	spread	spread	spread
soltar	spring	sprang	sprung
ponerse di pie	stand	stood	stood
robar	steal	stole	stolen
meter	stick	stuck	stuck
picar	sting	stung	stung
oler mal	stink	stank	stunk
golpear	strike	struck	struck
luchar	strive	strove	striven
jurar / maldecir	swear	swore	sworn
barrer	sweep	swept	swept
nadar	swim	swam	swum
columpiar	swing	swung	swung
tomar	take	took	taken
enseñar	teach	taught	taught
hacer pedazos	tear	tore	torn
decir / contar	tell	told	told
pensar / creer	think	thought	thought
tirar	throw	threw	thrown
entender	understand	understood	understood
pertubar	upset	upset	upset
despertar	wake up	woke up	waked up / woken up
vestir / usar	wear	wore	worn
tejer	weave	wove	woven
llorar mucho	weep	wept	wept
ganar	win	won	won
entrollar / dar cuerda	wind	wound	wound
retirar	withdraw	withdrew	withdrawn
exprimir / torcer	wring	wrung	wrung
escribir	write	wrote	written

Cognados Falsos
False Cognates

Palabras que aparentan ser semejantes, pero que tienen diferentes significados

English	Spanish	Español	Inglés
abuse	maltratar	abusar	*molest*
actual	real	actual	*current*
actually	realmente	actualmente	*currently*
advertise	anunciar	advertir	*warn*
advise	aconsejar	avisar	*tell*
apology	disculpa	apología	*eulogy*
appoint	nombrar	apuntar	*write down*
arena	estadio	arena	*sand*
argue	discutir	argüir	*imply*
assist	ayudar	asistir	*attend*
attend	asistir	atender	*take care of*
bizarre	muy extraño	bizarro	*brave*
camp	campamento	campo	*countryside, field*
card	tarjeta	carta	*letter*
carpet	alfombra	carpeta	*folder*
casual	informal	casual	*unexpected*
collar	cuello (de vestido,etc)	collar	*necklace*
college	universidad	colegio	*private school*
complexion	tez	complexión	*temperament*
compromise	término medio	compromiso	*commitment*
confection	pastel	confección	*handiwork*
conference	consulta, reunión grande	conferencia	*lecture*
constipated	estreñido	constipado	*suffering from a cold*
convenient	oportuno, fácil	conveniente	*suitable*
costume	disfraz	costumbre	*custom*
courage	valor	coraje	*anger*
deception	engaño	decepción	*disappointment*
delight	alegría	delito	*crime*
direction	rumbo	dirección	*address*

English	Spanish	Español	Inglés
discuss	platicar	discutir	argue
discussion	plática	discusión	argument
disgrace	vergüenza	desgracia	bad luck
disgust	repugnancia	disgusto	argument
dismay	consternación	desmayar	faint
distinct	visible	distinto	different
editor	redactor	editor	publisher
education	instrucción formal	educación	manners
embarrassed	avergonzado	embarazada	pregnant
exit	salida	éxito	success
explain	explicar	explanar	level
fabric	tela	fábrica	factory
fastidious	cuidadoso	fastidioso	annoying
fault	culpa	falta	need
gracious	cortés, afable	gracioso	funny
idiom	modismo	idioma	language
ignore	no hacer caso	ignorar	not know
large	grande	largo	long
lecture	discurso	lectura	reading selection
library	biblioteca	librería	bookstore
mayor	alcalde	mayor	older
molest	abusar de	molestar	bother
parents	padres	parientes	relatives
pain	dolor; molestia	pena	embarassment/ punishment/ sadness
particular	especial / selectivo	particular	private
pretend	fingir	pretender	aspire to/try to
real	verdadero	real	royal, real
realize	darse cuenta de	realizar	achieve
recollection	memoria	recolección	summary
record	grabar, inscribir	recordar	remember
resist	tener fuerzas	resistir	tolerate
rest	descansar	restar	deduct
revise	enmendar	revisar	go through

English	Spanish	Español	Inglés
sane	cuerdo / sensato	sano	*healthy*
sensible	juicioso / sensato	sensible	*sensitive*
sentence	oración (de gramática), veredicto	sentencia	*verdict*
support	mantener	soportar	*tolerate*
sympathetic	compasivo	simpático	*nice*
success	éxito	suceso	*event*
tramp	vagabundo, mujerzuela	trampa	*trick*
vase	florero	vaso	*glass*

Index

1800-717-1008